J. GUIXOU-PAGÈS

LE
PRÉTENDANT

Préface de J. CORNÉLY

DEUXIÈME ÉDITION

PARIS
CHAMUEL, ÉDITEUR
5, rue de Savoie, 5

1896

LE PRÉTENDANT

J. GUIXOU-PAGÈS

LE
PRÉTENDANT

Préface de J. CORNÉLY

DEUXIÈME ÉDITION

PARIS
CHAMUEL, ÉDITEUR
5, rue de Savoie, 5

1896

PRÉFACE

Un livre intitulé « *le Prétendant* »; un livre
destiné à faire valoir les inconvénients, les dangers de la République, les avantages et les sécu-
rités de la Monarchie ; un livre dont l'auteur veut
démontrer à la France qu'elle n'est pas républicaine, qu'elle se séparera de la République,
qu'elle est monarchiste, qu'elle reviendra à la
Monarchie ; un pareil livre me plaît, précisément
parce qu'à beaucoup de mes contemporains il
paraîtra étrange.

Et c'est pourquoi l'auteur s'étant imaginé bien
gratuitement que son œuvre de bon sens et de foi
ne perdrait rien à être tenue sur les fonds bap-
tismaux par l'incorrigible monarchiste que je
suis, je la présente au public.

Je n'étais point de ceux qui affirmaient jadis, il y a bien longtemps, que le Roi rentrerait le mois prochain. Je demande à ne pas figurer parmi ceux qui nous disent aujourd'hui que la France ne retournera pas plus à sa Monarchie traditionnelle qu'un homme ne revient à sa jeunesse. J'ai remarqué que ces oracles contradictoires sont rendus par les mêmes prophètes et que cette façon de traiter familièrement l'avenir plaît moins aux esprits perspicaces qu'aux esprits absolus et bornés, incapables d'admettre que les choses puissent tromper leurs prévisions. Je me déclare donc incapable d'assigner au retour de notre vieille dynastie une échéance quelconque ; mais je ne crois pas que personne ait le droit de prétendre que les portes de l'avenir sont à jamais closes devant elle.

D'ailleurs, la France n'est pas un pays agréable pour les devins politiques. Depuis plus d'un siècle, non seulement aucun de ses gouvernements n'était attendu par ceux qui les ont acclamés ou subis, mais encore aucune de ses révolutions ne semblait réalisable à ceux qui les ont fomentées ou maudites. Frédéric II faisait toujours intervenir une force qu'il appelait « Sa

Sacrée Majesté le Hasard ». C'est cette force qui semble nous étreindre tous depuis 1789. Nous sommes les victimes d'un mystificateur inconnu, qui choisit d'ordinaire pour renverser les régimes l'instant ou amis et ennemis les déclarent éternels; de sorte que les lois d'une symétrie, aujourd'hui séculaire, voudraient presque que la Monarchie attendît, pour s'imposer à nous, le moment où tous les Français proclameront son irrémédiable déchéance.

Dans tous les cas, on ne froissera aucun esprit scientifique en affirmant que la République disparaîtra forcément, le jour où il sera démontré et prouvé qu'elle est incompatible avec l'existence nationale et la somme de bien-être individuel, indispensable à la vie commune.

De même on ne sera pas taxé de légèreté philosophique, en prétendant que, la République disparaissant, la France appartiendra au gouvernement, au régime, au groupe d'hommes, au prétendant qui lui donneront cette croyance ou cette illusion, qu'ils sont capables de lui rendre les biens nécessaires dont la disparition l'aura forcée de renoncer à la République.

Voilà deux propositions qui me paraissent tout

à fait raisonnables et pas du tout sectaires.

L'auteur de « *le Prétendant* » se borne à les illustrer, à les développer, à démontrer la nécessité de sortir de la République, pour revenir à la Monarchie, en exposant les méfaits de la République et les garanties que le représentant de la Monarchie offre à tous les Français.

Il considère qu'il accomplit là un devoir, et, en tout cas, personne ne peut lui dire qu'il excède son droit.

C'est dans une corbeille de mariage qu'il dépose son livre, à côté des bijoux et des fleurs envoyés par l'enthousiasme et la fidélité, car, le chef du parti monarchiste, Monsieur le duc d'Orléans, en unissant sa destinée à celle d'une archiduchesse d'Autriche, vient de franchir le fossé qui sépare la jeunesse, la jeunesse adorable dans ses fleurs et jusque dans ses pousses folles, et la maturité qui transforme toute cette floraison, toutes ces sèves débordantes en fruits féconds, sortis du passé pour préparer l'avenir.

Je ne me permettrai point de profiter de la chance qui me réserve quelques pages sur le seuil d'un bon livre pour offrir à Monsieur le duc d'Orléans des avis, des conseils, qui seraient présomptueux, partant d'aussi bas. Je n'éprouve pas plus le besoin de lui en présenter qu'il n'éprouve celui de m'en demander. Je ne serais pas le courtisan du succès ; je ne suis même pas celui de l'exil.

Mais, monarchiste de raison encore plus que d'enthousiasme, je m'imagine faire une œuvre utile, en répétant au Prince et à tous ce que j'entends dire autour de moi par de bonnes gens dont aucune passion, aucun préjugé, aucune vanité, aucune prétention ne troublent l'entendement, et qui sont d'autant plus aptes à indiquer à un prétendant les chemins du retour, qu'ils n'attendent après lui ni pour vivre ni même pour faire leur fortune.

Le Prince s'est manifesté à son pays d'abord par ce que l'on a appelé l'équipée qui l'a conduit à la Conciergerie ; ensuite par quelques documents dont le principal est une lettre adressée le 3 mai de cette année-ci à M. le duc d'Audiffred-Pasquier ; et enfin par son récent mariage.

Ces trois manifestations ont excité quelques injures et quelques quolibets de la part d'un certain nombre de gens mal élevés qui amusent quelquefois l'opinion par le scandale sans l'influencer sérieusement. Mais elles ont été approuvées par les masses silencieuses et profondes.

Il leur a plu que le jeune prince, arrivé à l'àge d'homme, protestât par un acte à la fois juvénile et viril contre une loi inepte qui a frappé son enfance, et en quelque sorte proclamé son droit royal, en le plaçant en dehors du droit commun.

Il est allé au cœur d'une foule de gens, en déclarant dans sa lettre à M. le duc d'Audiffred-Pasquier que sa dignité royale ne serait pas atteinte, si une bourgade du pays fondé par ses ancêtres, fùt-ce la plus modeste, le désignait, après les siens et à leur exemple, comme le bon serviteur du pays, et qu'ainsi serait détruite l'absurde légende d'une prétendue incompatibilité entre le droit monarchique et le droit électif. Il a touché une fibre profonde dans le cœur français, en disant qu'il approuvait son cousin, le prince Henri, d'avoir accepté la croix d'honneur des mains de la République, parce qu'il ne voulait pas que si, un jour, il gouvernait la France, les citoyens qui auraient été ou qui seraient encore républicains refusassent de lui la récompense due à leur mérite.

Enfin, son mariage récent flatte l'orgueil national par l'illustration de la race à laquelle il s'allie, en même temps que les Français et les Françaises, avec cet instinct de la famille, qui est resté, Dieu merci ! leur marque et leur sauvegarde, approuvent ce signet définitif mis à la vie de jeunesse et cette entrée dans la vie de famille qui donne désormais à ses actes un poids et un prix considérables. Et, tous et toutes, ils sont disposés, résolus à lui savoir d'autant plus de gré de ses efforts que ces efforts lui coûteront davantage.

On comprend très bien en France qu'un jeune homme soit imprudent. Mais quand un père de famille est audacieux, son audace, vis-à-vis du sentiment public, tout en restant charmante comme une tradition nationale, devient auguste comme un sacrifice.

Donc, voilà trois actes qui constituent au Prétendant une figure de prince moderne, sympathique, et ce que l'on peut lui demander, c'est simplement de les développer, de les rafraîchir, d'en ranimer le souvenir par des actes semblables.

En France, quelques esprits supérieurs sont seuls épris de la liberté. La masse subit follement deux passions qui semblent incompatibles et qui pourtant font bon ménage dans son cœur : la passion de l'égalité et la passion de l'autorité. Le Prince ne doit point dédaigner les élites.

Il faut donc que pour elles il apparaisse dans le lointain comme l'arbitre impartial devant lequel les institutions pourront se développer en toute liberté et autonomie.

Mais il doit surtout apparaître aux masses comme le représentant d'un pouvoir assez fort et actif pour que devant lui tous les éléments nationaux soient égalisés dans une obéissance commune.

Au sortir de la Révolution, deux craintes dominaient et dictaient les actes et les affections des foules : la crainte qu'on leur contestât la vente des biens nationaux et la crainte du retour des privilèges. Ces deux craintes ont disparu ; elles ont laissé derrière elles, comme un dernier vestige, une susceptibilité qui ne permettrait pas aux gouvernements avisés de s'entourer exclusivement, ni même trop abondamment, des représentants des anciennes aristocraties, et qui les force à mélanger intelligemment les noms roturiers aux titres nobiliaires.

Le Prétendant ne doit donc pas être soupçonné de s'entourer uniquement d'une caste quelconque ; il faut qu'il mêle les Durand et les Martin aux ducs et aux marquis.

Bref, il faut que le Prince apparaisse comme l'incarnation de nos qualités en même temps que l'incarnation de nos défauts. Il faut qu'il apparaisse les mains pleines de ce que nous aimons. Il faut qu'il apparaisse aussi comme un redresseur de torts.

Jadis, le brave homme molesté se consolait platoniquement en disant : « Ah ! si le Roi le savait ! » Aujourd'hui, avec les progrès de la publicité et une chancellerie active et informée, tout brave homme devrait pouvoir dire : « Le Prince sait ce qui m'arrive, et s'il était Roi, j'aurais ma revanche, ou au moins ma consolation ».

Et cette figure de redresseur de torts doit avoir pour envers une autre figure, d'assembleur de cœurs. Le Prince ne doit rien faire qui puisse laisser supposer qu'il ne sera pas sincère parce qu'en rentrant il prononcera des amnisties plénières. Il ne doit maudire personne, et malgré sa jeunesse, il doit être ce père qui ne sait lesquels il aime le mieux de ses enfants qui sont restés groupés autour de lui ou de ceux qui se sont égarés. C'est nous qui sommes dans la mêlée qui devons rendre coups pour coups ; Lui, dans une royale sérénité, Il doit inspirer aux ralliés qui l'abandonnent, aux républicains mêmes qui le combattent, ce sentiment, cette conviction qu'ils sont des enfants prodigues et que lorsqu'ils voudront rentrer au banquet familial, on dépeuplera les étables pour apaiser leur faim.

Le comte de Paris, gouvernant de loin une droite parlementaire qui obéissait à ses inspirations, faisait de la politique courante, commandait des manœuvres, dirigeait des campagnes et s'absorbait dans le travail de bureau de son état-major. Son fils, qui ne prétend point à diriger l'action parlementaire, peut donc négliger cette politique spéciale, au profit de la politique générale, et sans se borner à une représentation monarchique qui ne va ni à son âge, ni à son tempérament, s'occuper à assembler les fils de l'avenir et à monter son règne — si j'ose employer cette expression — comme, à Lyon, l'ouvrier tisseur monte sur son métier Jacquard la pièce de soie future, en jetant partout et par tous les moyens, des filaments de sympathie et en ne coupant jamais, par un mot maladroit ou un acte imprudent, ces liens invisibles qui uniront à son âme les âmes françaises.

Est-ce tout? Non, il y a encore autre chose. Il faut que tout cela soit fait avec entrain, avec gaîté, avec bonne humeur. Comme il le dit lui-même, il veut s'efforcer de faire prévaloir « des idées de bonne humeur ». Et combien il a raison! Combien ce pays-ci se retrouverait à son aise, lorsqu'il en aurait fini avec tous ces gens qui l'obsèdent par leur caractère bilieux, leurs cris de haine, leurs gémissements, leur solennité de croque-morts; s'il rencontrait enfin un homme qui lui rendît sa belle humeur originelle, cette gaîté sans façon et sans prétention que j'appellerais volontiers l'étui des belles âmes, car elle résulte du parfait équilibre intérieur et de la sécurité morale, fille des consciences satisfaites.

Depuis vingt-six ans, nous n'avons eu qu'un républicain véritablement populaire. Et ce républicain a été le seul qui ait su rire, qui ait eu de la belle humeur : c'est Gambetta.

Et enfin, quand le Prétendant aura étalé toutes ces qualités dans leur écrin de bonne humeur, la Monarchie sera-t-elle faite? Non. Il faudra encore

ce je ne sais quoi de mystérieux, ce rien, ce
caillou, ce faux-pas qui précipite les régimes ; il
faudra enfin l'intervention de ce que les incré-
dules appellent le hasard et de ce que nous appe-
lons la Providence. Et cette Providence ne fait
jamais défaut à ceux qui tout en comptant sur
Elle, savent se démener comme si Elle n'existait
pas.

J. CORNÉLY.

AVANT-PROPOS

Une des plus vives jouissances intellectuelles de l'écrivain, c'est assurément de voir ses prévisions confirmées par les événements.

Certes, l'auteur de ce livre ne pouvait pas se douter, en y mettant, il y a déjà quelques mois, le point final, de la venue prochaine du Czar en France. Il n'en affirmait pas moins, essayant d'en donner les raisons, que l'esprit des Français n'avait jamais cessé d'incliner vers le monarchisme et qu'à la première occasion qui lui serait offerte, ce sentiment éclaterait à tous les yeux.

Cette occasion s'est bien vite produite.

Le puissant autocrate arrive et tous nos gouvernants, oubliant leurs traditions, piétinant sur leurs principes, se précipitent à ses pieds. — Dans leur hâte à faire accepter leurs hommages, ils négligent de donner la consigne à leurs *entraîneurs* habituels, et le peuple laissé, pour une fois, libre de manifester à son gré, ne semble même pas se douter du genre d'institutions politiques qui le régissent.

Durant ces inoubliables journées des 7 et 8 octobre, la foule parisienne, que l'on nous disait si férue de l'idée républicaine, ne pense même pas à pousser le cri de : *Vive la République !*

L'occasion était belle, cependant, pour le peuple de Paris — tout en acclamant le Czar, tout en criant : *Vive l'Empereur !* et sans manquer de respect à cet hôte auguste, — de témoigner, par des cris sortis du cœur, que, s'il savait s'incliner devant les institutions politiques d'un pays ami, il n'en conservait pas moins son affection et ses préférences pour celles, bien différentes, sous lesquelles il vit.

Cette constatation d'absolue indifférence n'est-elle pas significative ? Plus significative encore l'attitude de nos républicains en vue !

Tous mendient un sourire du Czar et les feuilles qu'ils inspirent soulignent complaisamment les marques d'attention dont ils disent avoir été l'objet, chacune, naturellement, mettant ses préférés au premier rang.

— M. Ribot a eu la faveur d'un colloque avec sa Majesté, écrivent les journaux opportunistes.

— M. Bourgeois, répliquent les radicaux, a eu, lui, l'insigne honneur d'un entretien particulier.

— Non, ripostent les socialistes, c'est M. Baudin que le Czar porte avant tous dans son cœur.

Misère !

Danton, sur son socle, voyant passer tous ces fronts respectueusement inclinés, murmure :

« Est-ce donc pour me rendre témoin de leur platitude qu'ils m'ont placé sur ce piédestal ? »

« Après tout, pourquoi m'étonner ? continue philosophiquement le terrible conventionnel — qui, lui aussi, aurait bien voulu se faire un petit nid doré à la Cour, si après avoir déchaîné la Révolution, il se fût senti la poigne assez solide pour l'arrêter — pourquoi m'indigner ? l'hypocrisie et la bassesse n'étaient-elles pas aussi de mon temps ? Et nous, les aïeux révérés, les grands initiateurs de l'idée républicaine, ne nous sommes-nous pas joués de la crédulité populaire par ambition criminelle et par cupidité, tout comme nos minuscules descendants d'aujourd'hui ?

« C'est égal nous avions, il faut en convenir, un peu plus de tempérament que ces avortons et nous portions le masque tragique avec quelque crânerie !

« Mais eux, nos cadets, quels vulgaires comédiens ! »

Et enflant sa voix comme aux grands jours, quand du haut d'une borne, il haranguait la foule aux carrefours :

« Allons, petits, trêve d'effronterie ! Vous le savez bien, ni nous, les grands, ni vous, les tout petits, ne fûmes jamais républicains, et la France, vous ne l'ignorez pas, n'a jamais été, ne sera jamais républicaine. Ecoutez-la et regardez-vous !

« Vous pouvez en croire un homme que vous avez jugé assez grand à vos yeux pour le faire figurer en effigie sur vos places publiques ; cessez d'abuser le peuple, comme je l'ai abusé moi-même. Mes opinions come les vôtres ne furent que motifs de parade et mes convictions n'auraient pas tenu devant la *forte somme*. Elles furent, un jour, à vendre pour un million. Le malheur voulut qu'on ne trouvât pas cette somme assez tôt (1). Oh! inutile de prendre des airs dédaigneux devant cet aveu, vous qui si

(1) On se rappelle son entrevue avec le comte Théodore de Lameth, l'ancien constituant avec lequel il convint de sauver le roi moyennant un million.

souvent fûtes à vendre pour vingt-cinq mille francs.
Même sur ce point, je vous fus supérieur. Mais si
j'étais capable de me vendre à mon Roi, je ne me
serais jamais, du moins, incliné devant l'Allemagne
ennemie et si les circonstances m'avaient amené à
mettre la main de la France dans celle d'un souverain
ami, j'aurais — soyez-en certains — traité en son
nom d'égal à égal avec lui, et je ne me serais pas
contenté, au lieu du mot formel « d'alliance » que
tous les Français attendaient, de vagues déclarations
d'amitié qui, à leurs yeux déçus, ne masquent qu'im-
parfaitement l'impuissance de vos institutions et le
lamentable échec de nos principes politiques, en
vertu desquels — avons-nous toujours affirmé — le
peuple principal intéressé a le droit de tout connaître et pour qui rien ne doit être caché.

« Nous l'avons assez berné comme ça, le peuple !
Place maintenant à de plus dignes ! Ce que vous
n'avez pas su faire, un plus autorisé le fera. Sous
son égide, la France reprendra définitivement son
rang et se cimentera aussi cette alliance de deux
grands pays faits pour s'entendre, alliance que vos
institutions décriées empêchent de mettre en pleine
lumière.

« Dans nos temps héroïques, nous avions eu la

prétention, en détruisant un état de choses usé et vieilli, de lui substituer des formes politiques et sociales plus en harmonie avec les aspirations généreuses de l'humanité en marche vers le progrès indéfini. Nos efforts à nous, les géants, se sont noyés dans le sang.

« Pygmées, vous avez osé reprendre les traditions révolutionnaires ; c'est dans le ridicule et dans la boue que vous vous effondrez.

« Le rôle de conducteurs de peuples n'est pas à votre taille ! Allons, rendez les rênes, avant que le char ne verse !

« Et toi, peuple, qui vois avec des regrets émus s'éloigner le jeune couple impérial, qui dans un élan du cœur lui crie : « Au revoir ! A bientôt ! » sans paraître te douter que tu traduis ainsi les mouvements tumultueux et encore imprécisés de penchants héréditaires que dix révolutions n'ont pas pu anéantir, eh bien ! lis enfin dans ton âme et tu y constateras qu'en la personne des souverains russes tu ne salues pas seulement les amis de la France, mais encore la force et la grandeur des institutions monarchiques auxquelles, non sans humiliation, tu compares l'effacement navrant et la posture agenouillée de tes gouvernants républicains. »

Ainsi parla le farouche tribun assagi par un siècle d'expérience d'outre-tombe, et dégoûté de la République par le spectacle des républicains.

Mais les regrets qu'il constate chez les Français au départ des souverains russes ne vont pas en eux sans quelque inconscient et secret désir.

Regrets superflus d'ailleurs, désir qu'il leur est aisément possible de satisfaire pour n'avoir plus rien à envier à une nation amie.

En effet, tandis que s'effacent à l'horizon les profils de Nicolas II et de sa gracieuse Compagne, apparaît aux regards de la France un autre couple non moins jeune, non moins gracieux.

Mais celui-ci lui appartient vraiment.

Il suffit donc à la France de vouloir, et dans le radieux sourire de la future souveraine se dissipera le cauchemar des hontes du passé, se calmera l'appréhension des luttes, trop à redouter, de demain.

12 octobre 1896.

PREMIÈRE PARTIE

RÉPUBLIQUE

CHAPITRE PREMIER

Le régime républicain demeure toujours contesté. — Motifs
de cette animosité. — Sens populaire du mot *république*.
— Ce que fut la Révolution. — Son histoire reste encore à
faire. — Les réformes à accomplir ne nécessitaient pas
pareille effusion de sang. — Erreurs dont les historiens
se sont faits les complices. — Ce que furent réellement les
hommes de la *Révolution*. — Leur bassesse et leur servilité. — Leur cynisme à l'égard de l'émigration à laquelle
ils poussèrent de toutes leurs forces, parce qu'elle servait
leurs projets et devait grossir leur fortune. — Les demi-
dieux de la Révolution. — L'armée à cette époque. — La
bonté de nos rois mise en parallèle avec la sécheresse de
cœur et la férocité des révolutionnaires. — Sens métaphysique du mot *république*; sa traduction dans les faits.
— La justice sous la Terreur. — Les procédés de gouvernement et d'administration. — Les résultats de la Révol
tion. — Échec fatal du régime républicain.

Depuis un quart de siècle, nous vivons en France
sous le régime républicain et, pas un moment, durant ces vingt-cinq années, la forme du gouverne-

ment n'a cessé d'être contestée ; jamais pendant ce long espace de temps, nos gouvernants n'ont pu se dire : « Nous avons rallié à nous, sinon l'unanimité, du moins l'immense majorité du pays. »

A quoi tient cette répugnance instinctive qui fait ainsi se dresser, malgré les circonstances les plus favorables, toujours menaçante et irréductible, une minorité aussi compacte contre les institutions actuelles? A des raisons multiples que nous allons essayer d'analyser.

Trois fois, à des époques différentes et à longs intervalles dans le cours d'un siècle, la république a été proclamée en France, et trois fois elle l'a été par une poignée de factieux à la suite d'un coup de main. Cette circonstance n'est pas faite, on le conçoit, pour rallier à ce régime une population facilement impressionnable, il est vrai, mais au demeurant, très rangée, très laborieuse; avant tout assoiffée d'ordre et désireuse de sécurité. Le mot *république* est à ce point, pour les Français en général, caractéristique de désordre, de bouleversement, d'anarchie, qu'il a conquis et conserve encore ce sens métaphorique dans la langue courante. De très bonne foi, tel qui, la veille peut-être, a donné son suffrage à un candidat républicain, vous dira en parlant du désordre qui règne dans une administration ou dans un ménage : Ces gens-là sont en république. — On a dit des proverbes qu'ils étaient le résultat de la sagesse des nations. Quand une expression est ainsi détournée de son sens primitif et appliquée proverbialement par la foule, ne peut-on pas affirmer que c'est après expérience acquise, et qu'elle entend traduire par là une sorte de répulsion instinctive?

Pourrait-il d'ailleurs en être autrement? Voilà une nation qui, durant quatorze siècles, s'est développée normalement sous l'égide d'institutions déterminées, tant au point de vue politique qu'au point de vue social; l'âme de tous les citoyens a été coulée, durant de multiples générations, dans un moule particulier dont elle a pris inconsciemment les formes; les habitudes, les mœurs, les lois, tout en obéissant à une évolution fatale, se sont façonnées selon un mode approprié aux instincts de la race; et tout d'un coup, pour donner satisfaction aux théories préconçues de certains esprits avides d'idéal, tout cet organisme, produit du travail accumulé des siècles, est subitement jeté à bas. Peut-on s'imaginer alors la stupeur de ces millions d'êtres, complètement ignorants des abstractions philosophiques, vivant de père en fils dans un cercle étroit d'idées, parqués dans des habitudes séculaires, dont s'ils n'ont pas toujours à se louer, ils n'ont pas non plus trop à se plaindre et qui subitement, sous la poussée de quelques ambitieux, voient tout changer autour d'eux. Car il ne faudrait pas s'y méprendre et croire, non avec l'histoire, mais avec la légende, que la Révolution a été l'œuvre de la presque unanimité des Français qu'avaient poussé à bout des abus invétérés. C'est sous un angle spécial que

les historiens, tous issus d'une classe sociale trop
ntéressée à dénaturer les faits, nous ont représenté l'œuvre révolutionnaire. L'histoire vraie de la
Révolution, ainsi que l'écrivait, dans ces derniers
temps, un des rares penseurs qui auront le plus
mérité de leur pays, M. E. Drumont, reste à faire.
A peine, peut-on dire, a-t-elle été entamée par
Taine dans son œuvre pourtant si remarquable, les
Origines de la France contemporaine; et c'est dans
quelques monographies éparses et dans les mémoires des contemporains de cette époque, qui de
plus en plus nombreux sollicitent de nos jours
l'attention de l'observateur, que l'on doit aller rechercher la véritable physionomie des hommes et
des événements d'un temps entrevu jusqu'ici dans
a déformation d'un prisme trompeur.

Avez-vous quelquefois assisté à une séance de
prestidigitation ? Par d'habiles manœuvres, l'opé-
rateur captive d'abord votre attention, adroitement
il vous amène peu à peu à détourner vos regards
du point où ils pourraient le gêner ; au bon moment
il entame un récit fantastique qui n'a pour objet que
de vous faire perdre de vue le manège de ses doigts.
Quand vous parvenez à vous ressaisir, le tour est
joué, et, comme dit le vulgaire, vous n'y avez vu
que du feu. Ainsi procèdent les historiens de la
Révolution ; j'entends ceux qui ont fait prime jusqu'à nos jours, et dans lesquels les diverses générations en ce siècle sont allées puiser la connaissance de cette période troublée. D'éloquentes ampli-

fications sur les vices et la corruption d'une société vermoulue dont les abus et l'audace insolente ont porté jusqu'à l'exaspération la colère du peuple ; un tableau sombre, poussé au noir des misères de la masse en opposition avec les richesses et le luxe des classes aristocratiques, préparent habilement l'entrée en scène du redresseur de torts, du messie des temps nouveaux politiques : le Tiers-État. Et quand je dis le Tiers-État, je vais peut-être bien loin, car il ne s'agissait, en réalité au début, que d'une poignée de mécontents et d'envieux qui, froissés d'être moins bien nantis que les hommes de Cour, espéraient à la faveur d'un mouvement politique et social, opéré sous le couvert de philanthropiques aspirations, écarter ces derniers et se substituer à eux dans la faveur du roi.

Seulement ils avaient compté sans la logique des événements qui veut qu'en politique on soit toujours dépassé par un plus révolutionnaire que soi. Selon le mot de Danton : « Dans les révolutions, l'autorité reste toujours aux plus scélérats. » C'est ce que n'avaient pas même entrevu les premiers promoteurs du mouvement de 89. Confondant l'intérêt général avec leur intérêt particulier, ils en étaient restés à cette idée naïve, qu'eux satisfaits tout le monde devait l'être. Ils ne voyaient pas que derrière eux s'avançaient, à rangs serrés, quelques milliers de membres du Tiers, plus sevrés encore, mais non moins avides, que le succès de leur propre audace ne pouvait manquer de mettre en appétit.

Les gros bourgeois portaient envie à la noblesse ;
mais la grande bourgeoisie n'était pas sans causer
de l'ombrage à la petite, et c'est ainsi que greffant
leurs rancunes et leurs convoitises respectives sur
le prétendu soulagement des misères, hélas ! trop
réelles de la masse, quelques esprits ambitieux
purént, avec la complicité d'un certain nombre de
scélérats et d'un plus grand nombre de poltrons,
lancer la France dans la plus sombre et la plus tragique des aventures.

Cela, les historiens ne l'ont pas dit, ou l'ont à
peine indiqué.

Il est manifeste pour tout esprit de bonne foi que
les modifications véritablement utiles réclamées par
les cahiers des États généraux, tant au point de vue
social qu'au point de vue politique, pouvaient s'opérer par des voies pacifiques et sans recourir à une
aussi épouvantable effusion de sang. Peut-il y en
avoir témoignage plus irrécusable que cette admirable manifestation des ordres dans la nuit fameuse
du 4 août ? Ce n'est pourtant pas sous le coup d'une
appréhension tragique, que noblesse et clergé renon-
cent spontanément à leurs privilèges : la guillotine
est encore loin, et l'on ne soupçonne pas qu'elle
puisse un jour fonctionner. Donc, ce sacrifice qui,
pour les ordres privilégiés, devait être tout particulièrement pénible, ayant été consenti d'enthousiasme,
que ne pouvait-on, dans ces conditions, espérer du
bon vouloir de toutes les classes ?

Sans doute ; mais le sacrifice de quelques privilèges ne suffisait pas à satisfaire la fringale des hommes avides de richesse et de pouvoir pour qui la révolution entrevue devait être, avant tout, une opération fructueuse.

« La Convocation des États généraux sera un changement entier dans les conditions et les fortunes », disaient-ils presque hautement, « et dans beaucoup d'endroits ils avaient fait connaître que c'était une espèce de guerre déclarée aux propriétaires et à la propriété ».

Bref, comme ajoute Taine, en manière de conclusion, la sédition *était sociale* ; car elle s'attaquait à ceux qui profitaient ou commandaient dans l'ordre établi (1).

Il n'y a pas de doute possible, les abus indéniables, à la réforme desquels les États généraux avaient pour mission de procéder, pouvaient disparaître sans que leur anéantissement nécessitât le formidable bouleversement dans lequel la France faillit sombrer vingt fois. Seulement cela ne pouvait faire le compte des pêcheurs en eau trouble qui l'avaient déterminé. Dans les périodes d'accalmie sociale, les gens même d'humeur pacifique ne se laissent généralement pas dépouiller sans crier : au voleur ! Comment, alors, mettre la main sur cette belle proie constituée par les biens du clergé et les domaines de la noblesse, aussi bien d'ailleurs que de la haute bourgeoisie ? Le procédé, depuis l'antiquité, n'a jamais varié, et

(1) Taine. *Ancien régime.*

c'est toujours sous prétexte de philanthropie à l'égard des déshérités du sort, qu'ont été opérées les plus criantes iniquités. Ce fut donc en soulignant à plaisir toutes les injustices sociales que les nouveau-nés de la politique firent bruyamment leur entrée dans le monde. « Tout pour les uns, s'exclamaient-ils, rien pour les autres : est-il possible d e tolérer plus longtemps cet état de choses? » Et cela n'était pas exact, car aujourd'hui que l'on commence à mieux connaître de quelle façon était répartie la richesse sous l'ancien régime, l'on est obligé de convenir que si tout n'était pas pour le mieux à ce point de vue particulier, du moins l'inégalité entre les possédants n'était guère plus choquante qu'à présent, où, tout comme alors, une certaine catégorie de gens ne cessent de réclamer bien haut l'expropriation de ceux qui possèdent au profit de ceux qui ne possèdent pas. Eternelle comédie! Mais il s'agissait de masquer sous des dehors d'intérêt général, les appétits malsains qui, par trop de franchise, eussent excité des défiances générales.

Et c'est alors qu'intervient le faiseur de boniments qui amuse la foule pendant que ses compères soulagent les badauds de leurs porte-monnaie. En avant les grands mots de liberté, d'égalité, de fraternité! Partout ils s'étalent comme un ironique contraste entre les idées et les choses. La liberté, on vous la laissera à condition que vous ne gêniez en rien les maîtres du moment; l'égalité, elle se fera, mais devant le couperet; quant à la fraternité, elle est celle du dogue qui s'est saisi d'un os.

« Telle est la fraternité nouvelle, dit un profond observateur : un convoi funèbre de toutes les autorités légales et légitimes, un triomphe de la brutalité sur l'intelligence, un mardi-gras meurtrier et politique, une formidable descente de la Courtille qui, précédée par ses insignes de mort, traîne avec elle les chefs de la France, roi, ministres, députés, pour les contraindre à gouverner selon ses désirs et pour les tenir sous ses piques jusqu'au moment où il lui plaira de les égorger. »

« Pendant les trois années qui suivent la prise de la Bastille, ajoute M. Taine un peu plus loin, c'est un étrange spectacle que celui de la France. Tout est philanthropie dans les mots et symétrie dans les lois ; tout est violence dans les actes et désordre dans les choses. »

C'est en effet un sujet de profond étonnement pour le penseur que la docilité de ce peuple de vingt-cinq millions d'âmes se courbant, sans protester, devant la sanglante dictature de quelques milliers de coquins et de scélérats qui l'hypnotisent littéralement par leur audace et lui en imposent par la solennelle hypocrisie de leur dogmatisme politique et social. On croit rêver quand, à distance, on constate le nombre relativement restreint des hommes ayant réellement pris une part active à cette saturnale révolutionnaire, qui, tout bien pesé, a eu pour unique effet de transférer de quelques mains dans quelques autres tout l'avoir social, en laissant la masse aussi dépourvue que devant; et on ne s'expliquerait pas le succès de ce mouvement et la rapidité foudroyante avec laquelle il s'imposa au pays, si nous n'avions vu, cent ans après la Révolution, le Français d'aujourd'hui, qui se croit cependant infiniment plus éclairé que ses grands ancêtres accepter, avec la plus extraordinaire facilité, les plus extravagantes sornettes et avaler sans sourciller les plus invraisemblables bourdes ; celà, pourtant dans un ordre de choses où il a la prétention de se croire très avisé, très perspicace et très malin, je veux parler de la défense de ses intérêts pécuniaires.

Les Français, a-t-on souvent répété, sont le peuple le plus spirituel du monde. Je serais certes fâché d'en disconvenir. Mais s'il est vrai que le Français pense et dit le plus spirituellement du monde, il agit la plupart du temps comme un sot et son attitude depuis un siècle n'est pas faite pour me démentir. Est-il concevable en effet, qu'après la sanglante expérience de 93, il ait encore pu se laisser prendre aux charlatanesques programmes de nos marchands d'orviétan politique? Que les historiens de l'époque révolutionnaire, dans le but évident d'égarer les esprits, aient pu, grâce à ce penchant qu'ont les imaginations en France à accepter toutes les sortes de merveilleux, surtout quand le merveilleux se colore de reflets patriotiques et de lueurs guerrières, — que dans ces conditions, la réalité héroïque servant de passeport à la légende -- les historiens aient pu

grandir les sinistres acteurs de l'époque à la taille
des héros, que grâce à l'éloignement, à la disparition
successive des témoins, à la complicité de ceux qui
avaient intérêt à appuyer et accréditer cette singulière appréciation des événements, les Français de
la seconde moitié du XIXe siècle aient, avec leur légèreté ordinaire, pris pour argent comptant, l'étrange
et glorieuse version qui leur a été faite de cette époque, rien de surprenant. Qu'à force d'entendre célébrer la grandeur, l'héroïsme et les vertus de ces
grands révolutionnaires, dont les plus monstrueu-
ses actions étaient présentées comme l'accomplissement d'un douloureux devoir dans l'intérêt du peuple, — ils se soient naïvement laissés prendre d'un
sot enthousiasme pour ces colosses disparus qu'on
leur présentait dans une sorte de grandissement
épique, il n'y a rien d'invraisemblable non plus,
puisqu'ils n'avaient pas les moyens d'en juger autrement. Une chose cependant qu'il a été impossible aux historiens de dissimuler aurait dû faire réfléchir nos contemporains et amener sur leurs lèvres le sourire du sceptique relativement tout au
moins à l'intransigeance farouche de ces prétendus
amants de la liberté. Tous ou presque tous, du
moins les plus qualifiés, ont sombré dans la domes-
ticité impériale et c'est avec les signes les moins
équivoques de la plus humble reconnaissance,
qu'après s'être enrichis des dépouilles des ci-devant
qu'ils avaient égorgés, ils ont accepté du César acclamé, les titres les plus sonores et les plus reten-

tissants. Etranges contradictions ! Ils avaient décapité un roi et ils proclament un empereur ; ils avaient
déclaré la noblesse à jamais abolie et ils acceptent
avec transport, d'en incarner une nouvelle en leurs
personnes ; ils avaient décrété la liberté impérissable
et ils courent avec joie au devant de la servitude !

Faut-il citer des noms ? Cambacérès, Fouché,
Carnot parmi les plus fameux, et des centaines plus
obscurs à leur suite. Celui-ci comte, cet autre duc,
le troisième prince. Les voilà, ces purs, qui plutôt
que de voir la liberté, l'égalité exposées à périr ont
mieux aimé faucher des milliers de têtes. Ils sont
riches et titrés maintenant, ils peuplent les anti-
chambres impériales et mille fois plus plats et plus
serviles que les courtisans de Versailles, qu'ils ont
flétris si souvent, ils courbent le front et l'échine
devant le maître qu'ils se sont donné et qui, au
fond, les méprise. Eh bien ! convenons-en, il a fallu
une certaine audace pour glorifier de tels hommes,
et avoir aussi une singulière confiance dans l'affai-
blissement cérébral des générations que ces panégy-
ristes sans vergogne se sont donné la mission
d'instruire. Ces honteuses capitulations, quelque
désir qu'ils en aient eu, ils n'ont pas pu entièrement
les dissimuler. Ces noms en vedette des fastes
révolutionnaires, ils ont dû, malgré tout, les glisser
dans le cadre olympien de la cour impériale. Dès
lors ces noms ont dû frapper le lecteur même le
moins attentif, et c'est ici le moment de se demander,
après la constatation du burlesque aboutissement

d'un aussi tragique effort, comment il a pu rester la moindre illusion dans l'esprit des Français sur les véritables mobiles qui guidèrent les grands acteurs de la Révolution.

Disons-le nettement — car il n'y a pas deux manières d'envisager les choses — ce furent, pour la plupart, des assassins d'abord, des voleurs ensuite. Pourquoi donner à l'histoire des dehors hypocrites et réserver à des hommes qui ne furent, après tout, que des malfaiteurs, des éloges qu'on ne peut leur décerner qu'en travestissant indignement les faits? Qu'on ne se méprenne pas cependant sur nos intentions et qu'on n'aille pas voir en l'auteur de ces lignes un revenant du passé qui serait heureux de voir refleurir l'ancien régime et son cortège d'abus. Nous sommes de notre temps et n'avons jamais eu la pensée de renier les conquêtes démocratiques que nous a valu l'élan irrésistible qui emportait les esprits dans les dernières années du siècle passé. Il serait d'ailleurs superflu autant que ridicule de pleurer sur des ruines, et de célébrer, en paraissant en désirer le retour, des institutions qui ont fait glorieusement leur temps, sans doute, mais qui ne sauraient, en aucune façon, convenir ni à nos mœurs, ni à notre tempérament actuels. Mais nous ne saurions non plus accepter la Révolution en « son bloc », selon une expression célèbre et rien ne pourra nous empêcher de proclamer que les réformes utiles qui en sont sorties pouvaient être obtenues à meilleur compte et sans effusion de sang. Nous allons même plus loin et

tout esprit sensé en conviendra avec nous ; étant
donné l'énormité de l'effort le profit a été médiocre.
La preuve, c'est que nous en sommes à reconnaître
aujourd'hui que certaines institutions sociales
détruites alors, auraient encore leur utilité maintenant. Il faut donc admettre qu'après cette magnifique aurore de 89, la Révolution a bien vite dévié
entre les mains de quelques habiles gens qui avaient
le plus grand intérêt à tout brouiller, de façon à
pouvoir plus aisément satisfaire leurs appétits
particuliers à la faveur du trouble général.

Certes, il y avait alors de grands abus à corriger
et la nécessité de réformes à opérer se faisait impérieusement sentir. Mais, d'autre part, grâce à l'influence des idées philosophiques dont l'air ambiant
était comme saturé, toutes les classes de la société
y étaient naturellement disposées. Quelques malen-
tendus de pure forme pouvaient encore subsister
lors de la réunion des États généraux, mais la
fermeté du Tiers en eut facilement raison. Qu'im-
portaient à cette Cour frivole, à cette noblesse pleine
de morgue, les questions d'intérêt matériel qu'elles
avaient toujours considérées comme secondaires,
dès qu'elles avaient dû céder sur ce qu'elles regar-
daient l'une et l'autre comme le principal, les
questions d'étiquette et de privilèges ?

Par la suppression des prérogatives de l'aristo-
cratie et du clergé, par la création de l'égalité civile,
par l'abolition de la vénalité des charges, par
l'acceptation d'une Constitution, le vote de l'impôt

par les mandataires de la nation et leur contrôle désormais assuré sur l'administration des deniers publics, le pas essentiel était franchi vers le développement, au point de vue moderne, des institutions du pays. Le reste évidemment serait venu par surcroît et peut-être aujourd'hui serions-nous, socialement et politiquement parlant, infiniment plus avancés que nous ne le sommes en réalité. Cela ne se fût certainement pas fait sans quelques secousses ; nous pouvons nous en convaincre par ce qui se passe sous nos yeux. Mais l'évolution eût évidemment été d'autant plus rapide, que le spectre sanglant de la Terreur ne se fût point dressé devant les imaginations pour mettre les esprits en défiance et décourager les meilleures volontés.

Et, n'est-ce pas un spectacle vraiment curieux que celui de la France en ces années 1789 et 1790 ? C'est la nation tout entière qui s'agite pour créer un état de choses nouveau. Les plus intéressés à résister aident au mouvement. C'est sans doute ce bon vouloir décidément quelque peu naïf, s'il ne fût parti d'un sentiment d'honnêteté des plus respectables, que les habiles, qui d'abord s'étaient tenus à l'arrière-plan, songèrent aussitôt à exploiter dans leur intérêt particulier.

« Mais, semblent-ils se dire, après les premiers événements, mais ils ne sont vraiment pas bien terribles à affronter, tous ces aristocrates ! Et ce roi, quelle bonne pâte, décidément ! Il ne tiendrait qu'à eux, puisqu'ils ont la force et le pouvoir de tout

faire rentrer dans l'ordre en ayant rapidement raison
de notre insolence ! Au lieu de cela, ils consentent à
discuter ; nos réclamations, ils les admettent; nos
demandes, ils les accueillent! Dans ces conditions,
nous serions bien bons de nous gêner; il ne s'agit
que de montrer les dents et d'exiger encore et toujours ! Vous abandonnez vos privilèges! Soyez sans
inquiétudes à leur égard, nous les reprendrons, nous
bourgeois. Tu nous y aideras, d'ailleurs, bon peuple
de France. Et quand nous nous en serons saisis, tu
verras de quelle façon nous en saurons user. »

Naturellement, pour arriver à ce résultat, ils se
couvrent des raisons les plus philanthropiques : l'intérêt du peuple, la volonté de la nation; plus d'op-
pression, plus de servitude—tous égaux, tous frères...

Ce n'est que trop juste, répond la noblesse dans
un élan d'enthousiasme : « Voici mes privilèges ;
je les sacrifie sur l'autel de l'égalité ainsi reconquise
par tous. » Il semblerait qu'en présence d'une si héroïque abnégation et devant cette solennelle réconciliation des classes, il ne restât plus qu'à s'em-
brasser et à retourner paisiblement à ses affaires.
Mais cela n'eût pas fait le compte de nos brouillons à qui la présence sur le sol de la patrie, de propriétaires d'immenses domaines devait nécessairement porter ombrage. La richesse ne donne-t-elle
pas l'influence, et cette richesse n'est-elle pas fatalement un objet de convoitise pour les âmes basses et
dénuées de tout scrupule ? Ces richesses, il s'agissait
donc de s'en emparer.

Oh! les bonnes raisons ne manquèrent point. Pour le clergé, pas de difficulté; il fut dépouillé par des moyens en apparence légaux. Que d'iniquités sous l'abri des lois! Et la spoliation du clergé ne fut pas assurément la plus forte.

Mais ce que l'on avait pu légalement accomplir et avec quelque semblant de bonne foi contre un corps constitué, il était plus difficile de le faire contre de simples particuliers. Or, les nobles, depuis qu'ils s'étaient dépouillés de leurs privilèges, n'étaient plus, en réalité, que de simples citoyens, comme le reste des Français.

Et, c'est ici que la mise en scène est vraiment admirable d'habileté et de cynisme. Vous et moi, gens de bonne foi, comprenons très bien que, quelque spontané et sincère qu'ait été le mouvement de la noblesse dans la nuit du 4 août, le sacrifice accompli, elle a dû avoir quelque peine à s'habituer au nouvel ordre de choses. Dame! on ne se dépouille pas de toute sorte de prérogatives sans les regretter quelque peu et le coup doit être évidemment sensible. Le sacrifice doit être surtout pénible quand les gens en faveur de qui on se démet ne vous en tiennent aucun compte, et poussent l'insolence d'autant plus loin qu'ils vous sentent plus désarmés. C'est ce qui arriva. Avec une hypocrisie raffinée et une méchanceté cruelle, les chefs du mouvement usèrent de tous les moyens pour pousser à bout la patience de la noblesse. Les écrits ne suffisant pas, ils recoururent aux menaces et aux soulèvements populaires. Troublés dans leur sécurité, menacés dans leur existence, les nobles résolurent, pour mettre au moins leurs jours à l'abri, de franchir la frontière. Nous vous le demandons, sincèrement, qu'auriez-vous fait à leur place ?

C'était bien d'ailleurs ce que souhaitaient secrètement leurs persécuteurs. Mais, où leur habile perfidie passe décidément les bornes, c'est dans la manière d'interpréter cet exode. Mise entre l'échafaud et la fuite, la noblesse, et avec elle nombre d'honnêtes gens non titrés qui n'avaient pu s'empêcher de protester contre ces odieuses violences, n'hésita plus et s'enfuit. « Les voyez-vous, ces ci-devant, s'écrièrent aussitôt les énergumènes de carrefour qui faisaient la loi en ce moment, les voyez-vous ces ci-devant ? Au sol sacré de la patrie, ils préfèrent la terre étrangère ; ils courent grossir les rangs de nos ennemis et s'insurgent contre les institutions qu'il a plu à la nation de se donner. Hors la loi ces traîtres ! et que leurs biens fassent retour au patrimoine commun. »

Mais, honnêtes démagogues, si ces Français sont partis pour l'étranger, c'est que vous leur avez rendu l'existence insupportable chez eux et qu'à tout instant ils courent danger de mort.

Pour beaucoup moins et sous le coup de mesures que l'histoire a énergiquement flétries et avec juste raison, mais sous le coup de mesures assurément moins odieuses que celles que l'on venait d'inaugurer, les protestants, à la fin du xvII^e siècle, se sauvèrent

aussi en masse à l'étranger. Les en a-t-on blâmés ?
Les émigrés, dit-on, prirent les armes contre la
patrie. D'abord, le fait n'est vrai que d'un certain
nombre, et, loin de nous la pensée d'approuver une
semblable attitude et de vouloir la justifier ! Mais
laissons de côté l'hypocrisie des mots et voyons le
fond des choses. Pour ceux des émigrés qui, sous
le coup d'une irritation parfaitement compréhensible
pour tout homme de bon sens, crurent devoir tenter
de rentrer à main armée sur le sol de la patrie,
qu'étaient à leurs yeux les gouvernants de ce moment ? Sinon une bande d'émeutiers qu'il importait
de disperser au plus tôt pour rendre au pays son indépendance et à chacun sa liberté. Certes, ils com-
mirent l'insigne folie de joindre leurs armes à celles
de l'étranger. Mais cette folie, qu'ils avaient déli-
bérément provoquée, les hommes du gouvernement
révolutionnaire eussent été bien fâcheusement désap-
pointés si les émigrés ne l'avaient point commise.
Quel prétexte leur fût-il alors resté pour provoquer
ces mesures extraordinaires de salut public à la
faveur desquelles ils purent perpétrer tous les excès,
commettre toutes les exactions ?

Dira-t-on qu'envisager ainsi les événements c'est
rapetisser l'histoire et prêter aux personnages en
quelque sorte surhumains de cette grande époque
les basses passions de l'humanité vulgaire ? Qu'y
pouvons-nous, si vos colosses sont pétris de boue et
de sang ? Et n'est-ce vraiment pas une gageure que de
vouloir nous faire prendre pour des demi-dieux

Robespierre et Marat, Danton et Saint-Just ? Les émeutiers de juin 1848 étaient autrement sympathiques dans leurs revendications et vous les avez pourtant mitraillés, les insurgés de mars 1871 furent certainement moins odieux et vous les avez pourtant fusillés et déportés en masse, vous, les descendants des Montagnards et les héritiers des traditions jacobines. — Incontestablement, parmi les acteurs d'arrière-plan du drame révolutionnaire se trouvèrent quelques hommes de bonne foi, épris d'idéal même, qui avaient salué avec enthousiasme le nouvel ordre de choses et s'étaient, grisés par des harangues déclamatoires, ingénument faits les complices des plus abominables décisions auxquelles, d'ailleurs, bientôt après ils ne comprenaient probablement plus rien. Embarqués joyeusement pour faire voile vers la liberté, ils débarquaient en pleine terre de tyrannie ; ils avaient espéré extirper tous les abus et ils les voyaient renaître plus vivaces et plus nombreux. Mais, comme après tout, ils étaient hommes et sujets à toutes les passions humaines, que ces abus, d'autre part, n'étaient pas sans quelques profits pour ceux qui les faisaient naître et les pratiquaient, les moins scrupuleux d'entre eux s'empressèrent d'appuyer le mouvement et les plus timorés se turent, laissant faire.

En résumé, les promesses de la Révolution furent merveilleuses, ses moyens d'action atroces, ses résultats relativement insignifiants. Dans cet immense effondrement des institutions sociales, au milieu de ce déluge de sang, dans cet enfer d'abominations, une seule chose resta intacte et pure : Notre renommée militaire ; et le prestige de nos armes grandit à tel point qu'il suffit presque, à lui seul, à couvrir de son manteau de gloire toutes les infamies du désordre intérieur. Cela s'explique du reste ; tout ce qu'il y avait de sain et d'honnête dans la nation s'était réfugié aux armées, et les généraux en dehors de leur bravoure et de leurs talents, acculés à la victoire ou à la mort, n'avaient pas d'autre alternative que de vaincre ou de mourir : naturellement ils aimèrent mieux vaincre. Quoi qu'il en soit, aujourd'hui que nous pouvons à distance, de sang-froid et sur des documents certains, juger les événements et les hommes, vingt années de gloire militaire, comme aucun peuple n'en a eu en partage depuis l'origine du monde, ne sauraient nous faire passer condamnation sur l'imbécillité criminelle et la folie sanguinaire des bêtes fauves qui, en cette triste époque, s'étaient donné la mission de diriger les destinées de notre belle France.

Les résultats obtenus, on ne peut trop le répéter, furent hors de toute proportion avec l'effort déployé et le sang versé. Comment eût-il pu en être autrement ? « Quand les motionnaires de carrefour, dit M. Taine, et les portefaix du coin, convaincus de leur sagesse supérieure, imposent des décrets par la force de leurs poumons, de leurs poings et de leurs piques, à l'instant, l'expérience, le savoir, le bon sens, le sang-froid, le génie, la raison, sont expulsés des affaires humaines et l'on va aux abîmes. »

Voudrait-on nous dire alors ce qu'a véritablement gagné le peuple à cette terrible liquidation de 93? Il a assisté ahuri et n'y comprenant goutte à une succession de coups de théâtre sanglants qui se faisaient, soi-disant en son nom, et un beau jour, il a vu se fermer le cycle nouveau comme il l'avait vu s'ouvrir, sans que le retour à l'âge d'or, si pompeusement annoncé, se fût réalisé.

« Qu'est-ce qu'ont donné aux prolétaires, écrivait très justement, dans ces derniers temps, M. E. Drumont, tous les gens qui depuis cent ans ont spéculé sur la crédulité des masses? Ils leur ont donné des coups de fusil en prairial, en juin, en mai. Quand les ouvriers qui avaient eu foi dans les oracles des démagogues ont réclamé l'accomplissement des prophéties et demandé du pain, on a tiré dessus ».

Comparez cette attitude à celle de nos rois dans les circonstances les plus critiques, alors que la force en mains, ils pouvaient écraser l'émeute et sauver leur couronne et même leur vie. Pour épargner le sang de leur peuple, ils ordonnent aux troupes de ne pas tirer. Tel Louis XVI à Versailles, dans les journées des 5 et 6 octobre et le 10 août aux Tuileries; tels encore Charles X en 1830, et Louis-Philippe en 1848.

A propos de ce dernier, Daniel Stern, dans son *Histoire de la Révolution de 1848*, raconte le fait suivant :

Le maréchal Bugeaud avait pris ses dispositions

de combat et avec son coup d'œil et sa décision ordinaires, il avait donné des ordres précis à ses lieu-
tenants. L'émeute eût évidemment été vite compri-
mée. En ce moment intervint auprès de lui un
fabricant du quartier Bonne-Nouvelle qui intercéda
vivement pour que la troupe se retirât, s'efforçant
de démontrer que la conciliation était encore possible, si la garde nationale restait seule en face des
insurgés. M. le duc de Nemours était présent à l'entretien et paraissait pencher vers cet avis. Se tournant alors vers lui le fabricant lui dit avec anima-
tion : «Monseigneur, joignez-vous à moi pour obtenir
la retraite des troupes. Ne souffrez pas qu'une tache
de sang souille le nom de votre père et le vôtre... »
Etonné d'une si vive insistance et de l'impression
qu'elle produisait sur le prince, le maréchal dit d'un
ton sec qu'il allait en délibérer, puis il sortit avec
M. le duc de Nemours et M. Thiers. Quelques ins-
tants après, d'accord avec le fils aîné du roi, il faisait replier ses troupes qui abandonnaient leurs positions. La monarchie était perdue par cet acte d'humanité. — En effet un an environ après la proclamation de la République, le duc d'Isly apercevant
ce même fabricant dans son salon, un soir qu'il avait
une réception nombreuse, alla droit à lui et le prenant par le bras : « Je vous reconnais, lui dit-il.
Vous nous avez fait bien du mal. J'aurais dû, sans
vous écouter, vous faire chasser de ma présence et,
sourd aux lamentations de vos bourgeois de Paris et
de votre garde nationale trois fois dupe, défendre

mon roi dans ses Tuileries et vous mitrailler tous sans merci. Louis-Philippe serait encore sur le trône et vous me porteriez aux nues à l'heure qu'il est ».

Assurément le maréchal Bugeaud n'aurait point modifié ses dispositions s'il n'y eût pas été autorisé par le roi d'accord avec le duc de Nemours. L'anecdote, toutefois, n'est-elle pas caractéristique? Et ne prend-elle pas encore un relief plus saisissant, quand, à quelques mois delà, on voit les républicains au pouvoir, ayant à leur tête un fils de conventionnel, faire froidement décimer, par ces mêmes troupes, l'armée cependant bien patiente des prolétaires qui, en attendant la réalisation de promesses toujours menteuses, avait, selon la parole de l'ouvrier Marche à Lamartine, « mis trois mois de misère au service de la République »? On ne s'explique donc pas, après des expériences répétées et aussi concluantes l'obstination, en quelque sorte idiote, avec laquelle l'ouvrier des villes surtout se laisse toujours prendre aux programmes décevants des politiciens se disant amis du peuple. Cela tient de l'envoûtement. Et, chose bizarre! comme nous le faisions remarquer en commençant ce livre, pour lui comme pour tous en France, république dans le langage courant, est synonyme de désordre, partant de misère, puisque avec le désordre, il ne peut y avoir de travail. N'importe! On lui dit qu'il sera souverain et cette perspective l'enchante au point d'en oublier jusqu'au souvenir des mécomptes et des déceptions du passé. Cette souveraineté, il la conquiert, éternel jobard, pour le compte de ceux qui l'exploitent, et quand il réclame trop haut sa part, ses bons amis l'invitent à aller prendre l'air aux antipodes, ou lui font faire connaissance de très près avec les balles du nouveau calibre.

C'est, à ce point de vue, chose bien suggestive que les professions de foi des candidats *irréconciliables* sur le déclin du second Empire, professions de foi dont le programme de Belleville est resté le prototype. Devaient-ils encore une fois assez la transformer cette société avilie et corrompue, ces fiers amis du peuple, et quelle ère de bonheur et de félicité ils lui faisaient entrevoir dès qu'ils auraient enfin pu se saisir des rênes du gouvernement! Ils l'ont eu le pouvoir et la France a pu les voir à l'œuvre.

« Dans ce fameux programme de Belleville, écrit l'auteur de la *France juive*, tous les va-nu-pieds d'il y a trente ans promettaient la disparition des armées permanentes, le respect de la liberté individuelle, la réduction des charges budgétaires, la suppression de la plaie du fonctionnarisme. Ils ont établi le service obligatoire pour tous ; ils ont arrêté un beau jour un millier de pauvres diables sous prétexte d'anarchie, et ils les ont lâchés trois mois après sans pouvoir trouver la moindre preuve contre eux. Ils ont augmenté la dette de 14 milliards et au lieu de 200.000 fonctionnaires que nous avions en 1869, ils nous en ont donné 763.000. C'est le chiffre exact fourni par la *Science française* ».

« Le prolétaire, dit un auteur républicain (1) atta-
che à ce mot de république des espérances infinies.
Par une puissance étrange ce mot jette les uns dans
des frayeurs inouïes, les autres dans le délire de
l'enthousiasme. Aux yeux du philosophe qui con-
temple l'idée pure, la république, c'est l'état le plus
parfait auquel puisse se tenir une société entrée dans
l'âge viril qui s'affranchit de tutelle et se gouverne
elle-même, soumise à la seule autorité légitime,
l'autorité de la raison commune manifestée dans la
loi. Expression à la fois permanente et variable des
volontés individuelles réduites à la volonté nationale, c'est la chose publique confiée à la sagesse publique. Tel se conçoit dans le domaine abstrait de
l'intelligence, l'idéal, la théorie, le principe absolu
de l'état républicain. »

Eh bien ! sortons du domaine abstrait de l'intelligence et pénétrons dans celui de l'application pratique. La théorie est belle certes, et de nature à séduire tous les esprits désintéressés ; la raison commune manifestée par la loi devenant la seule autorité légitime et les volontés individuelles se conden-
sant dans l'unique volonté nationale ; quel idéal !
Nous l'avons pourtant vue à l'œuvre, cette raison
commune, nous sommes renseignés sur la façon
dont elle opère, cette prétendue volonté nationale !
Il s'est largement manifesté, l'état républicain, une
première fois de 1792 à 1800, une seconde fois en

____

(1) Daniel Stern. *Histoire de la Révolution de 1848*

1848, et nous pouvons, depuis vingt ans, nous assurer par nous-mêmes de quelle manière « il travaille. »

Une des premières préoccupations de ce régime devrait être assurément le souci de la justice et l'on ne saurait trop, quand on se dit républicain, s'entourer de précautions pour éviter jusqu'aux apparences de l'iniquité.

Dans une page magistrale consacrée à l'ouvrage de M. Wallon, l'*Histoire du Tribunal révolutionnaire*, le directeur de la *Libre Parole* nous montre comment fonctionnait la justice, sous la direction de ces grands patriotes ; vous savez ces patriotes si souvent proposés à notre admiration !

« J'avoue que pour ma part, dit M. Drumont, mon livre préféré, quand je veux me replonger dans l'atmosphère de la Révolution, est l'Histoire du Tribunal révolutionnaire de Wallon. Il n'est pas un chapitre, dans ces six volumes, qui ne sont qu'un résumé sec et sans phrases de procès-verbaux authentiques, qui ne contienne un drame douloureux et poignant, qui n'éveille un monde de pensées.

« Tout se tient dans cette histoire. Les bourgeois du Tiers ont tué pour terroriser et pouvoir se nantir à la faveur de la terreur produite. La terreur a été purement et simplement le règne d'un certain nombre de Ravachols qui avaient un but commun. On a reproché aux anarchistes de s'attaquer à des êtres inoffensifs. Au fond, c'est ce qu'a fait la Révolution qui était assez indifférente sur la qualité de ceux qu'elle tuait.

« Ce qui frappe précisément dans le livre de Wallon, c'est le nombre des humbles, des gagne-petit, des chétifs qui seraient morts doucement de leur mort naturelle, sous la tyrannie, et qu'égorgea cette Révolution faite pour le peuple. Ouvriers de tous les corps d'état, maçons, menuisiers, domestiques, blanchisseuses de seize ans, soldats en cheveux blancs, clercs de notaire, sont attachés par centaines sous le couteau, sans qu'on sache pourquoi.

« Elisabeth Moinet a porté une image de la Ci-devant Vierge, on la tue. Un vieillard, Pierre Mouillon de Belloy, marchand forain, âgé de soixante-dix-huit ans, avoue qu'il « a plaint les prêtres en lui-même », on le tue au nom, sans doute, de cette liberté de penser qui fut, comme vous le diront tous les orateurs des Loges, un des glorieux présents de la Révolution. — La veuve Loren, avec cet esprit de prévoyance des vieux qui ont toujours peur de manquer, a caché douze aunes de toile, lors d'une réquisition, on la tue. Une autre vieille prononce un rouet à l'ancienne mode, un roua; elle est convaincue de royalisme et tuée. Une pauvre fille, Madeleine Lacroix, est prise d'une attaque de haut mal, balbutie certaines paroles incohérentes, on la tue. Un prêtre, malade et n'ayant que le souffle, a prêté serment, a renoncé à sa cure ensuite; il demande seulement, comme il fait très froid, à rester au presbytère, on le tue.

« L'égalité, en tout cas, est complète. On coupe le cou à des enfants de dix-huit ans, comme à des vieillards de quatre-vingts. Un volontaire de dix-huit ans, Bussières est exécuté pour des propos tenus à l'âge de quinze ans! Un gamin de *seize ans*, François de Ste-Marie, est jugé, condamné et exécuté pour des manœuvres anti-révolutionnaires.

Tout cela est accompagné de grandes phrases sur le progrès, la fraternité, l'amour de nos semblables..... Allez la musique!

Vous avez rencontré autrefois des Jacobins assez indulgents pour le régicide et qui ne sont pas loin de plaindre Damien, fort durement puni, du reste, pour un coup de canif. Parlez-leur donc de cette pauvre Cécile Renault, guillotinée pour avoir seulement voulu parler à Robespierre et s'être présentée chez lui avec deux petits couteaux dans la poche de sa robe! — L'affaire de Ladmiral est plus forte encore. Savez-vous combien d'êtres humains périrent pour une malheureuse amorce brulée sur Collot-d'Herbois? Il y eut *soixante-neuf victimes*, qui n'avaient jamais vu le principal inculpé et parmi elles un jeune homme qui venait d'atteindre sa dix-septième année!...

Jamais l'Inquisition, rendons-lui cette justice, n'a jugé dans les conditions où jugeaient les citoyens de la France régénérée. La loi du 22 prairial ne supprime pas seulement le droit primordial qu'a l'accusé d'être défendu, elle permet même d'écarter les témoignages du débat; on n'ouvre plus les dépositions écrites quand elles sont à décharge; on signe les condamnations en blanc. Des malheureux sont

exécutés sans avoir été jugés, d'autres sans avoir été
même accusés. L'infortuné Pagès, témoin dans l'affaire des Conseillers au Parlement de Toulouse, se
trompe par hasard de porte, se trouve dans la Conciergerie. On lui fait sa toilette, il se débat comme
un diable, on ne l'écoute pas, on le met sur la char-
rette... et en route pour la barrière du Trône ren-
versé !..... « C'était généralement ces occasions-là
que les représentants du peuple choisissaient pour
célébrer les bienfaits d'un régime qui, ainsi que
nous l'expliquent toujours les orateurs des Loges,
avait fait succéder l'humanité et la justice à la funeste tyrannie qui, en cent ans, avait compté moins
de victimes que la Terreur n'en comptait en un
jour » (1).

Voilà pour la justice. Faut-il vous montrer maintenant ce qu'était l'administration !

Mignet l'a résumée d'un mot très juste : « La
Terreur, a-t-il dit, dont le seul moyen de gouvernement était la mort. »

La mort partout ; les représentants en mission
l'emportent dans leur valise et la traînent après
eux aux armées et dans les départements. Un vent
de folie sanguinaire souffle en tempête et la France

---

(1) *Libre Parole* du 18 mars 1896. — Un citoyen Monet, maire
de Strasbourg, se plaignait à Saint-Just, avec des procédés
aussi expéditifs, de ne pouvoir discerner les innocents des
coupables, celui-ci lui répond ces épouvantables paroles :
« Un aveugle qui cherche une épingle dans la poussière,
saisit le tas de poussière. »

décontenancée, assiste à la plus monstrueuse et à la plus invraisemblable exhibition de phénomènes tératologiques et malfaisants. « Il semble », dit un témoin parlant d'un de ces représentants qu'il a beaucoup connu, « que tout ce qu'il a fait pendant ces cinq ou six années ne soit que le délire d'une maladie après laquelle il a repris le fil de sa vie et de sa santé, comme si de rien n'était. »

Nous en avons encore revu de nos jours quelques spécimens de ces agités criminels durant la période fiévreuse et troublée qui s'étend du 4 Septembre à la fin de la Commune, et il n'a pas dépendu d'eux de recommencer à fond la belle orgie révolutionnaire. Comme leurs grands ancêtres, ils se sont assagis avec la fortune et s'ils n'ont pas ramassé de titres ainsi que leurs prédécesseurs et modèles dans la carrière, ils ont du moins conquis des situations. N'en cite-t-on pas qui représentent la France à l'étranger et sous l'habit chamarré de l'ambassadeur s'inclinent obséquieusement devant ces monarques, contre lesquels ils ont jadis tant braillé !

*
    *   *

« Dans une Société bien constituée, disait Saint-Just, il ne faut ni riches ni pauvres », et la Commune de Paris arrête, le 3 frimaire an II, que la richesse et la pauvreté doivent également disparaître du régime de l'égalité. » Or, voyez comment ils les mettent en

pratique, ces maximes solennelles. « Traînés dans
des carrosses à six chevaux, écrit un contemporain,
entourés de gardes, assis à des tables somptueuses
de trente couverts, mangeant au bruit de la musique avec un cortège d'histrions, de courtisanes et
de prétoriens, ils impriment dans l'imagination
l'idée de leur omnipotence et l'on se courbe d'autant
plus qu'ils mènent un plus grand train. » A Troyes,
pour l'arrivée du jeune Rousselin, on tire le canon
comme pour l'entrée d'un prince. Tandis que la
misère est générale et que les campagnards en sont
réduits à se nourrir de racines, ils s'offrent des
festins qui sont de véritables noces de Gamache.
Mais ils ne font pas que festoyer et leur souci n'est
pas grand des belles tirades qu'ils ont lancées
ou applaudies sur la richesse et la pauvreté ; en
gens avisés ils pensent à l'avenir et se nantissent
solidement.

« Au premier rang, dit Taine s'appuyant sur les
mémoires et les documents du temps, Talien, le roi
des voleurs, mais prodigue, et dont les poches per-
cées ne s'emplissent que pour se vider ; Javogues,
qui exploite Montbrison et qui est obligé de reconnaître devant la Convention que la dépouille d'un
seul individu lui a fourni plus de 5oo.ooo livres de
numéraire ; Rovère qui, pour 8o.ooo francs d'assignats, se fait adjuger une terre valant 5oo.ooo francs
en numéraire ; Fouché, qui commence dans la Nièvre
l'amas des douze ou quatorze millions qu'il aura plus
tard et tant d'autres, pauvres ou ruinés avant la Ré-

volution, qui, au sortir de la Révolution, se trouve-
ront riches : Barras avec sa terre de Gros-Bois,
André Dumont avec l'hôtel de Plouy, des meubles
superbes et une terre de 400.000 livres, Merlin de
Thionville avec ses maisons de campagne, ses équi-
pages, son domaine du Mont-Valérien et ses autres
domaines ; Laporte, Salicetti, Rewbell, Rousselin,
Chateauneuf-Randon et le reste des mangeurs ou
des pourris du Directoire. Sans parler des taxes et
confiscations dont ils ne rendent point compte, ils
ont pour se faire un magot, les rançons offertes
sous main par les suspects et leurs familles ; rien de
si commode ; d'autant plus que le Comité de Sûreté
générale, même informé, laisse faire : poursuivre
des Montagnards « ce serait faire rétrograder la
Révolution. On est tenu de ménager des serviteurs
utiles et dont la besogne est rude, il faut leur pardonner des irrégularités, leur accorder des reve-
nant-bon et leur permettre quelques douceurs (1) ».

Vous vous souvenez de Saint-Just qui, dans son
intégrité, ne veut plus de pauvreté ni de richesse.
Carnot ayant présenté au Comité de Salut public la
preuve des dilapidations commises à l'armée du
Nord, Saint-Just s'emporte et dit : « Il n'y a qu'un
ennemi de la République qui puisse accuser ses collègues de dilapidations, *comme si tout n'appartenait
pas de droit aux patriotes.* »

Ils sont si bien convaincus de leur droit absolu sur

(1) Taine. — *Le Gouvernement révolutionnaire*, p. 280.

toutes choses qu'ils ne se gênent en rien. A la plus extrême cupidité, aux instincts sanguinaires, ils joignent les plus odieux procédés des drôles et des
goujats. Cet André Dumont, cité plus haut et qui
savait si bien faire main basse sur les biens des ennemis de la nation, voit un matin, dans son anti-
chambre, une dame qui l'attendait au milieu de
vingt sans-culottes, pour solliciter l'élargissement de
son mari. Dumont arrive en robe de chambre, s'as-
soit, écoute la supplique : « Assieds-toi, citoyenne. »
Il la prend sur ses genoux, fourre la main dans la poi-
trine et dit ayant tâté : « Je n'aurais jamais cru que
les tétons d'une ci-devant marquise se fondissent
ainsi dans la main d'un représentant du peuple. »

Franchement, était-ce donc pour tomber en de
pareilles mains que la France avait proscrit ses
princes et décapité son roi ?

L'histoire aurait encore peut-être le droit de se
montrer indulgente à l'égard de ces hommes couverts
de tous les crimes contre les personnes et les biens
des particuliers, si du moins au point de vue général, le régime qu'ils avaient incarné eût donné les
superbes résultats annoncés à si grands fracas.
Pour tout observateur de bonne foi, nous l'avons
déjà dit, les réformes essentielles étaient déjà acquises bien avant que fût prononcée la déchéance
du roi et proclamée la république. Parcourez néanmoins la liste des lois votées depuis le 22 septembre 1792 jusques au Consulat et dites-nous, en
conscience, s'il était besoin de si terribles héca-

tombes humaines pour assurer l'uniformité dans le système général des poids et mesures ou pour établir, et encore d'une façon bien incomplète, la propriété littéraire, pour ne citer que deux des mesures parmi les plus utiles qui furent adoptées à cette époque; à moins qu'on ne considère comme un bienfait éminent pour l'humanité, la création de l'École Polytechnique que la Convention — à s'en rapporter à certains esprits pointus — eût tout aussi bien fait de garder dans sa boîte de Pandore. Mais encore une fois, même cette institution, destinée dans l'avenir à faire bayer d'admiration tant de béotiens en France, n'avait nul besoin, pour s'épanouir, d'être si largement arrosée de sang.

Or, voyez-le à l'œuvre ce gouvernement républicain. Et je confonds à dessein Girondins et Jacobins, terroristes et thermidoriens, la Convention et le Directoire; car à bien voir les choses, ce sont moutures tirées d'un même sac, et à parler comme Drumont, ils formaient tous une sorte de *Consortium* destiné à exploiter le pays au mieux de leurs intérêts. S'ils se sont successivement et respectivement éliminés et entre-tués, c'est qu'ils se gênaient les uns les autres et que, comme des dogues autour d'une même écuelle, il y en avait toujours quelques-uns de trop, au gré de ceux qui restaient.

Les résultats administratifs, économiques et financiers du régime furent désastreux.

Nous avons vu comment les proconsuls et représentants comprenaient leur mission, et je n'ai pas besoin de rappeler ce qu'étaient la Commune et les Comités de Salut public et de Sûreté générale à Paris; la sécurité n'était nulle part et la délation partout. Les attentats contre la propriété se multipliaient et si à Paris il y avait des soulèvements sans fin, des visites domiciliaires accompagnées de confiscations effectives; en province c'étaient de véritables jacqueries qui se produisaient avec tous les maux qui leur servent d'escorte.

La fortune publique était administrée de la façon la plus pitoyable. La misère sévissant, les ressources disparaissaient et l'impôt ne rentrait plus que difficilement; on y suppléait par toutes sortes d'exactions et par des émissions d'assignats à jet continu. Ils étaient à la fin tombés dans un tel discrédit que personne n'en voulait et qu'ils n'avaient plus que la valeur d'un chiffon de papier. L'or et l'argent avaient disparu et faisaient prime à des taux invraisemblables; l'intérêt de l'argent était monté à des hauteurs vertigineuses. Naturellement, comme conséquences, tout commerce s'était arrêté et l'industrie n'existait plus. La cherté des subsistances était incroyable et, pour y remédier, ces honnêtes gouvernants, qui festoyaient joyeusement tandis que la masse faisait queue durant des journées entières, sous la pluie, dans la boue, par le froid, devant la porte des boulangers, sans être toujours assurée d'y obtenir un morceau de mauvais pain, n'avaient rien trouvé de mieux, dans leurs hautes conceptions des nécessités économiques du pays, que la fameuse *loi du maximum.* Quant au marasme des finances, il était si grand, que moins de cinq ans après la proclamation de la République, ces fier-à-bras politiques, qui avaient mené si beau tapage contre la Royauté pour quelques millions de dette publique, et qui avaient poussé à sa chute pour ce motif, étaient eux-mêmes acculés à la banqueroute avec plusieurs milliards de déficit et ne trouvaient pas d'autre moyen d'en sortir que l'expédient malhonnête du tiers-consolidé.

Cette première expérience du gouvernement républicain, en France, peut donc se résumer ainsi : anarchie, pillage, corruption, égorgement. Certainement les Français de cette époque, en se remémorant la période de douceurs dans les mœurs que tous les historiens se plaisent à constater dans les quelques années qui précédèrent la Révolution, devaient se dire comme le héros d'Homère qui avait troqué ses armes d'or contre les armes d'airain de Diomède, qu'ils n'avaient décidément pas gagné au change.

Un pareil régime, qui entraînait après lui la décomposition de la société tout entière, ne pouvait tarder à périr ; il devait succomber d'autant plus vite que n'étant pas né viable, il s'acharnait en outre à s'épuiser par ses violences.

Ainsi que l'observe très judicieusement Taine, « la République jacobine avait, dès son origine, un principe de dissolution, un poison intime et mortel, non seulement pour autrui, mais pour elle-même. »

— « Ce qui maintient, dit-il, une société politique, c'est *le respect de ses membres les uns pour les autres*, en particulier le respect des gouvernés pour les gouvernants et des gouvernants pour les gouvernés, par suite, des habitudes de confiance mutuelle ; chez les gouvernés la certitude fondée que les gouvernants n'attaqueront pas les droits privés; chez les gouvernants, la certitude fondée que les gouvernés n'assailliront pas les pouvoirs publics; chez les uns et chez les autres, la reconnaissance intérieure que ces droits plus ou moins larges ou restreints sont inviolables, que ces pouvoirs, plus ou moins amples ou limités, sont légitimes; enfin la persuasion, qu'en cas de conflit, le procès sera conduit selon les formes admises par la loi ou par l'usage, que, pendant le débat, le plus fort n'abusera pas de sa force, et que, les débats clos, le gagnant n'écrasera pas tout à fait le perdant. A cette condition seulement il peut y avoir concorde entre les gouvernants et les gouvernés, concours de tous à l'œuvre commune, paix intérieure, partant, stabilité, sécurité, bien-être et force. Sans cette disposition intime et persistante des esprits et des cœurs, le lien manque entre les hommes. Elle constitue le sentiment social par excellence; on peut dire qu'elle est l'âme dont l'État est le corps.

« Or, dans l'État jacobin, cette âme a péri; elle a péri non par un accident imprévu, mais par un effet forcé du système, par une conséquence pratique de la théorie spéculative qui, érigeant chaque homme en souverain absolu, met chaque homme en guerre avec tous les autres, et qui, sous prétexte de régénérer l'espèce humaine, déchaîne, autorise et consacre les pires instincts de la nature humaine, tous les appétits refoulés de licence, d'arbitraire et de domination. Au nom du peuple idéal qu'ils déclarent souverain et qui n'existe pas, les Jacobins ont usurpé violemment tous les pouvoirs publics, aboli brutalement tous les droits privés, traité le peuple réel et vivant comme une bête de somme, bien pis comme un automate, appliqué à leur automate humain les plus dures contraintes, pour le maintenir mécaniquement dans la posture anti-normale et raide que, d'après les principes, ils lui infligeraient. Dès lors, entre eux et la nation tout lien a été brisé ; la dépouiller, la saigner et l'affamer, la reconquérir quand elle leur échappait, l'enchaîner et la bâillonner à plusieurs reprises, ils l'ont pu ; mais la réconcilier à leur gouvernement, jamais. — Entre eux, et pour la même raison, par une autre conséquence de la même théorie, par un autre effet des mêmes appétits, nul lien n'a pu tenir. Dans l'intérieur du parti, chaque faction, s'étant forgé son peuple idéal selon sa logique et selon ses besoins, a revendiqué pour soi, avec les privilèges de l'orthodoxie, le monopole de la souveraineté ; pour s'assurer les bénéfices de l'omnipotence, elle a combattu ses rivales par des élections contraintes, faussées ou cassées, par des complots et des trahisons, par des guet-apens et des coups de force, avec les piques de la populace, avec les baïonnettes des soldats ; ensuite, elle a massacré, guillotiné, fusillé, déporté les vaincus, comme traîtres, tyrans ou rebelles, et les survivants s'en souviennent. Ils ont appris ce que durent leurs constitutions, dites éternelles ; ils savent ce que valent leurs proclamations, leurs serments, leur respect du droit, leur justice, leur humanité ; ils se connaissent pour ce qu'ils sont, pour des frères Caïns, tous plus ou moins avilis ou dangereux, salis ou dépravés par leur œuvre ; entre de tels hommes la défiance est incurable. Faire des manifestes, des décrets, des cabales, des révolutions, ils le peuvent encore, mais se mettre d'accord et se subordonner de cœur à l'ascendant justifié, à l'autorité reconnue de quelques-uns ou de quelqu'un d'entre eux, ils ne le peuvent plus. — Après dix ans d'attentats réciproques, parmi les trois mille législateurs qui ont siégé dans les assemblées souveraines, il n'en est pas un qui puisse compter sur la déférence et sur la fidélité de cent Français. Le corps social est dissous ; pour ses millions d'atomes désagrégés, il ne reste plus un seul noyau de cohésion spontanée et de coordination stable. Impossible à la France civile de se reconstruire elle-même ; cela lui est aussi impossible que de bâtir une Notre-Dame de Paris ou un Saint-Pierre de Rome avec la boue des rues et la poussière des chemins. »

Le passage était à citer en entier, car cette analyse si juste et si serrée en même temps, du système et de l'esprit jacobins nous fait comprendre cette sorte

de répulsion instinctive, que le mot seul de république a si longtemps inspiré au peuple lui-même,
répulsion qui, ainsi que nous l'avons déjà fait observer, se traduisait chez lui d'une manière presque
inconsciente par le sens attribué à ce mot dans le
langage courant.

CHAPITRE II

Nouvel essai malheureux du régime républicain. — La
République de 1848. — Honnêteté et naïveté de ses chefs.
— L'apostolat républicain. — La Révolution du 4 septembre
1870. — Cynisme de ses promoteurs. — Gambetta. — Comment les opportunistes comprennent le patriotisme. —
La République née de l'Invasion. — Ce que fut l'Assemblée nationale. — Sa composition; son patriotisme et sa
droiture. — Intrigues de M. Thiers pour faire avorter le
mouvement monarchiste. — Motifs pour lesquels la majorité ajourna ses espérances. — Etat des esprits en France.
— M. Thiers. — Un mot d'Emile de Girardin. — Beaux
résultats de la politique de l'Assemblée. — Les Français
abusés les attribuent à l'influence des institutions républicaines. — Hésitations fâcheuses de Mgr le comte de
Chambord; impuissance de M. le comte de Paris. — Etran-
ge contradiction: les monarchistes amenés par les circonstances à laisser faire la République.

Près de cinquante ans devaient s'écouler après
ce premier et désastreux essai, avant que la
France vît renaître cette forme de gouvernement,
et ce ne fut pas sans un vif sentiment d'effroi
que le pays constata la résurrection du régime
républicain, après les journées de février 1848 dont
il n'attendait certainement pas ce résulat. On eût
fort étonné les membres de l'opposition dynastique,

qui se firent les aveugles conducteurs du mouvement, si on leur eût annoncé dans les premiers jours de l'année que deux mois ne se passeraient point sans que leur fameuse campagne des banquets amenât la chute du trône et la proclamation du gouvernement républicain.

On ne parviendrait pas, d'ailleurs, à s'expliquer la soudaineté et surtout la réussite de ce mouvement insurrectionnel, s'il ne fallait toujours compter, en ces occasions, avec la lâcheté et le néant des convictions de la classe moyenne qui, en ce moment-là, on ne l'ignore pas, constituait en France ce que l'on appelait alors le pays légal. C'est avec un empressement exempt de pudeur que cette classe est toujours disposée à saluer tout pouvoir nouveau qui se lève, pourvu que ses intérêts et sa sécurité ne soient pas immédiatement menacés. A elle tout particulièrement peut s'appliquer cette boutade de Sardou, désespérante par une trop grande vraisemblance d'observation : « En politique comme en toutes choses, on n'a jamais que la conviction de ses intérêts. »

La république de 1848 ne fut d'ailleurs qu'une sorte d'entr'acte, et le rideau ne tarda pas à se relever sur une nouvelle forme de monarchie, tant le pays tout entier conservait encore de défiance à l'égard du régime républicain. Les convulsions démagogiques qui avaient marqué les premiers pas du gouvernement provisoire et dont Cavaignac n'avait eu raison qu'en pratiquant, par une sorte de retour atavique, la plus épouvantable des saignées dans la masse prolétarienne, étaient du reste de nature à le confirmer dans ce sentiment.

L'historien et le penseur ne peuvent donc considérer cette courte période de notre histoire nationale que comme un nouvel essai malheureux de la forme républicaine.

Les hommes qui se saisirent alors du pouvoir, étaient, il est vrai, pour la plupart, de très honnêtes gens, animés des meilleures intentions du monde et naïvement convaincus que lé bonheur de l'humanité tient dans une formule. Lamartine qui, sous couleur d'histoire, s'était improvisé le chantre peu véridique de l'épopée révolutionnaire et avait si fortement contribué par ses imaginations à créer les faux grands hommes de la Révolution, servait de répondant à ses collègues devant l'opinion. Derrière eux allaient bientôt surgir les sectaires, dont la terrifiante apparition ne pouvait manquer de faire entrevoir à la France quel serait encore une fois le fatal aboutissement de ce nouveau et glorieux triomphe de toutes les vertus démocratiques. A partir de ce moment, c'en était fait du régime dans l'esprit encore sensé des Français. La popularité de Lamartine, immense cependant au début, n'avait pas tenu trois mois devant ce bouleversement anarchique et c'est avec des transports d'enthousiasme que la France se rejeta dans les bras d'un sauveur acclamé.

Du moins cette tentative de république, si elle

eut ses heures sanglantes, ne nous montre pas le spectacle écœurant des exactions et des vols qui fourmillent dans les annales de sa sœur aînée et l'on n'y vit point germer et fleurir ces honteux scandales, qui sont comme le cortège glorieux au milieu duquel s'avance triomphante sa sœur cadette. Peut-être la raison en est-elle que la république de 1848 ne dépassa pas, à proprement parler, la période d'incubation, et qu'elle fut pour ainsi dire étouffée dans l'œuf !

Elle était appelée, pour le malheur de la France, à renaître quelques années plus tard et à prendre alors son complet développement.

*
 * *

Quelque funeste que soit et qu'ait toujours été pour le pays l'application des principes républicains, on ne peut se défendre d'une sorte d'admiration pour la ténacité avec laquelle ceux qui en gardent jalousement la tradition cherchent et ont toujours cherché à les imposer autour d'eux. Repoussés aujourd'hui, on les voit de nouveau reparaître demain, ne se laissant rebuter par aucun obstacle ni aucune difficulté, vantant à tout propos l'excellence de leur panacée, comme remède à toutes les iniquités sociales. Ce serait un admirable apostolat, si après expérience faite, on ne constatait qu'ils tiennent beaucoup plus de Mangin que de

3.

saint Paul. Aussi impudents qu'importuns, l'absence de tout scrupule les met à l'aise pour saisir toute occasion d'imposer leur domination. Dans les circonstances sinistres, quand la patrie est en deuil, ils accourent joyeux ; leur temps est venu. Comme les pilleurs d'épaves, ils semblent évoqués par la tempête. Les époques troublées conviennent seules à leur entrée en scène, car, malgré tous les beaux prétextes d'humanité dont ils se couvrent, jamais un peuple dans le plein exercice de ses facultés mentales, ne se laisserait prendre à leurs pantalonnades.

Nous ne croyons pas que, dans l'histoire, il existe un acte d'impudence politique comparable à la révolution du 4 septembre 1870, et qui, plus qu'elle, revête un aussi odieux caractère d'anti-patriotisme. On peut, sans avoir aucun attachement pour le régime impérial, trouver cependant excessif que quelques individualités sans mandat aient mis à profit cette circonstance épouvantable de la France râlant sous le talon de son vainqueur pour voler le pouvoir et s'improviser devant l'étranger les représentants du pays. Oh ! bien sûr, ce n'est pas sans invoquer très haut l'intérêt suprême de la patrie et la souveraineté du peuple que tout cela s'est fait ; et on ne pouvait manquer si belle occasion de déclamer solennellement sur les inévitables destinées d'une nation qui abdique toutes ses volontés entre les mains d'un homme ! Il n'en est pas moins vrai que ce peuple souverain, on ne l'a jamais consulté pour savoir au juste s'il pensait tout comme ses prétendus sauveurs. Le plus clair de tout ceci, c'est qu'un pouvoir acclamé par sept millions de Français le 8 mai 1870, douze députés de Paris s'offraient, quatre mois après, l'outrecuidante fantaisie de le congédier de leur initiative privée et sans plus ample informé. — Certes la France n'avait pas lieu d'être satisfaite de la manière dont ses intérêts avaient été compris par le régime impérial, et les épouvantables catastrophes qui fondaient sur elle en cette triste période de son histoire, soulevaient de toute part contre l'Empereur et sa dynastie un vent de réprobation universelle ; mais on avouera qu'il fallait aux hommes de l'opposition intransigeante une singulière dose d'impudeur pour ne pas sentir toute la part de responsabilité qu'ils avaient dans ce cataclysme d'où ils avaient le cynisme d'émerger en prétendus sauveurs. Cette opposition tout entière n'avait-elle pas été hostile au projet de loi sur l'armée en 1868 ? et n'est-ce pas M. Jules Simon, l'un des nouveaux gouvernants improvisés, qui s'écriait à la tribune du Corps législatif : « le gouvernement veut encaserner la nation tout entière » ? N'est-ce pas encore lui qui, dans la même discussion, glissait ce propos imbécile — tant l'intransigeance et le parti-pris sont capables d'obscurcir les plus belles facultés — : « Une bonne cause à défendre, celle de la justice et de la liberté, rendra notre armée invincible » ?

Pour la troisième fois, dans l'espace d'un siècle,

voici donc de nouveau la France aux mains des républicains. Et, constatons-le, c'est encore par un audacieux escamotage accompli cette fois dans des conditions exceptionnellement odieuses, qu'ils s'emparent du pouvoir. Ah ! nous savons bien qu'il s'est créé là-dessus la plus extraordinaire des légendes et qu'on ne peut, sans paraître accomplir une abominable profanation, toucher aux hommes du 4 septembre, ces patriotes sublimes dans les âmes desquels s'était réfugié, en ce moment, le génie de la patrie défaillante. L'un d'eux surtout fut longtemps intangible, parce qu'avec un rare à propos, il avait su se donner les dehors d'un patriotisme intransigeant et farouche. Pour qui analyse le tempérament français et le caractère national, il n'est pas surprenant que Gambetta, en dehors même de son parti, exerçât une sorte de fascination sur l'imagination des foules. Ce n'est pas en vain que circulent dans nos veines de nombreux globules de sang gaulois : par un naturel instinct, nous sommes portés comme nos ancêtres primitifs à nous repaître de chimères, et toutes les légendes, pour peu qu'elles flattent notre amour-propre national et rendent un apparent hommage à l'exaltation héréditaire de notre chauvinisme, ont toutes chances d'aller rapidement au cœur de la foule et d'y être pieusement recueillies. Cette tendance de notre tempérament s'accentue encore dans les périodes critiques de notre histoire. Autant le Français est prompt à l'enthousiasme, autant il cède vite au découragement. L'heure est alors propice pour les aventuriers politiques qui sont, en France, aussi habiles à faire naître ces circonstances qu'à en profiter.

Les hommes du 4 septembre comprirent vite qu'en présence du désastre irrémédiable déterminé par la capitulation de Sedan et la reddition du chef de l'État, le pays, fou de rage et de douleur, accablé par la honte de la défaite, serait incapable de se ressaisir et de juger froidement des véritables causes de la catastrophe. Il ne devait pas manquer, pensaient-ils avec raison, d'en attribuer toute la responsabilité au régime désormais abhorré de l'Empire. Dans ces conditions, il n'était pas difficile de prévoir que la France désemparée, subirait, sans protestations, au moins dans les premiers temps, la direction d'hommes assez résolus pour mettre la main sur le pouvoir et qui feraient luire à ses yeux l'espoir de reprendre bientôt par la victoire de ses enfants soulevés en masse contre l'envahisseur, la haute situation qu'elle occupait jusque-là dans le monde et dont une inconcevable série de désastres venait de la faire déchoir. Comment, en aussi triste occurrence, pourrait-on blâmer un peuple de se laisser ainsi prendre à de pareilles illusions? On croit si aisément ce que l'on désire!

Mais on ne saurait se montrer aussi indulgent à l'égard des hommes qui avaient un si puissant intérêt à égarer la France dans sa douleur.

Il est aujourd'hui démontré que l'immense effort national auquel on a attaché le nom de Gambetta, et,

dont à tort on a voulu lui faire, seul, honneur, a eu
surtout pour résultat d'aggraver la situation du pays
et de pousser à l'extrême les prétentions de l'ennemi victorieux quand, plus tard, il a fallu se rendre.
Après Sedan, les vainqueurs se contentaient d'une
rançon de deux milliards et de Strasbourg avec une
bande de terrain en Alsace, le long du Rhin. Six
mois après nous avons dû leur abandonner cinq
milliards et deux provinces, sans compter les pertes
énormes en hommes, en argent et en matériel qui
sont résultées pour la France de la prolongation des
hostilités pendant une si longue période (1). Vainement s'est-on efforcé depuis de célébrer sur tous les
tons cette conception, hardie, sublime, a-t-on osé
dire, de l'hér oïsme national incarné dans un homme !
L'honneur du drapeau était engagé ; fallait-il donc
accepter la paix, sans avoir au moins tenté de lui
rendre aux yeux de l'univers surpris de nos revers,
un peu de ce prestige qu'il paraissait avoir laissé
tout entier dans la boue de Sedan ? — La raison serait bonne, si l'on pouvait admettre qu'une nation
reste à jamais déshonorée parce qu'elle n'est pas
victorieuse. Mais, est-ce que nos soldats n'avaient
pas, depuis le début de la guerre, fait vaillamment
leur devoir en toute circonstance ? Est-ce que, même
vaincus, ils ne s'étaient pas, en toutes rencontres,

(1) Un de nos généraux les plus en vue n'affirmait-il pas
récemment, qu'après Coulmiers et Champigny, les Allemands
étaient eux-mêmes disposés à traiter, mais que le Gouvernement de Paris refusa d'entrer en pourparlers?

glorieusement ensevelis dans les plis de leurs drapeaux ?

Encore serait-on tenté d'excuser cette héroïque
folie imposée à la France par des hommes qui n'a-
vaient point qualité pour cela — folie si bravement
acceptée par elle ! — si l'on n'avait la certitude
aujourd'hui que ces bruyants appels au patriotisme
de la nation, n'avaient d'autre objet que de masquer
aux regards du public les plus honteux calculs.
Vraiment, n'est-on pas fixé sur ce point, maintenant ? Et n'y a-t-il pas de quoi dessiller tous les
yeux quand on voit ces mêmes fiers républicains si
chatouilleux sur l'honneur national en septembre
1870 aller en pleine paix, alors que rien ne pouvait
les y contraindre, après avoir dépensé plus de vingt
milliards pour la reconstitution de l'armée et de la
flotte, alors que du jour au lendemain, sur un coup
de clairon, quatre millions de Français peuvent surgir en armes et se porter à la frontière, aller,
disons-nous, dans ces conditions, humilier à Kiel
notre drapeau devant ce même vainqueur insolent,
qu'à les entendre la seule vertu des institutions
républicaines — appuyée d'ailleurs sur le courage
du peuple — devait, il y a vingt-six ans bientôt,
reconduire si aisément au delà du Rhin ? Convenons-en, c'est d'une belle dérision ! Et ce serait un
rapprochement bien ironique à tenter que celui des
tirades enflammées de 1870 avec l'applatisse-
ment si douloureux au point de vue patriotique, des déclarations du ministre des affaires

étrangères, M. Hanotaux, à la tribune du Parlement !

Une conclusion bien nette se dégage aujourd'hui des événements de septembre 1870 : l'occasion était merveilleuse pour les républicains de se saisir du pouvoir, et ils ne pouvaient d'autre part espérer le garder qu'à la faveur des embarras qu'amènerait fatalement la prolongation de la guerre. La paix immédiate eût été pour eux l'inévitable rentrée dans la coulisse. Et cela ils ne le voulaient à aucun prix. Le pouvoir c'était la curée et peu leur importait que la France dût en saigner irrémédiablement ! Qu'y comprendrait-elle d'ailleurs ? N'avait-elle pas l'honneur national à venger ? Si elle était tentée de l'oublier, n'était-on pas là pour le lui rappeler tous les matins, par des proclamations brûlantes, conçues dans ce style spécial que les républicains ont pour mission de se transmettre traditionnellement d'âge en âge ? Légèrement retouchés, ce sont les mêmes clichés qui reparaissent toujours : ... « La patrie en danger... les libertés saintes... la France avant-garde de la civilisation... »

Et pendant que les « enfants de la patrie » se font consciencieusement casser la tête, qu'ils marchent sous un soleil de feu ou sous la pluie, les pieds dans la neige ou dans la boue, couchent sur la dure et claquent des dents sous l'action de la bise, en attendant qu'ils tombent sur le champ de bataille ou dans quelque coin d'ambulance, ceux qui les ont poussés en avant, confortablement installés dans un fauteuil, devant l'âtre qui flambe, un bon cigare aux lèvres, ne peuvent se défendre de penser, avec une certaine satisfaction, qu'ainsi comprise la vie a décidement du bon; qu'il serait du reste stupide de la comprendre autrement puisqu'il est encore des Français assez crédules pour ajouter foi aux boniments qu'on leur débite, et qu'il suffit de leur parler honneur — tout en n'en ayant pas soi-même — et gloire militaire — quand on s'en moque — pour les amener à abdiquer tous leurs droits entre les mains de gaillards qui ne désirent le pouvoir que pour y faire plus aisément leurs affaires, selon un mot fameux prononcé à la tribune par un des pontifes de l'opportunisme.

On a dit de la Monarchie, en 1814, qu'elle nous était revenue dans les fourgons de l'étranger; avec plus de justice on peut affirmer que la république actuelle est née de l'invasion. Il n'entre pas dans notre plan de suivre le gouvernement de la Défense nationale dans les diverses phases de son développement; nous avons simplement voulu montrer que, cette fois comme les autres, le régime républicain imposé à la France avait été le résultat d'une surprise, dont la conséquence immédiate fut avec une aggravation dans ses désastres militaires, une diminution notable de son patrimoine national accompagnée de pertes énormes au point de vue de ses intérêts matériels. Quant à l'honneur du pays, quoiqu'on en ait dit pour couvrir cette usurpation impudente du pouvoir, il était intact avant le 4 sep-

tembre, et les folies mêmes de ce gouvernement
flétri plus tard du nom de « dictature de l'incapacité », ne parvinrent pas à le compromettre.

La France qui, au milieu des angoisses de l'invasion et des horreurs de la guerre, ne s'était pas
rendu un compte bien exact du changement qui s'é-
tait opéré dans ses institutions politiques, n'était assurément pas républicaine. Les élections de février
1871, les seules qui depuis vingt-cinq ans ont été
faites librement, le prouvèrent de toute évidence.

Les trois quarts des députés envoyés à l'Assemblée Nationale étaient des monarchistes convaincus
et parmi eux figuraient à peine quelques rares partisans du régime impérial, dont elle se hâta, dès ses
premières séances, de voter la déchéance. Comment
dans ces conditions, la majorité qui d'instinct était
hostile aux institutions républicaines, ne rétablit-
elle pas d'emblée la monarchie? La question est
complexe, et il n'est pas dans notre intention de
l'examiner par le menu, l'objet de ce livre étant surtout de montrer au lecteur les funestes effets du régime républicain établi depuis vingt-cinq ans en
France, l'impossibilité de son acclimatation définitive et l'inéluctable nécessité pour le pays d'un retour au principe monarchique, s'il ne veut pas s'exposer à finir misérablement après avoir laissé, le

long du douloureux parcours de son calvaire politique, les derniers lambeaux de sa fortune, de son
honneur et peut-être de son intégrité territoriale. Il
n'est peut-être pas superflu cependant, d'indiquer
brièvement, comment, à notre sens, se produisit cette
stupéfiante incohérence : une assemblée monarchiste
donnant le jour à la République !

Quand les députés se réunirent à Bordeaux dans
le courant de février 1871, les difficultés avec lesquelles ils allaient être aux prises étaient immenses.
Il fallait d'abord trancher la question capitale, celle
intéressant avant tout la sécurité, la fortune et l'honneur de la nation tout entière et qui se posait ainsi
devant ces esprits agités des plus patriotiques angoisses : la paix à conclure immédiatement, ou la
guerre à continuer? L'alternative ne pouvait être
douteuse, la majorité des représentants ayant reçu
mandat de leurs électeurs de mettre un terme aux
hostilités. Venaient ensuite les conditions du traité
de paix à discuter. Le vainqueur ne pouvait et ne
voulait s'aboucher qu'avec un représentant légal du
pays et le temps pressait. La France n'aurait d'ailleurs jamais pardonné à ses élus de subordonner la
fin de ses épreuves à leur définitif accord sur le
nom d'un prétendant.

Un homme semblait plus particulièrement avoir
été désigné par la masse de la nation au choix de
ses élus pour occuper, en ces moments difficiles, la
situation de chef du pouvoir exécutif, M. Thiers,
que plus de vingt départements envoyaient siéger

à l'Assemblée Nationale. Monarchiste avéré, ancien ministre de la monarchie de juillet, ses relations étroites avec la famille d'Orléans, ne pouvaient, à cette époque, laisser soupçonner l'évolution prochaine que des visées ambitieuses allaient bientôt déterminer chez lui. La majorité, en l'élisant, ne pensait donc pas engager l'avenir; elle estimait, au contraire, en confiant le pouvoir à l'un des siens, réserver la question de la forme du gouvernement et se donner toute sécurité pour courir au plus pressé et faire face aux événements qui sollicitaient alors plus immédiatement et plus impérieusement son attention. Elle était loin de se douter que les convictions royalistes de l'ancien ministre de Louis-Philippe ne tiendraient pas longtemps devant son intérêt personnel et que la satisfaction d'une ambition sénile à assouvir déterminerait M. Thiers à changer, comme l'on dit, son fusil d'épaule et en ferait, selon l'expression cynique de Gambetta « le cheval de renfort » de la troisième république. — D'autre part, à peine l'Assemblée avait-elle eu le temps de se reconnaître au milieu des embarras multiples que lui léguait le gouvernement de la Défense, que déjà à l'horizon, apparaissaient sinistres, les premières lueurs de la guerre civile. Comment, au milieu de ces terribles complications, ces députés venus des points les plus divers, qui ne se connaissaient pas pour la plupart avant de se trouver réunis; qui depuis, bien qu'animés au point de vue politique, d'intentions à peu près identiques, n'avaient point eu occasion, dans le tourbillon qui les emportait, d'échanger leurs impressions, comment auraient-ils trouvé le temps de fondre en un programme unique les nuances qui pouvaient les séparer et procéder à la restauration du pouvoir monarchique, quand ils ne savaient même pas sur quel nom se ferait l'accord?

Aux difficultés du premier moment que rencontrait la réalisation du souhait le plus cher à la majorité des représentants de la nation, devait bientôt s'en ajouter de nouvelles avant qu'ils crussent le moment propice pour donner un corps à leurs aspirations politiques et à celles, qu'avec raison, en ce moment-là du moins, ils pensaient être celles de leurs commettants. La Commune venait d'être vaincue et M. Thiers qui, au risque de compromettre à jamais la vie nationale, avait tenu, pour se donner les dehors d'un triomphe personnel, à transformer une simple échauffourée en une formidable insurrection, était devenu, aux yeux du pays, une manière d'homme providentiel, à la situation duquel il eût été dangereux de porter atteinte sans son agrément personnel. Or, le rêve intime de son existence, déjà vainement caressé en 1848, avait toujours été d'occuper la première place au sommet de la hiérarchie politique. Sous le monarchie de Juillet, même ministre du roi, sous l'Empire quand, rentré dans la vie privée, il se déclarait encore partisan dévoué de la monarchie libérale, il n'avait jamais cessé de proclamer, lorsqu'il en avait eu l'occasion, qu'il restait avant tout le fils de la Révolution. C'était assez laisser soupçonner que, les circonstances aidant, la République ne serait pas pour lui déplaire à condition toutefois que la présidence lui en fût décernée. Chef du pouvoir exécutif d'un gouvernement encore mal défini mais qui cependant à défaut d'autre nom prenait celui de République Française, M. Thiers touchait de trop près à la réalisation de ses plus intimes désirs, et sa popularité était trop certaine en ce moment, pour qu'il ne travaillât pas' de toutes ses forces à la transformation de ses espérances en de plus palpables réalités. Les prétextes ne devaient pas lui manquer d'ailleurs, prétextes d'autant plus plausibles qu'ils se dissimulaient sous les couleurs d'un patriotisme de bon aloi. — A ceux qui lui rappelaient les conditions en quelque sorte provisoires dans lesquelles il avait été appelé au pouvoir, son passé politique qui l'engageait vis-à-vis de collègues monarchistes, les espérances qu'il leur avait laissé concevoir, la nécessité qu'il y aurait à rassurer le pays par des institutions fortement assises, conformes à ses vœux, le chef du pouvoir exécutif opposait maintenant une réserve discrète, ne décourageant pas encore ses interlocuteurs, mais essayant de leur faire comprendre que l'ère des difficultés n'était pas close, que le calme avait de la peine à renaître dans les esprits agités, que si la majorité, en France, inclinait vers le système monarchique, bien des gens cependant, même prudents et avisés, ne voyaient pas d'un mauvais œil la forme républicaine, qu'il était sage de ne rien brusquer; que du reste la réconci-

liation n'était pas encore faite entre les deux branches
de la maison de France, chacune ayant ses partisans dans le pays et dans l'assemblée ; qu'il était
bon aussi, bien que les désastres de la dernière
guerre l'eussent bien désorganisé, de ne pas regarder
tout à fait comme quantité négligeable, les débris du
parti attaché au régime déchu ; qu'il y aurait inconvénient plutôt qu'avantage à se prononcer sans connaître au préalable les véritables sentiments du pays,
que le mieux était donc p our tous d'ajourner leurs
espérances ; qu'au dem eurant, en ce qui le touchait,
il était tout entier à sa tâche patriotique ; qu'il s'agissait de redonner au plus vite à la France confiance
dans sa destinée et que ce serait compromettre gravement la libération du territoire que de la jeter dans
de nouvelles perturbations politiques au lendemain
d'une sédition sociale à peine vaincue et à la veille
d'un appel au crédit public qui pourrait s'effarer.

Toutes ces raisons, qui ne manquaient pas d'à
propos, devaient fatal ement semer le désarroi dans
les rangs des déput és monarchistes où germaient
déjà tant de causes de division. Pendant ce temps-
là, la presse républicaine ne restait pas inactive :
elle discutait violemment la portée du mandat donné
par les électeurs à l'Assemblée nationale, et ne ces-
sait de réclamer sa dissolution sur ce motif que ses
membres n'avaient été élus que pour traiter de la
paix ou de la guerre. Il est assez piquant de voir
les organes républicains et les principaux orateurs
du parti s'attacher à discréditer dans l'esprit public

une assemblée dont quatre ans plus tard ils devaient accepter l'acte constitutionnel qui établit légalement en France le régime de leur choix.

A toutes ces causes qui affaiblissaient les bonnes volontés des monarchistes et les contraignaient à ajourner indéfiniment leurs espérances pour les amener finalement à asseoir de leurs propres mains l'État républicain, s'en ajouta bientôt une autre dont l'influence, hélas ! pour notre honte, ne se fait encore que trop sentir maintenant. L'Allemagne qui nous avait vaincus, mais n'avait pas pu nous anéantir, désirait faire obstacle à notre relèvement. La forme républicaine devait fatalement nous maintenir isolés en Europe, de plus, elle ne pouvait manquer d'amener des dissensions à l'intérieur, causes inévitables de faiblesse. Il entrait donc dans le jeu de nos ennemis de prêter habilement la main à l'établissement du gouvernement républicain en France et d'écarter, par tous les moyens, toute tentative de restauration monarchique. Les amis de la famille d'Orléans constituaient une fraction importante du côté droit de l'assemblée, ils auraient pu être tentés d'user de leur influence pour pousser au pouvoir le comte de Paris qui n'avait pas encore fait acte de soumission au comte de Chambord. Il importait à la politique de l'Empire allemand de déjouer pareille tentative. Aussi « la presse officieuse allemande, écrit un auteur contemporain, inspirée en conséquence, ouvrit-elle un feu bien nourri contre la famille d'Orléans. C'était elle surtout que redoutait et détestait le

Chancelier. Il écrivait en 1872, au Comte d'Arnim :
« Nous devons désirer que la France reste faible et
« nous opposer *résolument, vigoureusement* à ses
« efforts pour rétablir des institutions monarchiques
« qui lui rendraient sa force et ses alliances. Tant
« qu'elle n'a pas d'alliés, elle n'est pas dangereuse
« pour nous ; et tant que les grandes monarchies
« européennes sont unies, aucune république n'est
« dangereuse pour elles. »

On le voit par ce rapide exposé, les circonstances
les plus diverses concouraient à rendre impuissantes les velléités de restauration monarchique qui
hantaient les esprits dans la majorité de l'Assemblée
de Versailles. Les événements sont souvent plus
forts que la volonté des hommes et semblent se
complaire à dérouter les prévisions les plus logiques
de la sagesse et de l'intelligence. Nous le constate-
rons bientôt quand nous démontrerons que par les
sages mesures dont ils furent les auteurs, les députés
de droite s'instituèrent inconsciemment, aux yeux
de l'opinion, les répondants du bon renom du régime
républicain, et que c'est à la république et non à leur
initiative que le public se plut à faire honneur du
relèvement rapide qui se produisait dans les affaires
du pays. On ne juge jamais que sur les apparences,
et la presse républicaine ne pouvait manquer, par
ses commentaires, d'entretenir dans les esprits une
illusion qui lui était si avantageuse.

Sic vos non vobis nidificatis aves.

4

Ce ne sera certainement pas la dernière fois que le geai se sera paré des plumes du paon !

M. Thiers, en attendant, avait su se faire décerner ce titre, objet constant de ses vœux obstinés : il était officiellement Président de la République, bien qu'en droit, cette forme de gouvernement n'eût pas encore été reconnue et que la majorité proclamât que les institutions du moment ne pouvaient avoir qu'un caractère provisoire. Mais on l'a dit, *en France, c'est le provisoire qui dure.*

Sans avoir la prétention de vouloir juger en quelques lignes la longue carrière de l'auteur du *Consulat et de l'Empire*, il est cependant permis de dire, en en dégageant les points saillants, qu'il a été, par les actes les plus importants de sa vie, singulièrement funeste aux véritables intérêts de son pays. L'un des ouvriers le plus actifs de la monarchie libérale en 1830, il a été le principal et le plus aveugle instrument de sa chute en 1848. Premier président de la République après les événements de 1870, il s'est constitué ingénument le Raton de tous les Bertrand politiques que nous avons successivement vus au pouvoir depuis vingt ans. Pourvu des plus belles facultés, doué de la plus haute intelligence et des ressources les plus variées, d'un esprit éminent allié à la plus incomparable habileté, il n'en a pas moins toujours tout subordonné aux satisfactions égoïstes de son ambition personnelle et il est vraiment curieux de constater combien peu de traces a laissé dans la mémoire des Français celui à qui les

gazettes judéo-opportunistes du temps, comme dirait
Drumont, avaient tressé tant de couronnes, et qui
n'avait plus qu'un nom dans le langage enthousiaste
du jour, celui de « libérateur du territoire ». Les
morts vont vite, dit la ballade, et aujourd'hui qui se
souvient de Thiers, surtout parmi ceux qui lui
doivent tant, je veux parler des républicains nantis?

Dans son *Histoire de Dix ans*, Louis Blanc trace
de lui ce portrait, dont les événements postérieurs
se sont chargés de justifier surtout le dernier trait:
« Eloquent, il ne l'était pas ; et sa petite taille lui
donnait à la tribune un désavantage marqué. Mais
il exposait les affaires avec tant de lucidité ; il parlait avec tant d'abandon de son amour pour son
pays ; sa pantomime était si expressive ; sa voix
aigre et impuissante empruntait à la fatigue quelque
chose de si touchant, qu'il arrivait au succès par ses
défauts même : l'absence de noblesse, la diffusion,
l'excès de négligence, la trivialité. Dans une
assemblée, personne ne savait mieux que lui se
faire médiocre. Ses idées étaient manifestement
tournées vers l'Empire. Il voulait le pouvoir actif et
respecté ; *il le méprisait scrupuleux*. »

Cette absence de scrupules dont il devait donner
une si évidente preuve dans les intrigues nouées à
la fois avec les groupes les plus divers de l'Assemblée
de Versailles a eu pour naturelle conséquence,
aux yeux de l'observateur impartial, de rapetisser
son caractère au niveau de sa taille. D'ailleurs, si
M. Thiers s'est généralement montré habile dans

son attitude, surtout quand l'intérêt général se montrait d'accord avec ses intérêts particuliers, on ne voit point percer cependant dans ses conceptions politiques cette hauteur de vues, ce dévouement sans arrière-pensée à la chose publique et cette hardiesse pleine de décision qui caractérisent le véritable homme d'État et le grand politique. Toujours par un côté quelconque il trahit ses origines douteuses et ses instincts terre à terre.

Emile de Girardin qui n'aimait pas M. Guizot et qui avait un moment conçu l'espoir de s'entendre avec M. Thiers, disait de ce dernier à la veille de la révolution de Février. « Quand j'ai causé une heure avec M. Thiers, il me prend une irrésistible envie d'aller serrer la main à M. Guizot. »

Cet intérêt personnel qui lui faisait tout ramener à lui ne s'est jamais démenti durant le cours de sa longue existence. Nous avons eu sur ses débuts à Paris des renseignements de première main par un de nos grands-oncles qui l'avait particulièrement connu, et rien n'égale le beau sans-gêne avec lequel il accepta de prime saut, alors qu'il était sans sou ni maille, l'hospitalité qui lui fut si cordialement offerte par M. Etienne, en ce moment directeur du *Constitutionnel*, si ce n'est la désinvolture avec laquelle il s'empressa d'oublier son bienfaiteur dès qu'il put enfin voler de ses propres ailes. Cependant quelques années plus tard, après avoir été déjà plusieurs fois ministre de Louis-Philippe et en ce moment l'homme en vedette de l'opposition dynastique, il apprit que le spirituel auteur de Joconde était à ses derniers moments; pris d'une sorte de remords, il se rendit à son chevet. L'ancien directeur du *Constitutionnel*, alors Pair de France, avait perdu connaissance; M. Thiers ne pouvant se faire entendre de lui, dit à son gendre : « Si M. Etienne revient à lui, dites-lui bien que Thiers est venu et qu'il n'oubliera jamais que c'est lui qui lui a mis le pain à la main, à son arrivée à Paris. »

Quoi qu'il en soit, par ses intrigues, ainsi que nous l'avons signalé plus haut, M. Thiers, activement secondé par son entourage, avait réussi à rejeter dans un obscur lointain tout projet de retour à la forme monarchique et, par un singulier renversement d'optique, toutes les bonnes mesures prises par les royalistes de Versailles, le pays était inconsciemment porté à en faire hommage à l'influence heureuse des institutions républicaines. Chose étrange ! les royalistes semaient et c'étaient les républicains qui allaient récolter.

Il ne peut être loyalement contesté que l'Assemblée nationale comptait un grand nombre d'hommes de grande intelligence et d'une indiscutable probité de caractère, soucieux avant tout de la chose publique et nettement résolus à sacrifier leurs préférences dès qu'il leur semblait démontré que l'intérêt de la patrie devait prendre le pas sur elles.

Rassurée par tant de droiture, la France, sous l'énergique impulsion d'un gouvernement qui n'avait de la République que l'étiquette, reprenait donc

confiance dans ses destinées et un nouvel et merveilleux essor était donné, par les plus sages
mesures, aux manifestations de notre génie national,
dans les lettres, les arts, l'industrie, le commerce et
l'agriculture. Le crédit public renaissait à vue d'œil
et par un effort inoui d'incroyable vitalité, la vieille
Gaule, à peine remise de ses blessures, déconcertait
tous les calculs du Teuton féroce qui croyait l'avoir
définitivement écrasée sous sa botte.

Ainsi que nous venons de le dire, de ces merveilleux résultats, le pays ne devait tenir aucun compte
à ceux qui les avaient créés — Plus le temps marchait
et plus l'Assemblée de Versailles ne recueillait
qu'injures et dédain. Comme les inventeurs de
génie qui voient, l'âme attristée, leur invention profiter à quelque aventurier sans vergogne, la droite
de l'Assemblée voyait ses plus sages résolutions
tourner à l'honneur du seul parti républicain. Plein
de défiance d'abord, le pays maintenant rassuré par
tant de sagesse et d'intelligence politique, se prenait
à penser que les institutions démocratiques n'avaient
peut-être pas tous les inconvénients qu'il leur avait
jusqu'ici supposées, et le gros public qui ne juge jamais
que sur les apparences, commençait à convenir que
le gouvernement républicain n'avait décidément pas
ces allures d'ogre dont on l'avait si longtemps épou-
vanté. Un sophisme grossier, sans cesse développé
par la presse de gauche, contribuait, d'autre part, à
le confirmer dans ces sentiments nouveaux. Voyez,
ne cessaient de répéter les organes de l'opinion ré-

publicaine, voyez ce que peut, à elle seule, la vertu de nos principes, même appliqués par leurs plus déterminés adversaires. Que serait-ce s'il était donné à nos amis de les appliquer eux-mêmes? Vous entre-voyez déjà la terre promise ; sous leur égide vous y entreriez définitivement.

Et la masse toujours crédule se laissait prendre à ce piège ; peu à peu elle se détournait de ses bien-faiteurs pour courir vers ceux qui la flattaient et qui allaient, en effet, lui faire faire à ses dépens, l'expé-rience du véritable gouvernement républicain.

Lors donc que les conservateurs de Versailles voyant enfin clair dans les embûches, à dehors pa-triotiques, qui leur avaient été habilement tendues, voulurent se ressaisir et revenir à la forme de gou-vernement qui avait leurs préférences, il était trop tard et le pays n'était manifestement pas pour eux. Ce n'est pas qu'il fût encore républicain ; mais il était devenu indifférent. Ces honnêtes gens avaient déci-dément trop bien fait ses affaires au nom et pour le compte de la République! Les vrais républicains lui promettaient maintenant mieux encore ; comment ne pas continuer une expérience si bien commencée? D'ailleurs, l'union n'était plus complète entre les représentants de la droite, et pendant cette longue attente imposée à leurs désirs, le désordre avait pénétré dans les rangs royalistes. M. le Comte de Paris, il est vrai, dans l'intérêt du parti, était cou-rageusement allé s'incliner devant le chef auguste de la Maison de France, ne voulant plus être désormais que son héritier politique. La fusion était un fait accompli, mais Monseigneur le Comte de Chambord hésitait à marcher, ou ne consentait à aller de l'avant qu'à des conditions telles que la France, trop sceptique, se serait probablement refusée à les ratifier (1).

La déconvenue n'en fut pas moins très forte dans le parti royaliste quand parut la lettre du 29 octobre 1873. A tous, il apparut clairement que tout espoir de restauration monarchique était désormais indéfiniment ajourné; d'autant plus que par suite de sa subordination au représentant de la branche aînée, M. le Comte de Paris ne pouvait plus rien tenter pour son compte personnel.

A partir de ce moment, le parti monarchiste de l'Assemblée de Versailles s'agita sans but et sans objet. Ayant laissé passer l'occasion dès les premières heures de sa réunion à Bordeaux, mis ensuite en défiance sur l'opportunité de ses résolutions par les scrupules patriotiques dont on avait alarmé

(1) Des écrivains habituellement clairvoyants et surtout désintéressés me paraissent ne s'être pas rendu compte des causes de l'échec de la tentative de restauration monarchique en 1873. M. H. Saint-Romain, par exemple, écrivait en 1881, à ce sujet : « Le parti royaliste, fondé principalement sur la fidélité du souvenir, a donné pendant plus de cinquante ans, le spectacle assez rare d'un attachement très vif à une dynastie exilée. Son action sur les événements a été peu décisive. A la veille d'un triomphe facile en 1873, il n'a pas su profiter des circonstances pour s'emparer du pouvoir, montrant ainsi, par son attitude, qu'il était plutôt historique que politique, plus préoccupé du passé que de l'avenir. »

sa conscience, réduit maintenant à l'impuissance par l'indécision du Prétendant lui-même, il ne lui restait plus, acculé par les circonstances à une situation ridicule, ayant couronné, de sa main, l'édifice qu'il aurait voulu démolir, qu'à passer le pouvoir aux vrais républicains, au bénéfice desquels la fortune ironique semblait l'avoir contraint à travailler jusque-là.

CHAPITRE III

Le *Seize Mai*. — Ineptie de cette tentative de coup d'Etat;
son échec fatal. — Physiologie du Conservateur. — Ce que
les Français pensaient de la République en 1877. — Les
classes supérieures et la bourgeoisie. — Leur égoïsme et
leur ladrerie. — Jalousies mesquines et basses; inintelli-
gence politique. — Le mal vient de loin; opinion de Mgr
Darboy. — La presse monarchiste ; petit nombre de ses
organes; son impuissance. — Excellente situation économique de la France en 1876. — Une des maximes de
M. Thiers; sa confirmation par les faits. — Ce que le gouvernement républicain a fait de nos finances : opinion
de M. Amagat. — L'intention n'est pas le fait. — Les scandales de notre temps. — Le monde juif. — Hommage à
Drumont. — Ce dont la France doit lui être éternellement
reconnaissante. — Comment se font certaines fortunes.
— Ce n'est pas le mérite mais le succès et la fortune que
l'on considère. — Quelle conception les Français se font de
l'existence. Un document officiel. — La France rurale. —
Causes de notre état morbide. — Notre personnel politique.
— Kaléidoscope ministériel. — Où trouver les responsabilités? — Ferry et de Mun se donnent la main. — La
politique coloniale. — Impuissance générale. — La persécution religieuse. — Le *flair* des « ralliés ». — Quelques
échantillons de l'espèce. — La fortune du parti républicain; une légende marseillaise. — Résultats du régime.
Le succès électoral. — Un nouvel avatar à l'horizon.

Nous venons de laisser l'Assemblée nationale
mystifiée par Thiers et trahie par Mac-Mahon

qu'elle lui avait donné pour successeur dans l'espoir de s'en faire un appui pour ses visées de restauration monarchique, en train de passer la main aux représentants de la démocratie triomphante. Ce « soldat glorieux mais fourbe », ainsi que l'a qualifié un auteur contemporain, à défaut de la légitime satisfaction qu'avaient attendue de lui ceux qui l'avaient investi du pouvoir, avait promis tout au moins de ne pas livrer à l'ennemi la citadelle conservatrice dont on lui avait confié la garde. « J'y suis, j'y reste », avait-il répondu fièrement à toutes les injonctions qui lui avaient été faites « de se soumettre ou de se démettre. » Hélas ! il ne devait pas tarder, de capitulations en capitulations, à livrer les ouvrages avancés d'abord, la place elle-même ensuite.

Jamais pour notre part, nous n'avons réussi à nous expliquer l'incohérente absurdité de ce simulacre de coup d'État, tenté, par le Seize-Mai, dans des conditions d'une invraisemblable ineptie et conduit d'ailleurs avec la plus lamentable incapacité. Au moment où le fait se produisit, cela ne rimait à rien, mais au moins fallait-il, dès qu'on avait tenté ce coup de force, ne pas hésiter dans l'exécution et se faire un point d'honneur de le mener jusqu'au bout. Hésiter, c'était se perdre et c'était aussi avec soi compromettre tous les hommes de cœur qui avaient prêté leur concours au gouvernement qui l'avait conçu. Il nous semble entendre encore les paroles pleines d'amertume d'un préfet de l'époque, homme énergique et résolu, d'une loyauté au-dessus

de tout soupçon et qui après avoir respectueusement
relevé ce que le mouvement semblait avoir d'inop-
portun, n'en avait pas moins, serviteur dévoué de
sa cause avant tout, pris bravement la responsabilité
du mouvement en ce qui le concernait. « Croiriez-
vous, nous disait-il en parlant du Président de la
République et ses ministres, qu'après nous avoir
lancés sur cette voie, ils n'ont eu d'autre souci que
de nous susciter des entraves et ont semblé prendre
à tâche de nous empêcher de réussir ? Nous avons été
indignement trahis par le maréchal de Mac-Mahon
et son ministère. Après nous avoir compromis, le
maréchal n'a rien eu de plus pressé que de nous
sacrifier aux rancunes du parti adverse. »

Cet échec lamentable, prévu d'ailleurs par tous
les esprits sensés, devait fatalement, après quelques
simulacres de vaine résistance, faire passer le pouvoir aux mains des républicains. Nous allons donc
les voir à l'œuvre et nous pourrons juger, par une
expérience de vingt années, des effets d'une forme
politique qui, au dire de ses prôneurs, réservait à la
France toutes les félicités de l'âge d'or. Quant au
parti conservateur en déroute, il disparaît de
l'horizon, momentanément éclipsé par le triomphe
de ses adversaires. Nous avons pu nous rendre
compte que la maladresse de ses chefs l'avait inévitablement acculé à la défaite. Par leur candeur et
le souci très respectable de ce qu'on leur disait être
l'intérêt du pays, ils s'étaient naïvement constitués
le tremplin, sur lequel allaient rebondir triomphants

les partisans déclarés de l'idée républicaine. Comme un navire désemparé, errant au gré des vents, sans guide et sans boussole sur l'immensité des mers, le parti conservateur va dorénavant flotter indécis et sans courage entre le désir de se rallier aux institutions nouvelles en essayant au prix de son honneur de s'y faire une place et la velléité, par un retour de louable énergie, de reconquérir tout le terrain perdu. Cet effort, il le tenta en 1885 et, s'il avait eu plus de confiance en lui-même, si ses chefs avaient mieux apprécié ce dont il était capable, s'ils n'avaient pas à l'avance désespéré de sa vaillance et de son bon vouloir, il n'est pas douteux qu'il n'eût recueilli, en cette circonstance, la majorité dans le corps électoral et recouvré très vraisemblablement la direction des affaires publiques. Nous aurons l'occasion d'établir plus tard quelle était, en ce moment, la situation exacte des partis en présence et dans quelles conditions s'engagea la lutte.

Mais à ce propos, qu'il nous soit permis de dire ce que nous pensons de ce terme de conservateur — dont, à notre grand regret, nous sommes obligé de nous servir, puisque dans le langage courant, il a pris la signification d'anti-républicain — au reste, bien à tort, si on consulte les faits. La fortune rapide de ce mot est un signe des temps. Il décèle à lui seul, par l'élasticité des interprétations auxquelles il peut se prêter, un abîme de veulerie et d'affaissement moral. Ce mot est l'écran derrière lequel se préparent et s'accomplissent toutes les défections. Qu'on nous parle d'un royaliste, d'un républicain. A la bonne heure! nous savons à quoi nous en tenir. Mais d'un conservateur! Ce mot seul nous cause un véritable malaise et nous ressentons comme de la colère lorsque nous devons l'employer. On pouvait être légitimiste avec Mgr le comte de Chambord, orléaniste avec le comte de Paris; impérialiste avec le prince Napoléon ou le prince Victor; mais avec qui est-on conservateur? Le conservateur était le précurseur fatal du rallié. Comme ces provinces mal définies, situées sur les confins du territoire, désignées au Moyen Age sous le nom de *Marches* et dont les tenants, au gré de leurs intérêts, se réclamaient tantôt d'un suzerain, tantôt de l'autre, le parti conservateur se tient en bordure de toutes les opinions et s'en couvre alternativement sans qu'on puisse nettement définir la sienne. Jugez de la difficulté qu'il y a à tenir en main un parti dont les membres vous glissent ainsi entre les doigts comme des anguilles !

On peut affirmer, sans aucune exagération, que tout gouvernement a, depuis cent ans en France, dès qu'il a pu se saisir du pouvoir et l'a gardé pendant quelques mois, trouvé dans ce fameux parti conservateur l'appoint indispensable pour assurer son maintien aux affaires. Ce parti, en effet, se recrute principalement dans tous les rangs de la classe bourgeoise, et la bourgeoisie, on le sait, est essentiellement moutonnière : il lui faut un berger quelqu'il soit, ce berger dût-il la tondre au plus ras.

Chose étonnante ! c'est aux deux pôles extrêmes de la société que l'on rencontre les opinions les plus fermes et les plus tranchées ; il n'est pas rare, en effet, de trouver parmi les gens du peuple des royalistes intransigeants. Nous sommes très porté à croire, pour notre part, que c'est du peuple, simpliste par essence, que viendra, un jour, plus prochain peut-être qu'on ne le suppose, l'initiative du retour vers l'unité monarchique.

Quoi qu'il en soit, en octobre 1877, la forme républicaine, à en juger du moins par le résultat des élections, ne paraissait pas être vue d'un mauvais œil par la majorité des Français. Que cette majorité fût ou non républicaine, elle n'en avait pas moins semblé manifester ses préférences et avait nettement indiqué à ceux qui avaient prétendu sans motifs appréciables la diriger brutalement dans d'autres voies, qu'ils s'étaient sottement fourvoyés.

Dans les circonstances où venait de s'opérer cette consultation du pays, le résultat ne pouvait pas être différent, et il fallait tout l'aveuglement d'un soldat absolument dépaysé dans la politique et toute l'ineptie de ceux qui le conseillaient pour ne se rendre point compte que, dans les conditions et au moment où ils opéraient, ils couraient irrémédiablement au-devant du plus lamentable échec. Comment le pays les aurait-il suivis dans cette aventure ? Les esprits, nous l'avons dit, avaient été séduits par une grossière équivoque, habilement propagée par la presse avancée, soutien naturel des 363 que le gouvernement du Maréchal renvoyait inopinément devant leurs électeurs. Depuis cinq ans — en réalité sous la sage administration d'une majorité monarchique, en apparence sous l'égide tutélaire d'un gouvernement républicain — la France, après ses désastres, n'avait cessé de marcher, d'un pas décidé, dans la voie d'un relèvement aussi rapide qu'inespéré, et on venait tout à coup, comme par caprice, lui proposer de casser aux gages les vrais représentants de ce régime bienfaisant qui avait, lui semblait-il, déjà tant fait pour elle, et qui, par l'organe de ses journaux, lui faisait tous les jours beaucoup plus espérer encore! Nous devons convenir que dans ces conditions, et alors qu'au point de vue matériel même, on ne s'était pas préoccupé des moyens d'en assurer la réussite, tenter un coup d'État était marque certaine d'une assez belle insanité.

Un des vices caractéristiques de la bourgeoisie conservatrice c'est avec la petitesse des idées, la vulgarité des sentiments et l'amour exagéré d'un bien-être matériel, une horreur profonde de tout effort prolongé en matière politique. Rien aussi à ce point de vue n'égale son imprévoyance, si ce n'est la légèreté avec laquelle ceux qui s'en disent les chefs croient pouvoir compter sur l'efficacité de son concours quand ils se décident à engager la lutte. Pour en bien juger, il faut avoir été mêlé activement aux campagnes électorales des quinze dernières années. Une élection à faire, pour un observateur superficiel, peut paraître n'avoir rien de particulièrement intéressant. Cette période cependant, par les faits qui s'y produisent, par les caractères qui s'y révèlent, est comme la pierre de touche du tempérament et de la valeur d'un parti. En effet, un parti qui a foi dans son avenir et qui est possédé du véritable désir d'arriver ne compte point ses sacrifices; les hommes qui le composent n'épargnent ni leur temps, ni leur argent. — Voyez quelle activité ont déployé, sous l'Empire, les rares tenants de l'opinion républicaine! Avec quelle énergie ils ont soutenu la lutte, avec quelle ingéniosité ils ont multiplié les moyens de propagande. Et quelle union entre eux! Quant à l'argent, les grosses bourses du parti en ont toujours mis à la disposition de leurs coréligionnaires politiques moins fortunés.

Trouvez donc quelque chose d'analogue dans le parti conservateur?

Hélas! il faut en convenir, la générosité n'est pas la marque distinctive du conservateur, et par ce mot j'entends la haute et moyenne bourgeoisie, les classes riches qui, à des titres divers et sous des drapeaux différents, se réclament des idées et des principes monarchiques. Ces gens-là réclament de l'ordre, de la stabilité, de la sécurité! Ils veulent bien revenir à une forme de gouvernement qui, semble-t-il, donne plus complète satisfaction à leurs instincts, mais à condition que tous les sacrifices nécessaires à cet effet soient supportés par leur voisin. Dans leur épais égoïsme, aucun n'a l'air de se douter que le voisin raisonne de même et que c'est par cette monstrueuse indifférence que s'explique le succès si rapide du parti démocratique et sa prise de possession du pouvoir. Pourvu qu'il puisse grossir son épargne, arrondir sa fortune ou vaquer à ses plaisirs, le conservateur qui se décore, par vanité, de l'épithète de monarchiste, s'inquiète peu de savoir qui dirige les affaires, à la condition formelle toutefois que ce ne soit pas un ami. Ceci peut paraître un paradoxe; c'est cependant l'expression exacte de la vérité : le conservateur est à tel point dévoré d'envie basse et mesquine, qu'il aime cent fois mieux, en haine de toute supériorité intellectuelle qui le blesse, savoir l'autorité entre les mains de ses pires adversaires que dans celles d'un ami politique qu'il jalouse. Cette vérité d'observation permet de se rendre compte de beaucoup d'événements de ces vingt dernières années, qui autrement resteraient inexplicables.

Le mal n'est pas nouveau au surplus, mais il n'avait jamais autant exercé de ravages que de nos jours. Déjà en 1841, l'abbé Darboy qui, devenu archevêque de Paris, devait être l'une des victimes de l'insurrection de 1871, le signalait à ses contemporains en ces termes :

« Qui sont ceux qui parlent, écrivent et exécutent? Qui est-ce qui prie, s'indigne, menace et reproche? Qui ourdit les intrigues ? Qui a une volonté de fer? J'en suis affligé, mais c'est vrai : les hommes du mal nous surpassent. La presse est à leurs gages; ils envahissent la tribune; ils circonviennent des dépositaires du pouvoir ; ils recourent à l'urne électorale; ils sentent qu'ils ont des droits et s'associent pour les défendre. Mais, parmi les gens de bien, s'il y en a trois qui unissent leurs pensées et leurs efforts, les autres disent : c'est une spéculation et ils se retirent. Si quelque obstacle entrave leur marche, ils prennent pour la paix un repos ignoble, et leur lâcheté pour la prudence... »

Le tableau n'est-il pas d'aujourd'hui ? Où voyez-vous en effet la presse monarchique depuis vingt-cinq ans ? Ah ! parlons-en, si vous voulez, de cette vieille douairière en manchettes de dentelle, fripée, édentée, incapable de mordre (1). Quand donc l'avez-vous aperçue dans une mêlée furieuse, réclamant victorieusement sa place au soleil de la liberté politique ? Triste, effacée, elle se signe, avec effarement, devant les blasphèmes de ses adversaires, esquissant modestement une protestation anodine par crainte de l'amende ou de la prison. A voir le petit nombre de ses organes si mal pourvus, pourrait-on croire vraiment que le parti monarchiste compte dans son sein les plus grosses fortunes du pays ? Comment voulez-vous donc que l'opinion publique vous suive quand vous ne lui indiquez ni le but à atteindre, ni la route à parcourir ?

Comparez le nombre des journaux républicains à celui des journaux monarchistes, et dites-nous si la

____

(1) Il y a certes de très honorables et très brillantes exceptions, mais c'est de l'ensemble que nous entendons parler.

masse, qui ne juge de la force d'un parti que par les
seules apparences, pourra hésiter dans ses appréciations quant à l'importance numérique des contingents
probables qui suivent des étendards si inégalement
déployés. Eût-on dû dépenser des millions et n'a-
voir pas de lecteurs, il était de la dernière importance de multiplier les feuilles royalistes. Bien assurés sur leurs derrières, c'est-à-dire bien nanties
d'argent et sachant qu'elles auraient pu faire face
aux condamnations qui devaient immanquablement
les assaillir, elles auraient alors, d'une façon impitoyable, poursuivi tous les abus et tous les scandales.
Pas une injustice ne se serait produite sans qu'elle
eût été immédiatement signalée. Derrière ces journaux, sûrs d'être toujours prônés et défendus, se
seraient constitués, un peu partout, les comités qui,
prenant en mains la direction du parti local, lui auraient, sur un mot d'ordre venu d'en haut, mais en
conservant leur initiative et leur indépendance,
communiqué une irrésistible impulsion.

Quelle formidable impression, pareille organisation eût produit sur la masse ! « Ces gens-là, se
seraient dit les badauds si nombreux en France,
doivent être bien forts puisqu'ils parlent si haut et
que l'on trouve toujours chez eux aide et protection. »

Ce rôle hardi, et rationnel à la fois, de la presse,
dans leur étroite conception des besoins d'un parti,
les conservateurs de toute nuance d'ailleurs, n'ont
jamais réussi à s'en faire une idée. Les esprits

éclairés du parti, les quelques individualités énergiques et dévouées qu'il compte ont vainement essayé de secouer cette inertie coupable et de faire honte à leurs amis politiques de leur odieux et funeste égoïsme ; ils y ont perdu leur temps et leur peine. Vainement se sont-ils efforcés de leur faire comprendre que pour le bien du pays, dans l'intérêt général de la cause et dans leur intérêt particulier, il était indispensable que tout sentiment de rivalité personnelle disparût et fût remplacé par une mutuelle confiance ; qu'il est de la plus extrême importance pour un parti qui veut vivre et réussir, non seulement de se discipliner fortement et d'obéir en quelque sorte passivement à un mot d'ordre, mais encore qu'il a une autre obligation presque aussi essentielle à remplir à défaut de laquelle, les efforts les plus énergiques et les meilleures intentions restent impuissants : à savoir qu'il est de toute nécessité pour lui d'avoir à sa disposition une caisse fortement organisée et abondamment pourvue ; qu'il lui faut des ressources pécuniaires facilement recouvrables, un crédit assuré, ce que j'appellerais volontiers le « trésor de guerre électoral. »

Le croirait-on ? ce conservateur qui est le plus admirable des contribuables, qui accepte sans protester les charges énormes qu'il plaît au fisc — actuellement aux mains de ses adversaires — de lui imposer, n'a jamais pu se résoudre à verser une part infime de son superflu pour établir fortement

5.

l'organisation destinée à l'affranchir. Quand un parti politique en est là, il mérite vraiment d'être vaincu. Les conservateurs au pouvoir avaient tiré les marrons du feu pour les républicains ; dans l'opposition ils n'ont même pas su les empêcher de les manger tranquillement.

Dans ces conditions, ce qui devait arriver, arriva fatalement. Les élections que le gouvernement n'avait pas su diriger ramenèrent les 363 sur leurs sièges. De ce jour, le parti conservateur n'enregistra plus guère que des défaites et ses représentants ne formèrent bientôt à la Chambre qu'un groupe aussi imperceptible qu'impuissant. Le pouvoir passait définitivement aux mains des républicains et nous allons voir par un rapide coup d'œil sur les événements qui se sont succédés depuis cette date, comment ils en ont usé pour le bien du pays.

La succession qu'ils recueillaient était de tout point avantageuse et ils ne risquaient pas de se compromettre en l'acceptant sans recourir au bénéfice d'inventaire. Sagement l'Assemblée nationale s'était appliquée à panser les blessures saignantes qu'une guerre malheureuse avait laissées après elle dans les flancs de la patrie mutilée. Sans retard, elle avait voulu lui donner les moyens de se retrouver armée et plus forte devant son vainqueur s'il lui prenait fantaisie de l'attaquer encore, et la loi militaire avait été votée, qui, par le service obligatoire, appelait tous les Français sous les drapeaux. Des ressources nouvelles avaient été créées qui, en affermissant le crédit de l'État, avaient permis de faire face aux immenses besoins financiers du moment et assuré sur la nouvelle frontière de l'Est, à peu près dégarnie, la construction d'une ligne de fortifications reliée à des camps retranchés qui la mettraient à l'abri d'une incursion inopinée de l'Allemagne. Confiante dans la prudence et la probité de ses gouvernants la France agricole s'était mise vaillamment à l'œuvre et prospérait ; l'industrie, de son côté, prenait un essor merveilleux et le commerce, bénéficiant des plus sages dispositions, voyait se solder par des gains de plus en plus importants la balance de ses opérations. Les budgets annuels accusaient des excédents et l'on pouvait entrevoir l'heure où par la continuation de cette politique conforme au bon sens comme à l'intérêt général, pleine de réserve tout en ne manquant pas cependant d'initiative, toutes les traces douloureuses d'un passé désastreux s'effaceraient pour ne laisser dans la mémoire des Français avec le souvenir d'un affreux cauchemar, que le désir toujours vivace d'une revanche à préparer.

Une de ces affirmations audacieuses qui, lorsque les faits lui donnent un démenti, fait douter du bon sens ou de la bonne foi de celui qui la formule, avait eu, en 1871, après l'avènement de M. Thiers au pouvoir, un retentissement énorme dans les esprits et les avait fortement inclinés vers l'acceptation des institutions républicaines. « La république, avait-il dit, est le gouvernement qui nous divise le moins. » Le mot avait fait fortune et donné carrière aux commentaires les plus enthousiastes des organes du parti démocratique. Tant que ce dernier avait combattu pour la conquête du pouvoir, il est juste de reconnaître que le plus parfait accord avait régné entre ses membres et qu'ils s'étaient prêté un mutuel secours pour déloger les conservateurs de toutes les positions où ils s'étaient retranchés. Cette union, comme tout esprit raisonnable pouvait aisément le prévoir, ne devait pas résister à la mise en pratique du vrai système républicain. Nous avons vu quel acharnement les géants de l'époque révolutionnaire avaient mis à se proscrire et à se décimer. Héritiers des traditions jacobines, les vainqueurs du Seize-Mai ne pouvaient échapper aux conséquences d'un fatal atavisme. Moins sanguinaires que leurs ancêtres politiques ils n'ont point dressé la guillotine sur la place publique pour se débarrasser de leurs rivaux, mais ils ne s'en disputent pas moins avec la plus extrême férocité, depuis vingt ans, la possession exclusive de ce que, par une image amusante, on a appelé « l'assiette au beurre ».

Après leur triomphe décisif, la République sans épithète avait cessé de vivre ; et il a été offert depuis à l'admiration des électeurs émerveillés, avec ce que pouvait contenir de transformations multiples une formule unique, le plus complet assortiment de républiques les plus variées. Nous avons eu successivement la république libérale, la république athénienne, la république opportuniste, la république radicale, la république radicale-socialiste etc., etc... j'en passe et non des meilleures. Les centre-gauche ont été dévorés par les opportunistes, les opportunistes par les radicaux, les radicaux par les démocrates, les démocrates par les radicaux de gouvernement ; mais tous par contre ont dévoré consciencieusement le meilleur de la fortune du pays. Il était donc admis que la République était la forme de gouvernement qui devait nous diviser le moins ; je ne sache pas cependant qu'à aucune époque, en France, nous ayons été plus divisés que nous ne le sommes aujourd'hui. Ce n'est plus de la division c'est de l'émiettement.

J'étais bien jeune à la fin de l'Empire, mais je n'en ai pas moins gardé le souvenir très net de la sorte de fièvre qui agitait tous les esprits en ce moment. On était en pleine effervescence et on sentait dans l'air comme l'approche de temps nouveaux. Les externes, tous les jours, nous apportaient clandestinement au collège quelques-unes de ces feuilles enflammées qui en fanfares endiablées sonnaient l'hallali des institutions impériales et annonçaient à cor et à cri la curée chaude prochaine. Je vous laisse à juger quel effet produisait sur nos jeunes imaginations cette prose au curare ! Pendant la période électorale si ardente, de 1869, défilèrent sous nos yeux les professions de foi des hommes les plus célèbres de l'opposition. On les lisait encore, à ce moment, les professions de foi, et on avait la naïveté d'y attacher quelque importance. Dieu! quelles enragées diatribes contre les hontes du régime et comme on y flétrissait à tour de bras le népotisme éhonté s'étalant partout cyniquement et sans vergogne ! Comme on y déplorait le gaspillage effréné des finances du pays livrées en pâture à tous les appétits du règne. C'était vraiment beau et réconfortant, je vous assure, et l'on comprenait bien que, seuls, ces champions de la liberté et de l'honnêteté, étaient capables de ramener en France la décence et la vertu que cet abominable empereur en avait exilées.

Eh bien ! vrai, ce qu'ils ont dû se faire, comme on dit, une pinte de bon sang, ces farouches amants de l'épargne du peuple, quand les événements les ont eu aidés à s'installer dans les meubles de l'Empire défunt, et qu'ils ont pu à leur tour barboter à leur aise dans tous les fonds publics ! Avaient-ils assez tonné contre l'énormité de la dette publique et le chiffre toujours croissant des charges budgétaires qui ne suffisaient pas à assouvir la fringale sans cesse en éveil d'un monde insatiable de fonctionnaires inutiles !

Maîtres maintenant du gouvernement, il était donc assez naturel qu'on s'attendît à les voir mettre d'accord leurs actes avec leurs paroles, et que l'on

constatât la réalisation dans les faits de ce miri-
fique programme dont, depuis nombre d'années,
ils ne cessaient d'énumérer les merveilleuses promesses devant le peuple souverain attentif et ravi.

Nous l'avons précédemment constaté, l'Assemblée
nationale, en quittant le pouvoir, laissait, au point
de vue financier, une situation prospère. Ses derniers budgets se soldaient par des excédents
notables et elle avait institué pour parer au rem-
boursement de la dette publique un système d'amor-
tissement qui fonctionnait à merveille et auquel
était appliquée annuellement une somme de deux
cent millions. Il semblait que la nouvelle législa-
ture n'eût qu'à s'approprier des procédés aussi
louables et à continuer des errements si avantageux
pour l'intérêt public et qui cadraient d'ailleurs
admirablement avec les vues d'économie dont les
programmes signalés plus haut s'étaient si souvent
faits l'écho. Ecoutons un républicain nous révéler la
situation financière de la France en 1884, c'est-à-
dire après sept années effectives d'administration
républicaine et nous serons édifiés. Il nous montre,
en même temps, quels sont, en matière de finances,
les procédés de ses amis.

« Ni l'invasion allemande, écrivait M. Amagat
quelque temps avant sa mort, ni les cinq milliards
de la rançon, ni les dix milliards de ruines éparses
sur notre sol en 1871, n'ont compromis la fortune
publique aussi gravement que cinq années d'une
politique qu'on avait un jour orgueilleusemen

appelée la « politique des résultats ». Dans l'intervalle de cinq ans l'État a emprunté trois milliards trois cent cinquante millions. On parle aujourd'hui d'emprunts comme de la pluie et du beau temps ; les demandes de crédit de cinquante millions ressemblent à un prix fait ; l'empressement de nos législateurs à voter l'argent n'a d'égal que leur insouciance à se rendre compte de son emploi Discuter le budget, régler les comptes des exercices écoulés, paraît aujourd'hui une occupation indigne de la tribune où montèrent ces financiers de pacotille qu'on appelait Lafitte et Thiers. Evaluer les recettes, spécialiser les crédits, la belle affaire ! Est-ce qu'il n'y a pas un ministre des finances pour cette vulgaire besogne ? Un député doit-il avoir d'autre souci que sa correspondance et les faveurs qu'on arrache aux ministrès ?...

« L'équilibre du budget reste un problème aussi insoluble que la quadrature du cercle... M. Tirard aura fermé définitivement le Grand Livre ; aucun emprunt ne se fera désormais, par la raison fort simple qu'il n'y en a plus de possible. — L'amortissable de 1881 a mis plus de deux ans à se classer, et certes il a fallu des nécessités inexorables pour que M. le Ministre des finances consentît à risquer trois cent cinquante millions de plus. L'emprunt a été couvert, mais dans quelles conditions ? En acceptant, ce qui ne s'était pas encore vu, comme espèces, des *Bons du Trésor* qu'il fallait réescompter le lendemain.

« Le dernier budget de l'Empire, continue
M. Amagat, fut de....... 1 milliard 744 millions,
le dernier de l'ordre moral

(1876) de.............. 2   —   680   —

A partir de ce jour tous les budgets sont votés
par des Chambres républicaines :

En 1877 le budget s'élève à 2 milliards 742 millions.

« 1878	—	3	—	108	—
« 1879	—	2	—	870	—
« 1880	—	2	—	826	—
« 1881	—	2	—	888	—
« 1882	—	3	—	100	—
« 1883	—	3	—	086	—
« 1884	—	3	—	104	—

reste à ajouter pour ces deux derniers exercices les
dépenses résultant de crédits supplémentaires, qui
devront être considérables.

« Cinq cent millions d'impôts de plus qu'en
1876, la rente d'un capital de quatorze milliards,
sans parler du budget extraordinaire.

« Jetez les yeux autour de vous et dites si les
progrès réalisés peuvent subir, même de loin, le
parallèle avec une dépense de cinq cent vingt
millions, non point passagère, mais annuelle, définitivement assise au budget et dont un ministère
déclare ne pouvoir se passer.

... « Voici huit ans que les chambres votent les
lois de finances par entraînement, qu'elles règlent

la dépense sur leurs illusions. Dans cette période, les crédits supplémentaires ont atteint le chiffre de un milliard trois cent cinquante-quatre millions, sans l'extraordinaire. Ce n'est pas un budget, c'est un cyclone... Aussi, après les impôts l'emprunt, après l'emprunt direct et autorisé, l'emprunt détourné et clandestin. Ici est la plaie vive du système...

... « D'après la loi le surplus seulement des disponibilités devait être placé à la Caisse des Dépôts et Consignations en compte-courant sur le Trésor, comme une ressource toujours prête pour les retraits inopinés. Malgré ces précautions, il a fallu deux fois déjà, en 1848 et 1871, consolider une partie du compte-courant. Instituées pour recevoir l'obole du pauvre et pour développer le goût de l'épargne au sein des classes laborieuses, le législateur n'a donné aux Caisses d'épargne aucune des garanties qui accompagnent d'habitude le maniement des millions.

. . « Ces établissements dont le mouvement de fonds dépasse un milliard, n'ont pas été, depuis leur origine, l'objet d'une surveillance suivie. — Si l'État a le tort grave de faire fonctionner pour son compte les Caisses d'épargne, tout en s'efforçant d'échapper aux responsabilités, nous avons le regret de constater qu'il ne prend pas une situation plus nette vis-à-vis des déposants des recettes générales. — Voici les faits. — En plus de leur cautionnement. les receveurs généraux doivent verser dans leur caisse, et porter au compte-courant qui leur est ouvert avec le Trésor, une somme au moins égale à leur cautionnement, celle-ci n'étant pas, par la loi, affectée à la garantie de leur gestion, et ayant pour seul but de procurer à l'État des ressources par un emprunt détourné. Quand il y a urgence, comme en ce moment, le ministre supprime toute limite au compte-courant et permet à ses receveurs généraux d'y verser le double ou le triple de leur cautionnement avec les mêmes bonifications d'intérêt. A combien s'élèvent toutes ces remises capitalisées ??? Quant aux avances mêmes, elles atteignent en temps ordinaire soixante-dix millions. Cet argent provient de tiers pour la plus grosse part et n'appartient point aux receveurs généraux eux-mêmes. Ces tiers s'imaginent *à tort* prêter à l'État. Le prêteur n'a point l'État pour garant.

« Déposants des Caisses d'épargne, déposants des Recettes générales, qui démêlera cet imbroglio où la légalité exclut la moralité et réciproquement ? Ici, là-bas, partout c'est l'État qui reçoit, mais ce n'est pas lui qui est responsable. Voilà donc les bases essentielles sur lesquelles repose le crédit public; jugez du reste de l'édifice. A bien dire, depuis plusieurs années, il n'y a plus que les apparences d'un système financier : aucune des règles protectrices de la fortune publique n'est restée debout. La première des garanties, la formation régulière du budget, se trouve tombée au rang d'une formalité ennuyeuse et vaine dont les ministres s'acquittent le plus tard possible... La Chambre sait que les finances sont en péril, mais elle ne veut pas qu'on le dise. »

La citation est un peu longue, mais elle était à faire, car cette constatation du lamentable état de nos finances, déjà en 1884, émane d'un écrivain très-attaché au régime républicain, mais qui cependant sût, durant son passage à la Chambre, garder l'entière indépendance de ses vues personnelles et ne consentit jamais à s'inféoder à une coterie afin de mieux réserver la liberté de ses jugements. Depuis lors, douze ans se sont écoulés et le péril signalé par M. Amagat n'a fait que grandir. Aucun des douze derniers budgets n'est redescendu au-dessous de la somme fantastique de trois milliards trois cent millions et certains d'entre eux se sont élevés à quatre milliards. Ajoutez à cela les dépenses départementales et communales et jugez du fardeau effroyable sous lequel succombe de plus en plus le contribuable.

La dette publique atteint aujourd'hui en France le chiffre invraisemblable de

37 milliards de francs.

Dans ce total formidable d'emprunts, le seul gouvernement républicain figure pour quinze milliards environ, dans lesquels ne doivent pas être compris les cinq milliards de la libération du territoire.

En présence des résultats financiers de leur politique, certains économistes républicains esquissent néanmoins une pirouette et s'écrient satisfaits en se frottant les mains : « Une grosse dette publique est le signe le plus évident de la richesse d'une nation. » Sur cette affirmation, vous le comprenez, il ne reste plus qu'à dormir tranquilles et à laisser se continuer la danse des millions ! Ça été, je vous prie de le croire, un bal des plus animés pendant vingt ans ; les contribuables n'y étaient invités que pour garnir abondamment les poches des danseurs, hommes politiques et gros fonctionnaires.

Dès l'entrée en action du régime, un projet gigantesque de travaux publics avait été élaboré qui, s'il eût reçu sa pleine exécution, eût fait pour longtemps se traîner lamentablement sur ses chausses le Français dépouillé de son dernier centime. Ce qui en a été exécuté n'en a pas moins permis les plus fructueuses spéculations à la finance cosmopolite et assuré pour de longs jours une existence dorée aux mortels fortunés qui ont été appelés à y prendre part. Quelques tronçons de chemins de fer d'intérêt local ont été créés, mais des centaines de millions ont été engloutis ! Nos villages s'enorgueillissent de leurs palais scolaires, mais les pauvres de la commune manquent de pain et son budget restera obéré pour un demi-siècle !

*
* *

Une fée malfaisante semble avoir présidé à la

naissance de la République ; elle a déposé dans son berceau, avec le principe des bonnes intentions l'impossibilité pratique de les réaliser. Aussi tous les programmes de nos hommes politiques sont-ils merveilleux de promesses ; en fait, que nous a donné le régime sinon une série ininterrompue d'agitations dans le vide ? Encore lui pardonnerait-on cette impuissance si après avoir ruiné nos finances et porté une atteinte mortelle à la vie économique du pays, elle n'avait pris à tâche de le déshonorer par le scandale et la corruption.

La Harpe, commentant le chapitre de l'Esprit des Lois qui traite du principe de la démocratie, dit : « tout gouvernement est un ordre et nul ordre ne s'établit que sur la morale. Or le gouvernement républicain dépend principalement de l'esprit et du caractère du plus grand nombre, comme le gouvernement royal dépend éminemment du caractère d'un seul, du Roi ou du ministre qui règne. Si le caractère général n'est pas bon, la chose publique sera donc mauvaise, comme le royaume ira mal si le prince est mauvais ; avec cette différence que les vices du prince passent avec lui, au lieu que rien n'arrête la corruption d'une république. »

Les événements de ces dernières années sont là justification complète de cette appréciation philosophique. Selon le mot de l'Ecriture, nos gouvernants ont semé la corruption pour recueillir la pourriture. Je ne crois pas en effet qu'à aucune époque et sous aucun régime, sauf peut-être à Rome, au moment de

la décadence, et à Byzance sous le Bas-Empire, l'Histoire ait vu se produire une éclosion aussi intense de
plus honteux scandales. Le Chef de l'État chassé du
pouvoir par ceux qui l'y avaient porté ; le signe de
l'honneur devenu, dans le palais même du Président
de la République, une occasion de trafic et d'abominables profits ! L'austère Grévy, dont on avait fait
l'incarnation même de la vertu républicaine, jeté
dehors comme un valet infidèle ! N'est-ce point là
un de ces faits qui marquent un régime à l'épaule ?
C'était le sentiment qui animait nombre de républicains honnêtes au lendemain de ce premier et
retentissant scandale qui devait être suivi de tant
d'autres. Nous ne pouvons, à cette occasion, résister
à la tentation de rappeler un souvenir personnel.

M. Carnot venait d'être élu en remplacement de
M. Grévy ; la situation était des plus sombres et les
meilleurs républicains n'entrevoyaient l'avenir que
sous un aspect alarmant. Nous nous trouvions, un soir
de ce triste mois de décembre 1887, dîner à la table
d'un ami en compagnie de M. R... député de l'Ouest
et B... ancien député aussi de l'O. non réélu aux
élections de 1885. Tous deux appartenaient à la
gauche républicaine et leur probité indiscutable
aussi bien que leur grosse situation de fortune les
mettaient à l'abri de tout soupçon quant à des tri-
potages financiers, leur laissant ainsi toute indépendance d'appréciation. La conversation devait fatalement tomber sur les événements du moment ; seul
réactionnaire parmi tous les convives, nous avions

beau jeu contre eux. Ils ne cachaient d'ailleurs ni
leurs mécomptes, ni leurs appréhensions — nous
pourrions presque dire leurs secrètes espérances —
un moment même, emporté par sa franchise et la
brutalité de la situation, M. R... se penchant vers
nous ne put s'empêcher de tenir ce propos significatif: « Et, dire que vos amis ne sont pas f... us de
faire le coup dans la nuit pour que nous n'ayons
qu'à y applaudir le lendemain. »

Voilà bien les sentiments des honnêtes gens
égarés dans les rangs du parti républicain et que
désorientent toutes les turpitudes du régime. Ces
sentiments ne peuvent que s'être affermis, depuis
cette époque, en présence des ignominies sans nom
qui ont révélé depuis la chute du président Grévy,
l'abîme d'immoralité dans lequel menace de s'effon-
drer chaque jour la corruption républicaine. Parlant
des premiers temps de la République actuelle, M. Guizot, peu avant sa mort écrivait : « Nous traversons
une orgie. Je suis décidé à ne pas croire, et je ne
crois réellement pas que ce soit là le dénoûment de
la glorieuse histoire de France. » Cette manière de
voir, beaucoup d'hommes de gauche témoins de
hontes que M. Guizot ne pouvait même pas entrevoir par la pensée, la partagent ; on ne parvient
donc pas à s'expliquer qu'ils ne fassent pas un effort
énergique pour secouer le joug ignominieux qui
pèse sur eux et qu'ils continuent à soutenir de leurs
suffrages un état de choses dont ils sont les premiers
à constater les formidables ravages au point de vue

matériel et moral. Comme le dit Drumont, un des rares observateurs qui me paraissent avoir bien lu dans l'âme contemporaine : « On ne peut contester la dégénérescence de cette race qui eut jadis une si débordante vitalité. » Cette constatation faite à propos des Français en général peut, seule, faire comprendre cette inconcevable inertie d'hommes politiques, non encore dépravés, qui en sont à souhaiter secrètement un sauveur pour les tirer de... l'ordure où ils barbotent complaisamment en attendant qu'elle les submerge.

Les scandales succèdent aux scandales et l'on peut dire que chaque jour en voit naître un nouveau ; l'air en est comme vicié et la nation engourdie par ces vapeurs délétères ne trouve plus la force de se secouer. Sur le corps politique tout entier se manifeste une éruption cutanée qui éclate en tumeurs purulentes ; à peine a-t-on réussi à fermer un abcès qu'il en jaillit un autre — le parti républicain ne paraît plus être décidément qu'un amas de pourriture. Quelques portions en semblaient encore à peu près saines quand furent mises au jour les premières révélations relatives à la formidable escroquerie du Panama. On pouvait espérer que, quelques noms seulement de politiciens paraissant compromis, la lumière serait faite complète sur les dessous de cette opération malpropre. Plusieurs années se sont écoulées depuis et le soin qu'ont pris tous les ministères qui se sont succédés au pouvoir, d'étouffer cette scandaleuse affaire, tout en masquant leur intention bien arrêtée sous les dehors d'une comédie judiciaire, ne peut laisser le moindre doute sur l'étendue véritable de la hideuse plaie qu'on s'efforce vainement de dérober à l'attention publique. Le spectre de Von Reinach plane incessamment sur le plafond lumineux de la Chambre des députés. Quand un des hommes de gauche écœuré de tant de hontes, est tenté pour échapper à une complicité compromettante de faire enfin la lumière et de montrer du doigt tous les concussionnaires du Parlement, le spectre ricanant lui crie : « Prends garde, ils sont trop ; leur chute entraînera la tienne et celle du régime. » N'est-ce pas une situation vraiment tragique que cette complicité du silence imposée par la fatalité des événements à des hommes qui n'ont en rien trempé dans ces malpropretés, on le sait, mais à qui d'invisibles mains mettent un pavé sur la langue ! Cette obstination des républicains les moins compromis, ou pas compromis du tout, à reculer devant l'exécution des coupables qui entraînerait après elle l'effondrement des institutions qui leur sont chères, fait penser malgré soi à ces cadavres retrouvés dans un état de conservation apparente ; gardez-vous d'y toucher, ils tomberaient en poussière.

Cent quatre représentants du peuple avaient, a-t-on dit, puisé à pleines mains dans la caisse du Panama ; un seul a eu la naïveté d'avouer, et il a été chargé de tous les péchés d'Israël. Les autres ont suivi la maxime d'Avinain, le célèbre assassin, et ils n'ont même pas eu à recourir aux bons offices

d'un Lachaud contemporain. Avouez qu'un régime
ayant le souci de sa moralité et de son bon renom,
quand il découvre parmi ses adhérents, des gens
tarés qui le déshonorent, se doit de les frapper sans
pitié, si haut placés soient-ils. La France entière
avait applaudi au mouvement d'indignation venge-
resse qui avait poussé le Parlement à précipiter de
son piédestal d'hypocrite austérité, l'homme en qui
l'on avait si longtemps célébré le résumé glorieux
de toutes les vertus républicaines. Cette exécution
de Grévy avait soulagé la conscience publique.
Quelle satisfaction encore plus grande n'eût-elle
pas éprouvée à voir clouer au pilori de l'opinion les
« chéquards » sans vergogne qui avaient prostitué
leur mandat et indignement trahi la confiance de leurs
électeurs. Il faut croire que les vertueuses indigna-
tions dont est susceptible une âme républicaine,
s'étaient toutes épuisées en une fois, et qu'après
l'exemple fait sur la personne de l'ancien président
de la République, il n'en restait plus pour frapper des
têtes moins élevées. A moins qu'il ne faille en conclure — ce qui est plus vraisemblable — que la plaie
est tellement large, tellement hideuse, tellement
profonde aussi, qu'à tenter de la guérir, on s'expose
à tuer plus rapidement le malade, qui est, en la circonstance, le régime républicain lui-même.

Et il faut bien qu'il en soit ainsi pour que tous
les ministères, qui ont pris le pouvoir depuis cinq
ans, aient consenti à se déshonorer en jouant la
funambulesque comédie de Bornemouth qui vient

de prendre fin au moment même où j'écris ces lignes.
En a-t-on assez fait défiler sous nos yeux de ces
bulletins de santé signés de toute sorte d'autorités
médicales, et qui avaient pour objet de renseigner
le public Français sur l'état quotidien du trop célèbre Cornélius Herz! Et Arton, quelle extravagante
poursuite sur tous les réseaux ferrés de l'Europe!
On disait jadis qu'en France le ridicule tuait. Franchement, je me demande, dans ces conditions, comment il existe encore une France après avoir été à
ce point bafouée et ridiculisée par ceux qui la gouvernent.

La chute de Grévy, l'affaire de Panama, sont les
étapes saillantes sur la grande route des scandales
financiers et politiques de ces dernières années, que
jalonnent d'autre part (avant ou après) la décon-
fiture d'Alais au Rhône avec Cazot, premier président de la Cour de Cassation, la banqueroute de la
Banque de Lyon et Loire avec le député Savary, le
désastre de l'Union Générale, déterminé par Gambetta et ses acolytes au profit de Rotschild et des
banques juives, la faillite du Comptoir d'Escompte,
celle du Crédit Général Français, l'affaire des faux
poinçons, l'agiotage sur les blés, l'accaparement des
cuivres, l'affaire des chemins de fer du Sud, la
trahison du juif Dreyfus livrant à l'Allemagne les
secrets du grand état-major...... Je m'arrête sur cette
énumération très incomplète ; plusieurs volumes ne
suffiraient pas à conter en détail tous les méfaits
accomplis en vingt ans et chacun a présent à la mé-

moire ce défilé sur les bancs de la police correctionnelle de ces journalistes républicains auxquels en récompense de services inavouables, le gouvernement avait jeté en pâture avec les insignes autrefois respectés de la Légion d'honneur, une part copieuse de l'argent que le contribuable a tant de peine à gagner.

Après cela, on est bien obligé de convenir qu'il y aurait lieu de désespérer du salut final du pays, si l'on était tenté de penser que ceux qui le gouvernent constituent réellement son élite intellectuelle et morale. Heureusement, il n'en est rien et la France, malgré les apparences contraires, possède encore des réserves d'énergie vitale qui feront sûrement explosion un jour, quand elles auront enfin pu se concentrer dans la main de celui qui doit la délivrer des basses tyrannies qui la déshonorent. Il m'est souvent arrivé d'entendre des républicains à bout d'arguments, me dire : « Après tout pourquoi reprocher à la République ses scandales, la monarchie n'a-t-elle pas eu les siens ? » — Sans doute, ai-je répondu, et je ne prétends pas les nier bien qu'en réalité il fût difficile d'en rassembler, sous la monarchie, autant et d'aussi complets, en une période de temps équivalente. Mais vous oubliez que le seul régime qui n'ait pas le droit d'invoquer cette circonstance atténuante, c'est précisément le gouvernement républicain. Ses partisans ne réclamaient-ils pas la venue de la République pour mettre fin à tous les scandales et à tous les abus ? Vous avouerez pourtant que dans les conditions où·nous la voyons·se manifester :

> « Ce n'était pas la peine vraiment
> De changer de gouvernement. »

En fait, l'établissement de la forme républicaine n'a été pour les_ politiciens de tout rang — je ne parle pas seulement des membres du Parlement — que l'occasion ardemment désirée de lâcher la bride à tous leurs appétits. Avec la république s'est ouvert le règne incontesté des grandes affaires et de la spéculation. Les « grandes affaires », sentez-vous tout ce que ce mot devait développer de respectueuse admiration dans l'âme de M. Gogo ? Il faut le reconnaître toutefois, si la plupart de nos républicains en vedette sont de profondes canailles, ce sont aussi des observateurs émérites. Peut-être, d'ailleurs, n'ont-ils été dans ce vaste ensemble de pirateries financières qui ont marqué ces vingt dernières années, que les instruments plus ou moins concients de cette juiverie cosmopolite dont ils se sont faits les auxiliaires dégradés en tentant de lui asservir l'âme française. Dans tous les cas, et c'est ce qui leur importait, ils ont tiré de leur basse complaisance de très appréciables profits.

Il ne saurait me convenir de recommencer ici, même à larges traits, l'histoire de ce monde Juif que l'immortel auteur de la « *France juive* » a si puissamment buriné dans des livres impérissables. M. Drumont a rendu aux Français de notre temps

cct inoubliable service de les ramener au sentiment
de leur dignité perdue ; il a fait pénétrer dans leur
intelligence le rayon de lumière qui a subitement
éclairé pour eux les abîmes obscurs sur lesquels
la poussée cosmopolite s'efforce de faire rouler la société contemporaine ; il leur a fourni l'occasion inespérée de se ressaisir au milieu de leur chute verti-
gineuse et il a enfin eu l'honneur de trouver le cri
de ralliement qui s'impose de prime abord aux honnêtes gens de toute opinion : « la France aux Français ! » Qu'il me soit donc permis, en passant, de
saluer cette grande figure d'écrivain, de penseur et
de patriote et de bénir la Providence qui l'a suscité
à son heure pour créer un centre d'action, en quelque
sorte national, au-dessus et en dehors des partis.

Revenons à notre personnel politique. Rien ne peut
donner une idée de la voracité avec laquelle tous ces
faméliques se jetèrent sur les immenses ressources
que leur assurait désormais la possession du gouvernement. D'innombrables et scandaleuses fortunes se
sont élevées subitement dans ce monde de politiciens
débarqués un beau jour de province avec du linge
douteux et des dettes criardes. Un de mes amis qui
avait été l'élève d'un de ces bohèmes devenu plus tard
ministre, s'étonnait devant lui du luxe au milieu duquel il le retrouvait, lui qu'il avait connu naguère si
besogneux. Avec son cynisme ordinaire qui n'excluait
pas une certaine franchise bonne enfant, notre
homme lui répondit : « Est-ce donc pour des *brutes*
que l'on vote les fonds secrets ? Quant à moi

ils m'ont toujours servi, quand j'étais ministre, de couverture chez mon agent de change ».

Tous les moyens ont donc semblé bons aux politiciens véreux de notre époque pour donner satisfaction à leurs désirs immodérés d'argent. Nous les avons vus mettre, comme a dit M. Charles de Lesseps devant le tribunal correctionnel, le couteau sur la gorge des administrateurs du Panama ; on m'assure d'autre part que lorsqu'il fut question de porter à la tribune la proposition d'expulsion des princes, on ne trouva d'abord personne pour attacher le grelot. Un député cependant se dévoua ; ce fut, m'affirme-t-on, sur la remise de la forte somme. Pour tout, il en est ainsi, sous ce régime ; tous les services se monnoient. J'ai encore présent à la mémoire ce que me racontait naguère un des gros fonctionnaires du moment, sans qu'il parût du reste trouver très extraordinaire cette façon d'agir. Un ministre avait concerté avec un financier plusieurs fois millionnaire, une combinaison relative à l'un des monopoles de l'État. Le coup ayant réussi, ministre et financier se partagèrent fraternellement plusieurs millions et le financier, depuis ce jour, par reconnaissance sans doute, continue, dit-on, à servir de grasses mensualités à l'honnête homme qui lui a ainsi prêté la main pour écumer sans danger les ressources financières de la France.

Ce fait et la façon presque indifférente dont il m'était raconté par un homme pourtant d'une honorabilité certaine, me montre combien Drumont a vu juste encore sur ce point : « ... Le symptôme est grave, écrit-il dans l'introduction de la *France juive*, et l'on peut dire que ce qui fait l'immoralité des jours actuels, ce n'est pas tant le nombre de coquins qui volent que le nombre des honnêtes gens qui trouvent tout simple que l'on vole ». — Depuis bientôt un quart de siècle, la dépravation qui s'est opérée dans les âmes sous l'influence néfaste des exemples venus de haut est immense. On ne saurait nier, comme l'a écrit quelque part Émile Augier, que « la richesse, en France, est devenue le but de toutes les ambitions depuis qu'elle est devenue la seule inégalité possible ». Le mirage de l'or exerce sur les convoitises une attraction souveraine et irrésistible ; on ne toise plus les gens par leur mérite ou leur vertu ; la première question que l'on se pose à leur sujet est la suivante : « A-t-il de la fortune ? » Ce point d'interrogation revient à tout instant dans la conversation courante, et l'on ne peut imaginer la sotte admiration dont le vulgaire poursuit dans la rue un millionnaire qui passe. Personne ne songe à se demander d'ailleurs d'où lui vient sa richesse. Il est riche, cela suffit ; chacun l'admire et... l'envie. Le mal a rapidement gagné toutes les classes de la société. Ce n'est pas en vain en effet que l'on constate l'extraordinaire ascension de tel ou tel qu'on avait connu aussi pauvre que soi ; une émulation d'un genre particulier se met alors de la partie ; on médit bien de sa fortune, mais tout de même on est tenté de marcher sur ses traces.

Les Français d'aujourd'hui ont de la vie une conception qui ne ressemble en rien à celle des Français d'autrefois. Jadis, ils s'efforçaient, par des moyens honnêtes, par un travail suivi, sans ambition démesurée, d'augmenter petit à petit le patrimoine qui leur avait été légué par les ancêtres. On voyait ainsi s'élever, après plusieurs générations de travailleurs opiniâtres et modestes, des fortunes d'importance relative dont le possesseur définitif pouvait à juste titre se montrer fier. Elles étaient faites de tout un passé d'honneur, de probité et de labeur acharné. Aujourd'hui, par suite de l'influence dissolvante des mœurs et des habitudes nouvelles qui ont semé dans les esprits la confusion et le doute ; par suite surtout des doctrines philosophiques bornant à notre existence terrestre l'objet définitif du développement de notre être, toutes les saines croyances de l'honneur et de la vertu tendent à disparaître. Ce qui importe avant tout, c'est de jouir au plus tôt, puisque probablement il n'y a rien par delà. Et comment satisfaire, sans argent, tous ces appétits de luxe et de bien-être ? La conséquence fatale, on le voit, c'est un rut formidable vers les moyens rapides, sinon honnêtes de s'en procurer au plus vite, et le délaissement bientôt général des carrières fastidieuses au bout desquelles il y a, en somme, plus d'honneur que de profit. Ainsi s'explique l'abandon de plus en plus marqué des campagnes par les travailleurs des champs, l'accroissement véritablement menaçant pour la fortune publique du nombre

des fonctionnaires et employés de tout ordre et le
pullulement anormal sur le pavé des villes, des in-
termédiaires de toute catégorie qui viennent réclamer à un travail facile des ressources, qu'à bien
examiner les choses, ils prélèvent sur l'effort laborieux de la masse ; frelons qui se nourrissent du miel
élaboré par la ruche ! — A propos du dépeuplement
des campagnes, un document officiel, le rapport de
M. Bouge, député, sur le projet d'exposition universelle de 1900, signale le fait suivant, absolument
inouï : « Il y a quelques jours, les journaux annonçaient que deux villages du midi avaient été totalement abandonnés par leurs habitants. Leurs maisons désertées sont vouées désormais au silence et
à la solitude des ruines. Quelle leçon dans un fait-
divers ! »

Quelle leçon, aurait pu ajouter le rapporteur, si
ses opinions politiques lui eussent permis d'aller au
bout de sa pensée, quelle leçon pour un gouvernement dont les chefs, depuis vingt ans, n'ont eu
d'autre préoccupation que de s'enrichir au détriment
du peuple qu'ils avaient eu l'outrecuidante prétention de conduire par des allées sablées, à l'affran-
chissement moral et à la prospérité matérielle.
Quelle leçon pour ce peuple qui s'est si joliment
laissé piper ! Quelle leçon pour ces populations du
Midi qui réclament vainement de leurs élus, la possibilité de vendre leur vin et qui voient par la complicité des pouvoirs publics, des fraudeurs éhontés,
arrondir leur fortune et narguer du haut de leurs

sacs d'écus leurs efforts rendus impuissants par le triomphe de l'intrigue s'appuyant cyniquement d'arguments sonnants et trébuchants! Quelle leçon aussi pour le reste de la France rurale que les accapareurs de toutes les denrées agricoles menacent d'affamer et réduiront bientôt à la plus extrême misère sous l'œil complaisant de nos gouvernants abondamment repus!

Tout cela évidemment n'est pas arrivé sans un ensemble de causes profondes. Une société sans idéal, dénuée, ainsi que nous l'avons constaté, de tout principe de morale élevé et de sentiments religieux, n'ayant plus en vue que la satisfaction égoïste des penchants les plus grossiers de la nature humaine, court risque, dédaignant les conseils de l'élite, de s'égarer à la suite des moins recommandables parmi les membres qui la composent. C'est le lamentable spectacle qui tend de plus en plus à se développer sous nos yeux. Le mouvement contemporain, qu'on nous passe cette image vulgaire, semble s'opérer au rebours et nous marchons sur la tête et non sur les pieds. Le suffrage universel, dont je ne voudrais pas médire cependant, réfléchit les tendances égalitaires de la masse; seulement, il établit le niveau en bas au lieu de le placer en haut. Cela se conçoit d'ailleurs; il ne viendra jamais à l'idée des hommes de haute valeur intellectuelle et de probité indiscutée de se faire les flatteurs bassement serviles des passions et des appétits de la foule. Tel n'est pas le cas des médiocres; aussi se pressent-ils, à rangs serrés, dans toutes nos assemblées délibérantes depuis le Sénat jusqu'au plus humble de nos conseils municipaux de village. Naturellement, comme tous les gens à courte vue et à prétentions immenses, ils se croient aptes à tout. Aujourd'hui, il n'est si mince élève de l'école primaire qui ne rêve sur son banc des plus glorieuses destinées politiques. N'en a-t-il pas déjà tant vu qui lui ont tracé le chemin ? Est-ce donc métier si difficile que celui de député ou de ministre ? Ah ! il est bien inutile, je vous prie de le croire, de méditer désormais dans le silence des nuits, sur les lois éternelles qui semblent avoir présidé, depuis le commencement du monde, à la constitution politique et sociale des peuples. Le suffrage universel, par sa consécration populaire, suffit à lui seul à ouvrir toutes les portes de l'entendement. Ce ne sont donc pas ses élus qui, arrivés au Parlement, songent à se spécialiser, selon le sage conseil de Renan. Qu'on leur confie un ministère, n'importe lequel, au petit bonheur, et l'on verra ce dont est capable un homme investi de la confiance du peuple souverain. Aujourd'hui à l'intérieur, demain aux affaires étrangères ; ces Gusman d'un nouveau genre ne connaissent pas d'obstacles ! — Là-dessus rien ne marche, bien entendu. « Ah ! les maladroits, s'exclament aussitôt tous ceux — et ils sont nombreux — qui font les doux yeux au maroquin ministériel et surtout aux émoluments qui l'accompagnent ; ah ! les maladroits ; franchement a-t-on idée de sottise pareille. Otez-vous donc de là ! Vous allez voir comment on opère ! »

Et les ministères succèdent aux ministères dans de telles proportions qu'on en compte déjà 36 depuis 25 ans. A ce propos, un journaliste qui n'est pas suspect d'hostilité au régime républicain écrivait ces jours derniers : « Après la formation du ministère conservateur, que les électeurs anglais ont porté au pouvoir par une formidable majorité et dont l'activité impérieuse inquiète de plus en plus l'univers entier, un lecteur enorgueilli écrivait au *Times* :

« Vous mentionnez dans votre article de fond sur
« le nouveau ministère français que c'est le trente-
« troisième ou trente-quatrième depuis la procla-
« mation de la République, le 4 septembre 1870.

« Par une coïncidence curieuse, le ministère an-
« glais est le trente-troisième et, selon toute proba-
« bilité, le dernier du siècle présent.

« De plus, le ministère Pitt, au pouvoir à l'entrée
« du siècle, durait depuis 1783, de manière que l'on
« peut considérer les trente-trois administrations
« comme couvrant une période de 117 ans.

« La moyenne d'existence des ministères anglais
« est donc de trois ans et demi ; celle des minis-
« tères français de moins de dix mois. »

« La comparaison est cruelle pour notre amour-propre ; pourtant le correspondant du *Times* nous faisait encore la part trop belle ; en réalité, le ministère Méline est le *trente-sixième* en vingt-cinq ans, ce qui donne pour chacun une moyenne de durée modeste de *huit mois et dix-sept jours.*

« Ces perpétuelles secousses prêtent trop à la malveillance. Grâce aux antiques et solides ressorts qui soutiennent la machine administrative, le fléau des vicissitudes parlementaires a eu l'air longtemps tolérable ; mais les ressorts se détendent et la mobilité du monde politique, l'inconscience de ses fantaisies finissent par ruiner le personnel qui travaille pour réparer ou amender ses bévues.

« D'ailleurs, le bon sens répugne à cette contradiction : la coexistence rivale de deux équipes fonctionnant en sens inverse au lieu de s'entendre et de se fortifier mutuellement. C'est le spectacle que décrit avec ironie un journal étranger, presque aussi malveillant que le *Times* à notre égard :

« On finira par croire que les personnalités ministérielles ne sont rien, que tout le travail utile se fait dans les bureaux, et qu'il y a en fait deux ministères : l'un pensionné et inamovible qu'on ne voit pas et qui est chargé de continuer les saines traditions politiques, l'autre aussi éphémère que décoratif, qui gesticule sur le devant de la scène en répétant des gestes enseignés et des discours appris par cœur ; c'est lui qui, après avoir gagné quelques batailles, en perd une qui le fait disparaître et rentrer dans les coulisses, quitte à reprendre son rôle six mois après. »

Et voilà comment tout en gérant lamentablement nos affaires, le régime que subit en ce moment la

France trouve encore le moyen de nous discréditer aux yeux de l'étranger qui nous raille. De tous les ministères de ce dernier quart de siècle, un seul a duré deux ans et demi, et il opérait, il est juste de le rappeler, avec la collaboration de cette majorité monarchique de Versailles, dont nous avons eu l'occasion de constater le bon sens et la sagesse politiques.

Avec l'instabilité ministérielle qui a pour conséquence le défaut de suite dans les idées et l'impossibilité de voir jamais aboutir aucun projet véritablement sérieux et utile, pour conséquence plus grave encore le marasme et la stagnation dans les affaires, une des plaies vives du système, c'est le manque de responsabilité chez nos gouvernants. Les fautes ont beau se renouveler et se perpétuer, on ne trouve jamais personne pour les endosser. C'est ainsi que six mille hommes ont péri à Madagascar, faute des précautions les plus élémentaires ; qu'au départ, après avoir durant des années gaspillé des milliards en vue des constructions navales, on n'avait même pas de navires appropriés pour le transport des troupes expéditionnaires et du matériel de guerre et l'on a dû, pour cela, s'adresser à des compagnies anglaises. Qui punir d'une aussi criminelle incurie ? L'auteur des préparatifs de l'expédition ? le complaisant signataire du marché odieux et majoré avec ces compagnies de transport étrangères qui prenaient tout simplement six cent mille francs de plus que les entrepreneurs français offrant de se charger de l'opération, l'ancien ministre de la marine en un mot ? Ah ! bien oui ; dans l'intervalle, on en a fait le Président de la République.

Et puis qu'avait-on fait à Ferry pour avoir follement engagé l'expédition du Tonkin et déterminé la guerre avec la Chine, sans avoir même daigné, au préalable, consulter le Parlement ? Tout cela, vous le savez bien, se règle par une interpellation que suit un ordre de jour de confiance. Quelquefois les députés poussent la hardiesse jusqu'au blâme ; cela n'a pas d'importance, d'ailleurs ce n'est qu'une parade entre compères en train de donner le change à l'électeur. Le contribuable versera au Trésor quelques centaines de millions de plus, les os de ses enfants blanchiront sur un sol inhospitalier ! qu'est-ce que cela peut bien faire aux mandataires d'un peuple assez stupide pour se payer de mots. N'y a-t-il pas pour eux et leurs amis de riches concessions à espérer dans ces merveilleuses colonies dont leur génie politique enrichit, chaque année, le patrimoine national !

« La politique coloniale est pour la France moderne un legs du passé et une réserve pour l'avenir », s'écrie Jules Ferry pour justifier le coup de tête qui a entraîné la France au Tonkin.

« La politique coloniale est le droit des races supérieures vis-à-vis des races inférieures ; elle est l'exercice d'un devoir », prononce de son côté M. le Comte de Mun, visant un peu plus tard la première expédition de Madagascar.

Et l'on voit le promoteur de l'œuvre des cercles d'ouvriers catholiques préludant ainsi à son futur « ralliement » donner déjà, sur une question spéciale, la main à l'auteur de l'article 7.

Ecoutez maintenant un journaliste radical et voyez comment un gouvernement qui a si énergiquement poussé aux expéditions lointaines, entend la colonisation :

« Des journaux parisiens racontent l'aventure d'un brave homme de la Dordogne qui, à la suite de revers de fortune, vint ces jours-ci à Paris dans l'espoir d'obtenir une concession quelconque dans l'une quelconque de nos colonies. Il n'est pas le premier qui se soit fait ce raisonnement :

« — Je n'ai plus le sou. Mais on se plaint tous les jours que nos colonies manquent de colons. Si j'obtenais une petite concession, qui sait si je ne parviendrais pas à refaire ma situation ?

« Or, l'excellent citoyen de la Dordogne — après combien d'autres ! — est venu à Paris, s'est présenté au ministère des colonies où on l'a éconduit, puis ailleurs où on l'a mis à la porte. Tout ce qu'il a pu obtenir, c'est un prospectus et un renseignement. Le renseignement est le suivant : La Tunisie appartient à la France. Quant au prospectus, j'en ignore le contenu ; mais je ne serais pas autrement surpris s'il exaltait simplement la gloire des Folies-Bergères ou encore la solidité des chemises du fabricant Tartempion.

« Je plains le voyageur de la Dordogne ; mais je

ne puis m'empêcher de le trouver naïf. Comment n'a-t-il pas connu dans sa ville natale l'horreur qu'ont tous nos fonctionnaires pour la colonisation ? Comment ne sait-il pas que la plupart de ces graves personnages situent le Congo aux Batignolles et le Tonkin à Montrouge, et qu'ils ne peuvent pas admettre qu'un Français qui n'a tué ni son père, ni sa mère, qui n'a pas été condamné pour faux, qui n'a pas été ministre, un Français enfin comme vous et mo songe à aller planter sa tente en des pays, dont ils vantent chaque matin, la fécondité, et sous des cieux dont ils proclament chaque soir la clémence ? Comment ne savait-il pas cela l'aspirant colon ? S'il m'avait consulté, je l'aurais mis sur-le-champ en rapport avec un digne bureaucrate auquel il aurait exposé sa requête, et qui lui aurait répondu tout de suite :

« — Mon cher ami, vous allez faire une bêtise. Suivez mon conseil, il est d'un homme d'expérience. Ouvrez tout simplement un mastroquet à Montmartre, faites-vous nommer député ou bien chantez simplement dans les cours ! Mais n'allez pas aux colonies ! Vous y seriez trop malheureux.

« Et le lendemain, je lui aurais montré le même bureaucrate sous un autre angle. Il aurait suffi de lui dire :

« — La politique coloniale est la plus grande erreur de la République !

« Il aurait suffi de cela pour le déchaîner :

« — Monsieur, aurait-il riposté, nos colonies sont

admirables. Toutes seront riches et prospères dans quelques années. La métropole les considérera comme des filles richement dotées, recherchées pour leur situation de fortune, admirées pour leur beauté.

« ... Mais, que diable, Paris ne s'est pas bâti en un our. Il faut avoir de la patience. Laissez seulement aux colons le temps d'aller s'installer dans ces vastes domaines..... Et vous verrez ! vous verrez !

« Alors pourquoi cet aimable et enthousiaste fonctionnaire décourage-t-il les colons quand ils se présentent ? Pourquoi souffle-t-il ainsi le froid et le chaud ? C'est ce que je ne me charge pas d'expliquer au colon en expectative de la Dordogne. »

Et il en est ainsi de tout en France sous le régime actuel. Que voulez-vous d'ailleurs que fassent nos gourvernants, — fussent-ils doués de génie ? — Sortis de l'opposition hier, ils y rentreront demain. Dans ces conditions, quelle impulsion suivie pourraient-ils imprimer à leurs subordonnés ? Ceux-ci livrés sans instructions à leur propre initiative, ou plutôt tiraillés en sens contraires par des instructions le plus souvent opposées, craignant de ne satisfaire personne ou de mécontenter tout le monde, exposés à être désavoués s'ils agissaient, aiment mieux s'en remettre au hasard qui est le dieu des gens indifférents. Pendant qu'on prodigue les millions aux colonies, en pure perte, nombre de communes en France manquent encore de voies de communications et j'en sais qui sollicitent en vain depuis soixante ans la construction de ponts qui leur sont indispensables. On leur répond toujours, il n'y a pas de fonds disponibles au budget. N'empêche qu'il est assez gros le budget : *quatre milliards.*

Le gouvernement républicain qui, dans toutes les branches de l'administration générale du pays, a fait preuve d'une si lamentable incapacité et dont l'incohérence n'a eu d'égale en aucun temps, a montré cependant sur un point qu'il était capable de vues systématiques répondant à un plan bien arrêté. Avec une ténacité de sectaires, tous les politiciens de gauche, depuis vingt ans, se sont appliqués à persécuter sans relâche les croyances et la religion de la majorité des Français. Pas une année ne se passe sans qu'un nouveau retranchement ne soit opéré dans le budget des cultes. Après avoir suscité mille entraves à l'enseignement libre, ils ont expulsé Dieu de l'école ; ils avaient d'ailleurs, au préalable, expulsé les religieux de leurs couvents. Sous ce régime de liberté, le prêtre qui ne veut pas s'exposer à mourir de faim doit se garder soigneusement d'exprimer trop haut ses sentiments. Si les déshérités de ce monde avaient encore quelque illusion sur la façon dont on comprend et l'on interprète, sous la république, les lois de la fraternité sainte, ils n'ont qu'à interroger ces anges de la charité qui, à leur chevet, apportaient, avec les soins les plus attentifs et les plus délicats, des paroles de consolation et d'espérance et qu'un stupide fanatisme tend de plus en plus à jeter hors de tous les hôpitaux ; ils n'ont aussi, ces vieillards incurables, qu'à demander à ces admirables Petites Sœurs des pauvres, quelle est la part que l'odieuse avidité du fisc, vient leur disputer sur leur maigre budget qu'alimente le dévouement charitable des particuliers. Ils verront à quelles ignominies peut descendre l'intolérance fanatique de certains esprits anti-religieux, amenés par leur haine à donner, dans leurs actes, le plus éclatant démenti aux impudentes déclamations dont fourmillent leurs discours sur l'amour désintéressé des pauvres et des malheureux.

Dépouillant les misérables, pouvaient-ils hésiter à spolier les couvents ? La loi d'accroissement a été chargée de faire comprendre aux ordres religieux que la France républicaine n'était plus une terre hospitalière pour eux. Pour que, d'ailleurs, il n'y eût aucun doute dans l'esprit des catholiques sur les dispositions du régime à leur égard, préfectures et tribunaux ont été peuplés de protestants, de juifs et de francs-maçons. Les préfets sont là pour les tenir en laisse ; les magistrats pour les condamner s'ils bougent. Les processions sont à peu près partout interdites et il n'est pas d'imbécile petit tyranneau de village, sachant à peine apposer sa signature au bas d'une délibération, qui n'ait tenu à faire sa partie dans ce concert d'intolérance idiote. Ce qui déconcerte en tout cela, c'est la parfaite naïveté avec laquelle trente-cinq millions de catholiques s'inclinent devant les volontés d'une poignée de sectaires. Que, par indifférence ou septicisme, on ne pratique pas, je l'admets, mais dès le moment que l'on a été baptisé, on devrait au moins avoir la pudeur de ne pas accepter servilement les décisions dictées par les ennemis du culte dans lequel on est né. Demandez donc à un protestant ou à un juif, même indifférents, de s'unir aux catholiques pour écraser ses coreligionnaires ; il s'indignera à juste titre. Et franchement qui oserait lui donner tort ? Quel mépris doit lui inspirer, dans ces conditions, la bassesse d'âme de tous ces milliers de Français qui se laissent si stupidement fouler aux pieds !

Mais une chose est encore plus déconcertante, c'est de voir les catholiques pratiquants, non plus les indifférents, alors, — choisir précisément le moment où le gouvernement républicain, fouet en mains, leur notifiait le plus âprement sa volonté bien arrêtée de les traiter comme autrefois le planteur américain ses noirs, pour faire acte d'adhésion spontanée au régime. Cette stupéfiante évolution a eu beau se produire sous l'impulsion directe du Saint-Siège, on n'en reste pas moins confondu devant cet événement, comme on l'est devant l'un de ces actes d'aberration accompli subitement par une personne que l'on avait connue jusque-là en pleine possession de toutes ses facultés. Quelque respect que nous ayons pour les décisions du Souverain Pontife, il nous a été impossible, nous l'avouons, de découvrir, dans la direction inattendue donnée par lui au parti catholique, l'apparence même d'une bonne raison. Nous causions un jour avec un « rallié » très zélé pratiquant :

— Expliquez-nous les raisons acceptables, lui disions-nous, qui ont pu déterminer Léon XIII à jeter les catholiques dans le giron d'une république intolérante et sectaire ?

— J'avoue, nous répondit-il, que je ne les entrevois même pas et que j'aurais compris une attitude contraire. Mais, j'ai une telle confiance dans la profondeur de vues de Sa Sainteté que je m'incline sans comprendre.

— Le *Credo quia absurdum* alors, transporté du domaine de la foi dans celui de la politique. Tous mes compliments, mon cher !

Il nous fut impossible, bien que nous adressant à un homme intelligent, de le faire convenir qu'il y avait une distinction à établir entre les choses de la politique et celles de la religion, et qu'autant nous trouvions indispensable au point de vue du dogme de nous incliner devant les décisions du chef de l'Eglise, autant nous trouvions peu séant de sa part de prétendre nous imposer, à nous Français, ses doctrines en ce qui touche le gouvernement qui peut le mieux nous convenir. A ce jeu, s'il se trompe, il risque trop de compromettre le caractère d'infaillibilité que sur les questions de dogme, tout bon catholique est tenu de lui reconnaître.

Un directeur de communauté religieuse avec qui nous nous entretenions du même sujet et qui avait vainement tenté de nous amener à accepter l'idée du ralliement, ajoutait à bout d'arguments : « Vous comprenez bien que lorsque nous serons maîtres de la place nous la transformerons à notre gré; ce n'est, en somme, qu'un abandon momentané de vos préférences. — Monsieur, lui répondions-nous, de vrais royalistes obéissent à des sentiments plus chevaleresques. C'est à visage découvert et visière levée, dussent-ils succomber, qu'ils combattent leurs adversaires. Nous vous savons, d'ailleurs, trop loyal pour voir dans ce que vous venez de dire, autre chose que le moyen de vous abuser sur l'absurdité de la manœuvre que le Pape vous impose.

« — Vous avez raison, conclut-il, mais cela, mon habit me défend de le dire. »

Absurde ou non, le mouvement de « ralliement » imposé ou tout au moins conseillé aux catholiques et opéré par eux, n'en a pas moins jeté dans les esprits un cruel désarroi dont ont bénéficié — il serait ridicule de n'en pas convenir — les institutions républicaines. Attaquées par un moins grand nombre d'adversaires depuis lors, elles n'ont pas acquis pour cela plus de stabilité. La crise reste toujours à l'état aigu entre les diverses fractions du parti démocratique et nous venons récemment d'entrer dans une période révolutionnaire par le conflit survenu entre le Sénat et la Chambre des Députés. Là-dessus, grande émotion parmi les oies du Capitole : la République est en danger, publient les feuilles avancées, et le peuple souverain ne saurait supporter plus longtemps qu'on fasse un tel mépris des élus du suffrage universel. Traduisez simplement : nos amis étaient au pouvoir et nous en pos-

session des places et de faveurs — il est tout de
même ennuyeux de devoir renoncer à un aussi agréable état de choses. — On cherche donc à surexciter le
corps électoral; mais au fond l'électeur, pour l'immense majorité, est fort indifférent à toutes ces
combinaisons qui lui échappent et de l'utilité desquelles il lui serait difficile de se rendre compte.
Dans la proportion de quatre-vingts pour cent, il ne
souhaite que l'ordre et la tranquillité et il est tenté
de vouer à tous les diables, tous ces agités qui, par
le perpétuel conflit de leurs ambitions rivales,
l'énervent, le troublent et portent la plus cruelle
atteinte à ses plus légitimes intérêts. Qu'importe à
la France laborieuse que ce soit Bourgeois ou
Hanotaux qui dirige ses affaires extérieures,
quand l'un la mène à Kiel et que l'autre ne sait pas
défendre ses droits en Egypte. En réalité, et chacun
commence à le voir avec effroi, Chambre des Députés ou Sénat, radicaux ou opportunistes, ce sont
équipes différentes du même bateau qui, pendant
qu'elles se disputent le commandement, emporte,
toutes voiles dehors, le pays et sa fortune vers
l'écueil menaçant sur lequel ils ne peuvent manquer
de se briser. Un pilote à la barre! commencent à
clamer les passagers effrayés.

Comment expliquer la fortune rapide d'une forme
de Gouvernement qui, quarante-huit heures avant sa
proclamation, ne comptait pas cent mille partisans
sur dix millions d'électeurs? Un souvenir burlesque qui nous vient à la mémoire peut donner la clef

de ce que produit parfois l'entraînement irrefléchi.

Un Marseillais courait à toutes jambes sur la Cannebière. — Où vas-tu si pressé, lui crie un ami ? Une idée plaisante passe aussitôt dans l'esprit de notre provençal. — Je vais voir, répond-il tout en courant, une sardine énorme qui bouche l'entrée du port.

Hésitant d'abord, l'ami se met ensuite à ses trousses ; des passants recueillent la nouvelle à leur tour et emboîtent le pas. Bientôt la ville entière est en l'air.

Notre plaisant personnage, auteur de tout ce remue-ménage, s'est arrêté. Voyant passer cette cohue, il s'informe lui aussi.

— Une sardine énorme qui bouche le port, lui est-il répondu.

— Té, *bagasse !* si c'était vrai tout de même, se dit-il ébranlé, et plus pressé que les autres, il se précipite aussi pour voir.

Nombre de gens en France n'ont pas agi en ce qui touche la République autrement que les Marseillais de la légende. Entendant vanter les bienfaits d'un régime dont on leur disait merveille, ils ont aussi voulu le voir de près. Comme pour les Marseillais, la désillusion est au bout du chemin et beaucoup, il est à croire, ne pardonneront pas aux prôneurs de cet ordre de choses, la cruelle mystification dont ils auront été victimes.

Cependant pour si « moutons de Panurge » que soient les Français en général, il serait puéril d'établir la genèse du gouvernement républicain sur de simples considérations d'entraînement irréfléchi. Quelque défiance que la masse eût de ce régime — nous l'avons déjà établi — la sage administration de l'Assemblée nationale qui avait paré de couleurs si séduisantes l'aurore de la République, avait eu pour effet, en créant un malentendu exploité par les républicains de carrière, d'habituer peu à peu les esprits à son acceptation éventuelle. D'autre part, il est juste de reconnaître que, théoriquement, la forme républicaine ne manque pas d'attraits. Cette séduction devait être d'autant plus forte en 1876 que durant les cinq années précédentes les faits n'étaient pas venus donner un démenti trop éclatant à la théorie. A l'avant-garde du parti républicain marchaient en ce moment des hommes qui avaient conquis une popularité retentissante ; en certains d'entre eux le public se plaisait à reconnaître des facultés de premier ordre, et la probité de leur caractère semblait alors indiscutée. Une légende aussi habilement établie était difficile à détruire ; on ne lutte pas contre certains entraînements. On s'explique donc que des esprits désintéressés, que rien ne rattachait d'une façon expresse aux régimes disparus, aient fait, sous l'empire de ces circonstances, acte d'adhésion aux institutions nouvelles et se soient involontairement constitués les auxiliaires les plus utiles d'hommes politiques dont ils ne pouvaient pas suspecter les bonnes intentions. A ces adhérents poussés vers la République par des considérations aussi respectables, ne devaient pas tarder à s'en joindre d'autres bien plus nombreux qu'animaient des motifs infiniment moins nobles. Chaque parti traîne à sa suite tout un contingent d'hommes dont la fidélité ne tient pas longtemps devant la perspective d'un intérêt égoïste à satisfaire. Semblables aux condottieri passant toujours au service de qui les payait, ils ne résistent jamais à l'appât d'une fonction grassement rétribuée ; le pouvoir régnant, quel qu'il soit, est pour eux le miroir aux alouettes. Ajoutez à tout cela la tourbe des déclassés que devait fatalement attirer la morale facile ou plutôt l'absence de moralité du régime et il vous sera aisé de reconstituer l'ensemble des causes qui ont dirigé vers la République un concours suffisant de volonté pour qu'elle ait paru, depuis vingt-cinq ans, être la forme de gouvernement définitivement acceptée par le pays.

Il ne faudrait pas se méprendre cependant, et le soin que mettent les républicains, en s'abritant derrière les plus ingénieux sophismes, à ne pas soumettre leur forme de gouvernement à la ratification populaire, témoigne assez de la défiance qu'ils conservent au sujet des véritables sentiments de la majorité des Français à leur égard.

Qu'on ne soit pas tenté de voir dans tout ce qui précède un parti-pris de dénigrement contre les institutions républicaines. Pouvions-nous fermer les yeux sur les faits ? et y a-t-il de notre faute si tant de scandales, d'événements douloureux ou pénibles, si tant de méfaits et de crimes sont imputables à la République? Pour l'honneur de notre pays, faisant abstraction de nos préférences politiques, nous souhaiterions n'avoir qu'à chanter les louanges d'une forme de gouvernement qu'il n'a sans doute pas choisi volontairement, mais qui depuis un quart de siècle cependant n'en est pas moins le régime sous lequel s'est développée une période de son histoire. Mais on ne peut, comme l'on dit, juger de l'arbre que par ses fruits. Désorganisation, appauvrissement, corruption et immoralité, tels sont les résultats généraux de vingt années de pouvoir aux mains des républicains. Il serait injuste de prétendre que toutes les mesures prises ont été également funestes et qu'il n'en a pas été adopté deci, delà, quelques-unes d'acceptables et de bienfaisantes. Mais, elles sont impuissantes à faire oublier tous les maux causés à la patrie par un pouvoir aussi malhonnête et intolérant à l'intérieur que faible et méprisé à l'extérieur. Je ne pense pas que la République veuille revendiquer comme un honneur devant l'histoire le fait d'avoir livré la France à la juiverie cosmopolite et aux grands barons de la finance.

C'est cependant le résultat le moins contestable de vingt années d'administration républicaine.

Encore quelque temps de ce régime et, en présence de la ruine générale, il en sera des banquiers Juifs gorgés d'or comme des Dieux dont parle le poète dans la *Légende des Siècles* :

Les Dieux, ces parvenus, règnent et seuls debout
Composent leur grandeur de la chute de tout.

Heureusement, le bon sens public, qui commence à se ressaisir, y mettra bon ordre et l'heure n'est peut-être pas éloignée où la France, revenant à une plus saine appréciation de ses intérêts véritables, tournera les yeux vers un autre idéal politique, plus susceptible d'assurer, avec la tranquillité à laquelle elle aspire, le développement de sa fortune et le maintien de sa dignité.

Les événements, si douloureux pour le patriotisme et l'amour-propre des Français, qui ont sillonné l'existence toujours agitée du troisième essai du gouvernement républicain parmi nous, n'ont ni surpris, ni étonné les esprits réfléchis qui dès la première heure s'étaient rendu compte des inconvénients du système. Le défaut capital du régime démocratique s'incarnant dans la forme républicaine, c'est par définition et par principe d'abord, puis dans la réalité des faits, l'impossibilité de s'assigner d'avance les bornes dans lesquelles il sera tenu de se mouvoir. Chacun pouvant prétendre au pouvoir et rien ne limitant les moyens pour l'atteindre, la porte reste toujours ouverte aux ambitions les moins scrupuleuses, qui pour le saisir n'hésiteront pas, on le conçoit, à employer tour à tour et parfois simultanément la ruse et la violence. De là des troubles fréquents et une agitation continuelle, sinon dans la masse elle-même, du moins au sein des pouvoirs publics, qui dans ce conflit de rivalités toujours en éveil ne trouvent plus le temps de s'occuper utilement des véritables intérêts du pays. Si bien doué que soit l'homme que les circonstances ont poussé au gouvernement, la démocratie ombrageuse, comme on l'a dit, ne lui laissera jamais le temps de donner sa mesure. Si le peuple était tenté d'en avoir l'idée, ses rivaux politiques se chargeraient de lui tendre, sans retard, le piège dans lequel il viendrait trébucher. L'opinion républicaine, par la force des choses, est donc amenée à se fractionner en un nombre infini de partis. Dans chacun de ces partis, les hommes qui le composent se jalousent et se combattent ostensiblement ou en dessous ; quant aux partis, entre eux, ils apportent dans leurs luttent l'acharnement de frères ennemis. Comment pourrait-il sortir de là une direction utile et bienfaisante pour la France ?

Les programmes succèdent aux programmes et l'électeur ahuri qui, quatre-vingt-dix-neuf fois sur cent, serait dans l'impossibilité de distinguer une forme de gouvernement d'une autre, court d'instinct à celui qui lui promet la plus large part de progrès à réaliser et de bonheur à recueillir. A chaque rencontre électorale, le nombre aveugle constituant la raison et l'intelligence politique et distribuant, seul, le pouvoir par son suffrage, c'est à qui, parmi les candidats, clamera le plus haut les promesses les plus audacieuses, car s'il est aveugle, le nombre, il n'est pas sourd. Naturellement, il y a des chances, dans ces conditions, pour que celui qui crie le plus fort fixe plus particulièrement l'attention. Il répugne aux natures délicates de recourir au mensonge, même pour capter la confiance des gens auxquels elles s'intéressent le plus vivement et à qui elles voudraient rendre service ; dans cette lutte qui a pour objet la prise de possession du pouvoir, les honnêtes gens sont donc vaincus d'avance. Et c'est ainsi qu'après avoir épuisé toutes les notes de la gamme républicaine, après avoir modulé sur tous les tons les variations les plus diverses sur les bienfaits d'un régime qui devait amener avec lui l'harmonie et la prospérité et qui n'a produit que le désordre et la misère, les chefs de la démocratie abusant de nouveau odieusement de la crédulité publique, sont en train de faire subir à leurs doctrines un nouvel avatar. Le peuple, cet éternel enfant, après avoir poursuivi, sur leurs indications, l'irréalisable chimère de l'âge d'or rêvé, commence à se lasser des insuccès successifs de toutes les formes républicaines qui n'ont eu d'autre résultat jusqu'à présent que d'alourdir sa chaîne ; il s'agit donc de réveiller sa curiosité déçue. C'est au socialisme qu'est dévolue cette mission, et c'est le socialisme, affirment sans sourciller les apôtres des idées avancées, qui va devenir enfin l'évangile des temps nouveaux.

CHAPITRE IV

Il ne peut venir à l'idée d'un esprit sérieux de nier *la question sociale* et il a fallu toute la fatuité ignorante de Gambetta pour formuler cette retentissante négation. La question sociale ! mais elle est aussi vieille que le monde. Elle s'est posée, on peut le dire, dès que deux hommes se sont trouvés réunis à la surface du globe et elle est allée se compliquant sans cesse à mesure que s'augmentaient les agglomérations des humains. La « question sociale »

reste donc continuellement debout et perpétuellement insoluble, en ce sens, que lui donnerait-on une
solution prétendue définitive aujourd'hui, on s'aper-
cevrait demain que des aspects nouveaux d'une évolution imprévue de l'humanité sollicitent encore une
solution nouvelle.

Faire de l'absolu avec des éléments purement re-
latifs, telle a toujours été la prétention intolérable
des esprits de pure essence jacobine. Car, qu'on ne
s'y trompe pas, nos réformateurs d'extrême gauche
ne sont que les descendants des Jacobins de la
grande époque se dissimulant aujourd'hui dans les
plis du drapeau des revendications socialistes.

Et c'est en ceci qu'ils nous semblent absurdes.
Hommes politiques uniquement, désireux avant tout
de mettre la main sur le pouvoir pour s'en offrir les
satisfactions — s'ils sont de bonne foi — ils sont
impardonnables de confondre deux questions absolument indépendantes l'une de l'autre et de prétendre établir aux yeux de la masse que les réformes
sociales sont forcément le monopole du parti républicain et plus particulièrement encore du parti
républicain avancé. Les faits, même dans notre
siècle, donnent à cette impudente affirmation le
plus cruel démenti, et il n'est pas de jour qu'on ne
lise dans les feuilles, qui se qualifient de socialistes,
des réflexions dans le genre de celle-ci : « N'est-il
pas honteux pour la France, pourvue depuis vingt-
cinq ans d'institutions démocratiques, d'être, au
point de vue des réformes sociales les plus utiles

et dont l'expérience a démontré l'incontestable bienfaisance, infiniment moins avancée que ne sont plusieurs États européens vivant cependant sous un
gouvernement monarchique ? » N'est-ce pas reconnaître explicitement que la forme du régime politique d'un peuple n'influe et ne peut influer que d'une
façon bien indirecte sur la direction ou la transformation de ses idées au point de vue social? A côté
de nous, par delà notre frontière de l'Est, n'avons-
noùs pas vu le prince de Bismarck s'engager dans
la voie du socialisme d'État et proposer à la discussion du Reichstag tout un ensemble de projets de
lois destinées à donner satisfaction aux aspirations
de la classe ouvrière? Chaussant les bottes du
Chancelier de fer, quand il se fut décidé à se passer
de ses services, l'empereur Guillaume II n'a-t-il pas
à son tour étonné le monde par l'ardeur qu'il a mise
à poursuivre, dans son Empire, la réalisation de
mesures qui lui semblaient constituer une nécessité
pour les besoins sociaux du moment? Toutes les
questions d'une si haute importance pour l'ouvrier
— concernant la maladie, les accidents, la vieillesse,
le chômage, n'ont-elles pas été soulevées, discutées
et résolues en Angleterre, en Italie, en Belgique, en
Autriche même, pays monarchiques comme l'Allemagne? Quel esprit, ayant quelques données sur
ces matières, pourrait sérieusement croire qu'à la
forme républicaine, seule, est attachée la solution
des difficultés sociales ? Mais il faudrait n'avoir
jamais ouï parler des événements qui se sont dérou-

lés pendant quatorze cents ans de notre histoire nationale. S'imagine-t-on donc que les phénomènes sociaux sont une nouveauté de la dernière heure ? et pense-t-on que l'idée que les Gallo-Romains se faisaient de la propriété et des relations des hommes entre eux était identique à celle qu'en concevaient de leur côté les compagnons de Clovis ou de Childebert ? Et le régime féodal lui-même, dans son unité apparente, quelles transformations successives et multiples n'a-t-il pas subi dans son application pendant les quelques siècles qu'a duré son influence? Parallèlement à lui, ne s'est-il pas développé tout un ensemble d'institutions sociales distinctes, quand elles n'étaient pas opposées, dont les coutumes nous sont le clair et authentique témoignage ? Petit à petit, durant le cours des âges, en France, ne peut-on pas constater, l'histoire à la main, que l'appareil social est allé se modifiant sans cesse pour s'accommoder aux besoins nouveaux qui se manifestaient dans une société de plus en plus complexe? La forme du gouvernement n'a jamais été un obstacle ; et ceci dût-il sembler un paradoxe, nous osons soutenir qu'une évolution sociale, véritablement utile, a plus de chances d'aboutir, à l'abri et avec l'appui d'institutions politiques fermes et stables comme la monarchie, que sous l'égide du régime républicain perpétuellement ballotté entre des factions rivales et opposées. Sans trop chercher, il serait, croyons-nous, facile d'établir le bien fondé de cette opinion (1).

(1). Nous trouvons précisément la confirmation de cette

Dans tous les cas, vouloir faire sérieusement du socialisme scientifique — si toutefois il est permis dans l'état actuel de la doctrine de lui accoler cette épithète — un parti politique, s'abritant exclusivement sous le drapeau républicain, dénoterait chez ceux qui ont conçu cette idée, une singulière ignorance de la science sociale si complètement distincte des choses de la politique, s'il n'était de toute évidence que pour les meneurs les plus éclairés de ce parti, cette confusion est volontaire.

Comme nous l'avons déjà dit, le propre de l'idée républicaine, par son vague même, est de donner ouverture aux interprétations les plus diverses. Autour de chacune de ces gloses se groupe un noyau de fidèles ; cela constitue un parti. Chacun de ces partis naturellement se prétend en possession de la vérité politique et son ambition est de grossir au point de devenir prépondérant. Dans chaque groupement se trouvent assurément des gens sincères ; ce sont les naïfs. A côté sont les habiles. Tous les profits sont nécessairement pour ces derniers ; les

manière de voir que les réformes sont indépendantes de la forme des institutions politiques dans ce passage d'un discours de M. Jules Guesde, l'un des apôtres du socialisme contemporain, à la séance de la Chambre des députés du 15 juin 1896. Il s'agissait d'une proposition de loi portant des modifications à la loi de 1892 sur le travail des enfants et des femmes dans les établissements industriels :

« ..... Je demanderai, dit M. Guesde, un repos obligatoire et ininterrompu de trente-six heures par semaine pour les ouvrières et pour les enfants. *Nous ne ferons ainsi que suivre l'exemple que nous donne l'Angleterre.....* »

autres forment seulement les effectifs destinés à les porter au pouvoir. Nous avons vu, depuis vingt ans, des hommes appartenant à toutes les nuances de l'opinion républicaine, l'occuper tour à tour, chacun renchérissant dans son programme sur la somme de bonheur qu'il devait procurer à la masse. Les résultats n'ont pas complètement répondu aux espérances de la multitude toujours crédule.

Elle commence à se défier. Il s'agit donc pour nos politiciens de faire peau neuve, d'abuser encore une fois de la crédulité publique, en se transformant sous les yeux même du peuple dans le fracas prémédité de polémiques retentissantes, sans qu'il soit porté une atteinte essentielle à la forme des institutions et à la composition du personnel gouvernemental. Ce qu'ils poursuivent sous le couvert du socialisme, ce n'est pas le bonheur du peuple — ceci est l'accessoire, bien que dans les programmes électoraux cela semble le principal — ce qu'ils cherchent en réalité, c'est atteindre et décrocher la timbale du pouvoir ou tout au moins conquérir une tapageuse renommée.

Pour s'en convaincre, il suffit de suivre l'évolution de certains de nos hommes politiques partis des confins du centre gauche le plus pâle et que l'on retrouve, non sans quelque étonnement, après les avoir vus franchir toutes les étapes de l'opinion républicaine, menant la campagne à la tête du socialisme le plus avancé. Tel M. Jaurès ; tel encore M. Goblet. Entre eux, il existe évidemment des nuances très accusées, et si M. Goblet n'en est encore qu'à faire risette aux idées socialistes, c'est sans doute qu'à plusieurs reprises, il a tâté du pouvoir avec les radicaux et qu'il ne désespère probablement pas d'y revenir avec eux. Le socialisme est donc pour lui une sorte de poire pour la soif.

Quant à M. Jaurès dont les aptitudes oratoires sont, affirme-t-on, très remarquables, et qui, incontestablement, possède un savoir et des facultés très au-dessus de la moyenne des membres actuels de la Chambre, il nous paraît, pour son ambition, être arrivé trop tôt ou trop tard au Parlement. Ce fait peut expliquer sa foudroyante évolution vers les idées avancées. Dans les vieux partis déjà depuis si longtemps en lutte, tous les postes en vedette étaient occupés quand, en pleine possession de ses moyens, M. Jaurès eut enfin conscience du rôle qu'il se croyait appelé à jouer. Très jeune il avait une première fois paru à la Chambre. Avec l'ingénuité de son âge, et encore sous l'impression de ses souvenirs classiques, il avait crû alors que l'avenir des institutions républicaines dépendait des modérés — *stat in medio virtus.* — Il était donc allé s'asseoir au centre gauche où l'appelaient son penchant du moment et ses relations personnelles. A peine avait-il eu le temps de se retourner sur son siège que ses électeurs le rendaient aux douceurs de la vie privée et le renvoyaient à ses études — supposons qu'elles lui étaient chères aussi ! — Cette première et courte expérience de la vie publique avait cependant porté ses fruits. De son passage à la Chambre, M. Jaurès emportait un double enseignement : d'abord que de longtemps, en République, les idées modérées n'étaient pas destinées à nourrir leur homme ; ensuite que dans tous les partis en ce moment aux prises pour la conquête et la direction du gouvernement, toutes les places étaient occupées et jalousement gardées. Or, comme le député du Tarn paraît avoir un tempérament à ne pas se contenter aisément d'une situation subordonnée, la tentation devait être grande pour lui, durant sa retraite forcée, de réunir dans sa main les éléments épars d'une faction nouvelle qu'il pourrait, en qualité de chef, conduire à son tour à l'assaut du pouvoir.

La sourde agitation, qui depuis quinze ans surtout travaille de plus en plus la masse ouvrière et qui a sa cause dans les mécomptes trop réels de théories économiques tant vantées et si ardemment accueillies autrefois, devait lui être une occasion, en donnant un corps à des aspirations encore mal définies, de se constituer une clientèle politique destinée à appuyer ses visés ambitieuses.

M. le comte d'Haussonville, recherchant les causes diverses qui, d'après lui, ont donné naissance au socialisme français, dit très justement dans la *Revue des Deux-Mondes* du 15 juin 1890 :

..... « Le socialisme contemporain a enfin une origine moins noble, mais encore légitime ; c'est la préoccupation politique. Dans cette féerie philosophique qui s'appelle la *Tempête*, le duc de Milan, Prospèro, après avoir quelque peu médit du rude et sauvage Caliban, finit cependant par ajouter : « Tel « qu'il est, nous ne pouvons pas nous passer de lui. Il « fait notre feu, il apporte notre bois, et nous rend « bien des services. » Caliban est aujourd'hui le suffrage universel. Il apporte le bois ou plutôt il extrait le charbon ; il allume le feu ou plutôt il conduit la vapeur ; en tout cas on ne saurait se passer de lui, et la question est de savoir à quel prix il mettra désormais ses services. Cette question est soulevée partout, dans les États à tradition héréditaire aussi bien que dans les pays à constitution démocratique. Il est naturel, cependant, que dans ces derniers pays elle se pose avec plus d'acuité encore. Lorsque le nombre est l'origine de tous les pouvoirs et que le nombre devient mécontent de son sort, tout est à prévoir et à craindre pour la minorité privilégiée. Aussi ne saurait-on s'étonner que cette minorité prête aux réclamations qui frappent son oreille une attention proportionnée à son intérêt personnel. Pourquoi la condition des ouvriers mineurs préoccupe-t-elle davantage que celle des ouvriers cotonniers ou des pêcheurs de nos côtes ? C'est qu'un pays peut pendant un assez long temps se passer de cotonnades et de poisson et qu'il ne peut, même pendant un temps très court, se passer de charbon. C'est aussi parce que les mineurs parlent et réclament plus haut que les autres. Et cependant il serait facile de démontrer que leur condition n'est pas plus dure que celle des pêcheurs d'Islande, dont une œuvre exquise a rendu le nom célèbre, silencieuses victimes du travail sur la tombe desquelles on pourrait inscrire, lorsque la mer ne les a pas englouties : « Ici est le tombeau du pêcheur Pelagon. « On y a gravé une nasse et un filet, monuments « d'une dure vie. » Mais les pêcheurs d'Islande, pour lesquels il n'existe cependant ni caisse de secours, ni caisse de retraite, ne sont point constitués en syndicat ; il n'y a point de circonscription où ils forment la majorité et partant ils n'ont point de représentant à la Chambre. Aussi se préoccupe-t-on beaucoup moins de leur sort, ce qui ne veut pas dire qu'on ait tort de se préoccuper du sort des ouvriers mineurs. »

La grande habileté de M. Jaurès et de ses amis a été précisément, tout en sachant très bien que la solution des problèmes sociaux est indépendante des formes politiques, de persuader à la masse ouvrière, qui est le nombre, et qu'un certain désenchantement à l'égard du régime républicain commençait à gagner, que la satisfaction de ses désirs est au prix d'une transformation nouvelle de ce régime.

Le phare qui luit à l'horizon et vers lequel cingle la nef républicaine, c'est donc désormais la *république socialiste*.

Est-il besoin de dire que l'avortement est au bout de cette tentative et que ce qui en résultera de plus clair, c'est, avec une désorganisation complète de la vie sociale, un ébranlement redoutable dans la fortune économique du pays ? Le socialisme par lui-même, nous l'avons constaté, n'est pas une forme de gouvernement. Tous les gouvernements, quelle que soit leur essence, sont amenés à faire plus ou moins du socialisme, ou, pour parler en termes plus scientifiques, à s'occuper des modifications que comportent les combinaisons imprévues et multiples des rouages sociaux. Dire, dans ces conditions, que la république sera socialiste, c'est lui attribuer un qualificatif que toutes les formes de gouvernement méritent à titre égal et qui, partant, ne signifie rien si l'on veut exprimer uniquement par là que le gouvernement a le désir et l'intention de faire aboutir les réformes que comporte le développement actuel de l'état social. Si l'on entend, au contraire, par cette juxtaposition de mots que le parti qui se range sous cette bannière rêve la refonte absolue de la société de telle sorte que rien de ce qui est aujourd'hui ne serait plus demain, nous ne voyons pas pour lui la nécessité de prendre couleur politique et de se dire républicain ou monarchiste, cela tout au moins dans l'acception où ces deux termes ont été généralement compris jusqu'à présent. Il devrait suffire à nos politiciens d'extrême-gauche, s'ils étaient conséquents avec leurs doctrines, de se dire socialistes tout court et de réserver tout ce qui touche à la forme politique au cas où, dans son application pratique, leur système nécessiterait une forme spéciale de gouvernement, forme probablement non classée jusqu'à nous.

Mais, on le conçoit, tout cela importe médiocrement à M. Jaurès. Son rêve était de devenir le chef d'un parti ; il en a trouvé un dont les tronçons étaient dispersés. Il l'a pris dans sa forte main et après en avoir rassemblé et ressoudé les morceaux, l'avoir unifié, il s'en sert comme d'un bélier pour enfoncer les portes du ministère où il désire pénétrer. Grâce à un programme vague de revendications sociales, dans lequel socialistes sans épithètes, radicaux, radicaux-socialistes, collectivistes, guesdistes, marxistes, allemanistes, broussistes et j'allais être tenté d'ajouter... *fumistes* de toute sorte peuvent trouver à satisfaire quelques-unes au moins de leurs aspirations prétendues humanitaires, il lui a été possible de grouper autour de lui dans la Chambre, un nombre assez important de députés qui marchent sous ses ordres et obéissent à son commandement. Chaque jour le rapproche du but poursuivi. Pourquoi nous le dissimuler ? Nous courons évidemment à un ministère socialiste et ce ne sont certes pas des combinaisons bâtardes, genre Méline, qui pourront lui barrer la route.

On aurait tort cependant de s'épouvanter à l'avance. Les hommes de l'extrême gauche n'en feront ni plus ni moins que leurs collègues d'apparence plus modérée que nous avons eu l'occasion de voir successivement à l'œuvre. Ce sera, simplement, une nouvelle déception pour tous ceux qui ont eu la naïveté d'attacher quelque importance à leurs promesses.

Il saute aux yeux de tout observateur de bonne foi que, par suite de causes diverses qu'il serait trop long d'énumérer ici, la croyance autrefois générale dans les résultats féconds de la liberté politique subit aujourd'hui, en France, une atteinte profonde. Ce désenchantement s'étend, d'autre part, à la liberté économique qui a trompé tant d'espérances.

« Pas plus que la liberté politique », dit M. d'Haussonville dans l'article déjà cité plus haut, « la liberté économique n'a tenu toutes les promesses qui avaient été faites en son nom. Elle devait résoudre tous les problèmes ; c'étaient les économistes qui avaient dit cela ; elle avait en elle une vertu curative qui pansait toutes les plaies, qui guérissait toutes les souffrances ; il n'y avait qu'à la laisser agir et à attendre. L'attente a duré un siècle, mais voici que les plaies sont encore saignantes et qu'à entendre les plaintes de ceux qui souffrent, leurs souffrances n'auraient jamais été plus cruelles. En tout cas, jamais ces souffrances n'ont été supportées avec moins de résignation. La liberté économique n'a fait, dit-on, que développer l'antagonisme entre les différentes classes de la société. Si l'on peut contester que le monde du travail soit moins heureux qu'il ne l'était autrefois, il est certain, en tout cas, qu'il n'a jamais été plus agité. La liberté économique n'aurait donc pas été moins menteuse que la liberté politique. Aussi, comme la liberté politique, ne jouit-elle plus aujourd'hui que d'une domination précaire. Si elle tient encore debout, c'est par habitude, comme ces vieilles maisons que les architectes s'étonnent chaque matin de ne pas voir s'écrouler. Mais les fondements sont ruinés, car la liberté ne va pas sans la confiance et ceux qui tiennent encore pour la liberté économique sont traités d'utopistes et d'arriérés. »

A ce découragement de la liberté sous toutes ses formes, ajoutez « avec le souci croissant de la condition des classes populaires » le besoin naturel aux esprits désorientés et jetés depuis longtemps hors des traditions séculaires, de se raccrocher à toute solution qui leur fait espérer la fin de tous les maux qui assaillent le corps social, et vous aurez l'explication des progrès croissants réalisés depuis quelques années par les doctrines socialistes. Nous disons les doctrines socialistes, car s'il y a, semble-t-il, un parti socialiste en voie de formation, il existe, en réalité, une infinité d'écoles, de programmes, qui se réclament du même titre. Comme le parti républicain jadis, si les socialistes nous semblent assez disposés à se montrer unis pour l'assaut, ils ne manqueront pas de se diviser, inévitablement, après la victoire.

Quel est le système qui l'emportera dans l'application ? Probablement aucun ; car, ne l'oublions pas, pour les hommes politiques qui ont pris la direction du mouvement, le but visé n'est pas celui-là. Posséder le pouvoir, c'est d'abord ce qu'ils souhaitent. Il leur sera ensuite aisé, grâce à une large distribution de places et de faveurs, de faire comprendre aux plus férus d'idées socialistes que le socialisme *intégral*, pour nous servir de l'expression consacrée, n'est pas encore arrivé à un degré de maturité suffisant pour qu'il soit possible de procéder à sa réalisation en présence des résistances nombreuses qui ne manqueraient pas de se produire. Le socialisme aura donc uniquement servi de passeport à des républicains déguisés, désireux d'aborder à leur tour les régions gouvernementales qu'ils voient avec envie occupées par d'autres aujourd'hui. Plus encore que leurs prédécesseurs, ils apporteront, sans doute, de la confusion dans les pouvoirs publics et il est à redouter qu'une application, même partielle des idées qu'ils prétendent représenter, n'entraîne la France en d'irréparables catastrophes. Mais il est à supposer aussi que leur intervention néfaste aura pour effet de mener à terme la série des expériences funestes dont les diverses formules de gouvernement républicain ont été l'occasion.

Quant au socialisme, s'il parvient jamais à se constituer à l'état de doctrine fixe, ce ne sont certainement pas les politiciens qui s'en disent aujourd'hui les représentants à la Chambre qui songeraient à l'appliquer ; ils savent trop ce qu'ils y perdraient d'agréables privilèges. On les embarrasserait sans doute beaucoup, si, en dehors des formules vagues dont ils ont coutume de se servir, on réclamait d'eux une définition précise du socialisme.

Le *Figaro* tenta cette expérience vers 1892. S'adressant au public, il mit au concours la question suivante :

Qu'est-ce que le socialisme ?

Six cents réponses environ lui parvinrent et M. Edmond Demolins, directeur de la *Science Sociale*, disciple de Le Play et l'un de nos plus remarquables sociologues, fut chargé par le *Figaro* d'apprécier leur mérite respectif et d'attribuer un prix à celle qui lui paraîtrait la meilleure. Rendant compte du concours, M. E. Demolins déclare que sur ce nombre si considérable de définitions, aucune n'a pu le satisfaire complètement, pas plus d'ailleurs que les quatre arbitres qu'il avait cru devoir s'adjoindre afin de prononcer en toute impartialité et qui, choisis, comme il dit, « aux quatre coins de l'opinion politique et sociale », étaient MM. Jules Simon, Paul Leroy-Beaulieu, Paul Lafargue et l'abbé Garnier.

N'est-ce pas un fait curieux que cette difficulté à préciser une chose dont tout le monde parle, que chacun qualifie du même mot et que chacun aussi comprend et définit à sa manière ? N'en faut-il pas conclure, avec M. E. Demolins, que « le socialisme est moins une doctrine fixe qu'une tendance ; ce n'est pas un point, mais une ligne, le long de laquelle on s'échelonne et dont les socialistes révolutionnaires forment seulement le point terminus ? »

Dans le concours du *Figaro*, après un triage préa-

lable, deux définitions restèrent seules en présence.
Deux des arbitres, MM. Paul Leroy-Beaulieu e
Jules Simon se prononcèrent pour l'une ; M. Paul
Lafargue, quoiqu'il ne la trouvât pas tout à fait
exacte, se déclara pour l'autre. Quant à l'abbé Gar-
nier, il n'en trouva aucune à son goût.

« Deux définitions, écrivait M. E. Demolins à
cette occasion, ont été désignées par les arbitres :
l'une a obtenu un seul suffrage ; l'autre en a rallié
deux. Dans ces conditions, mon rôle se borne à
déclarer que celle-ci a obtenu le prix.

« Voici cette définition :

« Le socialisme est un ensemble d'aspirations et
de théories qui tendent à établir entre tous les
hommes par divers moyens de contrainte légale, la
plus grande égalité possible de richesse ou de misère. »

La définition préférée par M. Paul Lafargue,
gendre de Karl Marx, comme l'on sait et continuateur de son école, était la suivante :

« Le socialisme n'est pas le système d'un réformateur quelconque ; c'est la doctrine de ceux qui
croient que les sociétés actuelles sont à la veille
d'une évolution économique fatale, qui substituera
à la propriété individuelle des capitaux, la propriété collective aux mains des associations ouvrières. Le socialisme présente donc le caractère
d'une découverte historique. »

La conclusion de M. E. Demolins est à citer tout
entière : « Une conclusion très nette, écrit-il, se

dégage de ce concours ; elle ressort d'ailleurs de la simple comparaison des deux définitions qui ont été distinguées par les arbitres ; *c'est qu'on ne s'entend même pas sur ce que le socialisme prétend être.*

« La définition qui a obtenu le prix traduit bien l'idée que se font du socialisme ses adversaires ; ils le considèrent comme « un ensemble d'aspirations et de théories », conçues en dehors de toute observation, et ils sont, dès lors, portés à l'écarter par une raillerie dédaigneuse : « Egalité de richesse..... ou de misère ». Au fond, ils donnent à entendre que tout est pour le mieux dans le meilleur des mondes — ce qui laisse beau jeu aux socialistes.

« Tout autre est l'idée que se font les socialistes eux-mêmes, ainsi que l'indique la seconde définition.

« Pour les partisans du socialisme intégral, il ne s'agit point « d'aspirations ou de théories », mais d'une évolution fatale qui est même déjà commencée et qui entraîne les sociétés dans la voie de la propriété collective. Selon eux, le socialisme est l'aboutissement naturel de l'état de choses actuel. Pour eux, la mise en commun des instruments de travail n'est que la généralisation et l'accentuation du mouvement qui, déjà, a créé spontanément les grandes entreprises collectives, comme les compagnies de chemins de fer, ou comme les grandes sociétés industrielles. Ils disent : la même force évolutionniste qui a fait passer du petit atelier au grand atelier pousse actuellement la société à l'atelier universel, englobant tous les ouvriers d'un même pays. Suivant eux, le socialisme ne se dresserait donc pas, dans notre siècle, comme l'expression d'une théorie, d'un système, éclos dans le cerveau d'un homme, mais comme l'expression d'une loi sociale, déjà à moitié réalisée dans les faits et par la seule action de la force des choses.

« C'est bien là ce qu'entend exprimer la définition qui a été distinguée par M. Lafargue : « Le socialisme, dit-elle, *n'est pas le système d'un réformateur quelconque ;* c'est la doctrine de ceux qui croient que les sociétés actuelles sont à la veille d'une évolution économique *fatale.* » — Evolution fatale, vous entendez bien.

« Si cette définition n'a pas été complètement acceptée par M. Lafargue, c'est précisément parce qu'elle n'est pas encore assez nette sur ce point. Sa définition à lui, telle qu'elle résulte de notre conversation serait celle-ci : « Le socialisme a pour but de mettre la forme sociale *en harmonie avec les nouveaux phénomènes économiques,* par la mise en commun des divers moyens de production et des divers moyens de jouissance ».

« Ainsi « les nouveaux phénomènes économiques » c'est-à-dire l'état nouveau de la société appellerait le socialisme, comme la cause appelle l'effet, — fatalement.

« Du moment que le socialisme ne se présente plus comme un système idéal enfanté par l'imagina-

tion d'un rêveur, mais comme une étape fatale de
l'évolution des sociétés humaines, la question se
trouve très simplifiée.

« Elle se réduit à savoir s'il est vrai que l'évolution sociale actuelle conduise au socialisme ; ce
n'est plus qu'une question de faits, dont il est possible de se rendre compte par l'analyse et l'observation sociales. Si ce genre d'investigation est en
dehors du cadre de l'économie politique, qui se
borne à l'étude de la richesse, il est essentiellement l'objet de la science sociale qui a pour but l'é-
tude méthodique et comparée des sociétés humaines
et de leur évolution, dans le passé et dans le présent.

« Or l'observation méthodique et comparée des
faits ne conduit pas à la conclusion que préconi-
sent les socialistes. Ceux-ci sont le jouet de simples
apparences ; leur conclusion repose sur des faits
insuffisamment analysés. L'évolution sociale actuelle ne se fait pas dans le sens qu'ils croient. »

Si nous avons tenu à citer ce long extrait de l'article de M. Demolins, c'est qu'il établit péremp-
toirement que les Français, en immense majorité, ne
se rendent aucun compte de ce qu'est le socialisme.
Une des définitions envoyées au *Figaro*, dans ce
concours dit en effet : « Le socialisme est au dix-
neuvième siècle ce que *la nature* fut au dix-huitième : le mot que tout le monde a dans la bouche
et que personne ne comprend. » Cela n'est peut-
être pas tout à fait exact, mais il est à remarquer
que même pour les esprits très éclairés qui ont fait

de l'étude des questions sociales, leur préoccupation constante, l'évolution socialiste ne se caractérise pas de la même façon et n'a pas le même point d'aboutissement. Pour les uns le socialisme mène fatalement au collectivisme ; pour les autres le mouvement social se fait dans le sens du particularisme. Et remarquez bien que nous ne prenons que les seules doctrines qui ont la prétention de se résumer en forme de conclusions scientifiques. Il est donc à présumer, en présence d'une divergence d'idées aussi flagrante que le socialisme « intégral » n'est pas encore près d'aboutir à une application pratique et générale, si radicalement contraire à tant d'intérêts particuliers.

Pour le moment, et nous croyons devoir y insister, le socialisme constitue entre les mains des meneurs politiques un précieux instrument d'agitation. L'influence de ses théories sur les esprits ignorants et grossiers, de nos jours comme de tout temps, est d'autant moins discutable que l'étiage de la moralité générale a fortement baissé. Les gens du peuple s'inquiètent peu de l'appareil savant par lequel les théoriciens du système ont la prétention de sauvegarder les droits de l'individu et de la propriété. Ce qu'ils comprennent seulement et ce qui leur sourit — dans leur ignorance — c'est que s'ils possèdent déjà ils verront avec plaisir s'ajouter à leur lot celui du voisin plus riche qu'ils convoitent, et, s'ils ne possèdent rien encore, qu'il leur sera bientôt donné de posséder, eux aussi.

Cette façon de concevoir le socialisme n'a jamais varié pour les natures inférieures. A ce propos un souvenir.

En 1848 les espérances socialistes croyaient toucher à leur réalisation. Mon père m'a souvent raconté que parcourant un jour ses terres, quelque temps après la proclamation de la République, il trouva dans un champ lui appartenant et pas des moindres ni des plus mauvais, un petit propriétaire de la localité très lancé d'ailleurs dans le mouvement républicain. Notre homme qui ne l'avait pas vu venir était très occupé à relever des mesures dans tous les sens.

— Tiens, lui dit mon père, est-ce que tu prends déjà possession ?

Très troublé d'être surpris dans cette besogne, mais se remettant peu à peu sous l'interrogation narquoise de mon père dont il connaissait du reste l'extrême bonté :

— Ma foi, Monsieur, pourquoi ne vous l'avouerais-je pas ? Il paraît qu'on va procéder à un partage des terres et, je n'en disconviens, ces quelques hectares ne sont pas pour me déplaire.

— Je n'y vois pas d'inconvénients non plus, quand le moment sera venu. Mais à propos, tu as aussi quelque bien ? et j'ai entendu dire qu'il pourrait bien se trouver sérieusement écorné et diminué par le partage dont tu parles.

— Oh ! ça, Monsieur, ce n'est pas de jeu ! Ce que j'ai, je prétends le garder.

— Alors, tu veux bien t'enrichir, mais non pas partager ?

— Dame ! Monsieur.

Mon père en riait encore bien longtemps après, quand il avait l'occasion de rappeler cette conversation à son singulier *partageux* qui est mort, il y a quelques mois à peine, après avoir vainement attendu l'avènement des temps nouveaux Ils sont presque tous ainsi dans les classes populaires, ils veulent bien s'enrichir, mais non partager, selon le mot de notre homme de 48, et nous ne jurerions point que, parmi les théoriciens du mouvement socialiste, il n'y en a pas qui ont la même pensée, bien qu'ils la voilent soigneusement sous un pompeux étalage de déclamations hypocritement humanitaires. Mais seraient-ils sincères, ils n'en sont pas moins coupables de vouloir faire descendre prématurément, des hautes régions de l'abstraction pure dans le domaine de l'application pratique, une doctrine qu'ils savent irréalisable en fait, ou, à tout le moins, incomplètement vérifiée pour le moment dans ses assertions principales. Plus coupables encore ceux qui, n'ayant sur toutes ces questions que les données les plus vagues, s'en font néanmoins les répondants devant la multitude !

Au moment où j'écris ces lignes, passe sous mes fenêtres un important propriétaire des environs qui, au trot d'un beau cheval coquettement attelé, va visiter ses vignes. Il s'est fait élire, il y a huit jours, maire de son village, en tête de la liste

socialiste. Qu'on lui propose donc, à ce farceur mal-
faisant, de verser sa fortune dans le collectivisme ?
On sera probablement bien accueilli ! N'est-il pas
odieux, pourtant, de pervertir et d'abuser ainsi l'esprit du peuple, dans l'unique but de satisfaire une
ambition à laquelle des situations honorablement et
depuis longtemps acquises, barrent le chemin ?
Notez-le, les mesquines rivalités de clocher sont
une des causes déterminantes de la confusion politique dans laquelle la France et sa fortune menacent
de sombrer.

Seul, un cœur sec et étranger à tout sentiment de
pitié pour les infortunes humaines, peut être tenté
de se désintéresser du sort que les complications de
plus en plus grandes de la situation économique
réservent aux classes ouvrières. Il est donc juste, il
est sensé et prudent aussi de rechercher, de bonne
foi, les solutions, appropriées au moment, que comporte la redoutable question sociale, sans cesse re-
naissante — ainsi que nous l'avons montré — dans
le développement progressif et inarrêté des peuples,
vers un idéal jamais atteint. Mais il est absurde de
vouloir réaliser cet idéal d'un coup, et par la mise
en action d'une doctrine conçue *a priori*.

Cette préoccupation d'ailleurs, comme nous l'a-
vons déjà dit, est tout à fait secondaire chez les hommes politiques devenus, pour la satisfaction de leurs
intérêts ou de leur ambition, les chefs de file du
mouvement socialiste.

Le fait suivant en est une preuve. Commentant

les incidents du banquet de Saint-Mandé, avec cette netteté de vues et ce brio qui ont fait de lui le champion vaillant et aimé des honnêtes causes, M. Paul de Cassagnac, dans *l'Autorité* du 27 février 1896, s'exprime ainsi :

« Les Souvenirs du 24 février, évoqués par Arago, au banquet de Saint-Mandé, ont, paraît-il, amené à plusieurs reprises, le cri enthousiaste de « Vive Lamartine ! »

« Cet incident me fait sourire.

« Il y avait là, en effet, autour des tables du banquet, la fine fleur des radicaux et des socialistes. On y voyait même une tricoteuse connue dans les réunions publiques. Eh bien ! ces gens-là ont prouvé qu'ils étaient ignorants comme des poissons rouges, en tolérant cette apothéose de Lamartine qui fut le plus éloquent et le plus cruel parmi les adversaires du socialisme. Personne n'a traité le socialisme avec autant de mépris que Lamartine. Parlant des socialistes, des communistes, des rénovateurs radicaux de la société, Lamartine dit qu'ils *font peine*, qu'ils font pitié. Il ne croyait pas au danger immédiat et même prochain du socialisme.

« Il faudrait pour cela, dit-il, que la loi nous donnât la hache de 1793 et, pour que la loi nous donne et nous aiguise de nouveau la hache de 1793, il faut que l'élection nous envoie les représentants les plus ineptes et les plus acerbes qu'elle pourra déterrer dans les ignorances et les perversités des clubs.

« Mon Dieu ! continue Lamartine, je comprends

le terrorisme ; c'est tout bonnement la logique du crime : « Tu ne veux pas que je te dépouille ? je te tue ! » Cela est clair et sinistre comme une goutte de sang, cela brille d'évidence et de férocité comme un poignard, cela est scélérat, mais cela n'est pas absurde.

« Mais le socialisme ?... Ah ! laissez-moi vous ouvrir enfin une fois mon cœur. Il y a vingt ans que j'étudie le socialisme, je m'y connais. Eh bien ! je rougis pour mon siècle et pour mon pays, que dans une nation qui passait pour spirituelle autrefois, comme la France, des jeunes gens sortis des écoles de l'Etat et chargés de recueillir et de disséminer dans le fond du pays, le bon sens public et l'intelligence officielle de la nation, aient pu descendre à ce degré de sottise et d'hébètement d'esprit. Est-il donc vrai qu'il y a des moments de décadence et d'idiotisme dans le génie éclipsé d'un peuple ? Est-il donc vrai que nous sommes prêts de tomber, nous, Français, dans une de ces nuits de l'esprit où l'on perd la mémoire même du sens commun ? Est-il donc vrai qu'il en soit des nations comme des rois et que Dieu, quand il veut les humilier ou les perdre, commence par les frapper de cécité morale ? *Quos vult perdere Deus dementat !*

« Oui, ce qui me confond, ce qui m'humilie, ce qui me désespère pour vous dans une doctrine fausse, ce n'est pas tant le crime. Le crime ? on le déteste, on le combat, mais on le comprend ; mais c'est la bêtise qu'on ne comprend pas. » — Et Lamartine, s'adressant aux chefs du socialisme, aux Jaurès de ce temps-là, s'écrie : « Regardez-les, lisez-les, écoutez-les ! Dieu, comme pour les punir de leur abject et ignoble matérialisme, a frappé de stupidité ces hommes de talent et les a humiliés de la plus plate crédulité qui ait jamais déshonoré le sens commun d'une nation ! On rougit de dire, quand on sort de France, qu'on est le compatriote de pareils somnambules ! »

« Lamartine, continue M. de Cassagnac, passe en revue toutes les billevesées socialistes : l'égalité des fortunes, des conditions, des professions, la suppression du capital, la suppression des industries privées, *de l'exploitation de l'homme par la femme*, la mise en commun de tous les sujets humains, la possession de la terre par ceux qui la cultivent et non par ceux à qui elle appartient. Car rien de tout cela n'est bien nouveau : c'était déjà vieux du temps de Lamartine et les mêmes stupidités avaient déjà indigné nos pères. »

Et il dit :

« Et ce sont de pareilles inepties qui vous ont séduits et dont vous prétendez séduire, à votre tour, le peuple du bon sens ? Et vous croyez être l'intelligence enseignante d'une nation comme la France ? Mais si vous entriez à Canton, dans une de ces tabagies prohibées où les thériakis hébétés fument l'opium qui leur épaissit l'intelligence et où ils balbutient tout haut les délires et les vertiges que la fumée du poison fait monter à leur cerveau, vous n'entendriez pas de pareils idiotismes !... Mais si vous réunissiez, sur la place du Marché, toutes les vieilles femmes de votre village et que vous les écoutassiez se raconter les rêves de leurs plus mauvaises nuits, après une soirée d'ivresse, vous n'entendriez pas de plus absurdes cauchemars !

« Ma foi ! Si la démocratie devait dégrader si bas l'intelligence de mon pays, je dirais plutôt : « Périsse la démocratie ! Car, à tout prendre, la grandeur des peuples se mesure à l'échelle de leur intelligence et quelques têtes supérieures, dans l'histoire, valent mieux qu'une nation d'idiots. »

« Comme tout cela est vrai ! conclut le directeur de *l'Autorité*. Comme tout cela est juste ! Et que d'actualités saisissantes dans ces appréciations vengeresses ! On n'a jamais mieux parlé du Socialisme en termes plus sanglants. Aussi, je le répète, j'ai été surpris d'apprendre que les socialistes du banquet de Saint-Mandé n'ont pas protesté, n'ont pas hurlé contre ce cri auquel, en la circonstance, je suis heureux de m'associer : « Vive Lamartine ! », car ce cri est l'équivalent de cet autre : « A bas le Socialisme ! »

Mais ils n'ont ni protesté, ni hurlé, tous ces manifestants de Saint-Mandé (même s'ils n'ignoraient pas le mépris de Lamartine pour les doctrines socialistes), parce que, au fond, de toutes ces doctrines ils s'en moquent. Elles leur sont un moyen commode de se faire bien venir du suffrage universel qu'ils bercent de toutes ces inepties. Quant à conspuer

Lamartine, entre la poire et le fromage, parce qu'il les a désignés d'avance au mépris des gens sensés et honnêtes, oh! soyez sans inquiétude, ils n'y manqueront pas, à l'occasion, s'ils y voient leur intérêt, quoiqu'ils soient tout aussi bien disposés à acclamer son nom, si cela leur semble utile.

M. Jaurès et ses amis prendront donc le pouvoir, n'en doutons pas. Ce sera le cinquième acte d'une longue comédie et le rideau, au milieu des sifflets et des cris de réprobation de tout un peuple si indignement mystifié, tombera sur un dénouement que l'on commence à entrevoir prochain, la chute définitive des instit utions républicaines.

Aux yeux des esprits clairvoyants, les politiciens socialistes apparaissent déjà comme les fossoyeurs du régime.

DEUXIÈME PARTIE

MONARCHIE

CHAPITRE V

chie traditionnelle, tout n'est qu'expédient. — *Le grand problème du* XIXᵉ *siècle*. — Une antinomie sociale d'après *M. Emile Faguet*. Moyen d'y remédier. — La loi de continuité et la loi du progrès. — Nous errons à l'aventure. — Un pilote à l'horizon !

Bien des personnes, en constatant l'amoncellement de ruines matérielles et morales qu'ont accumulées sur le sol de la patrie vingt années de pratique du gouvernement républicain, lèvent les bras au ciel et déplorent l'aveuglement de la masse qui a soutenu de ses suffrages les hommes néfastes qui l'ont dirigée dans cette voie. Nous ne partageons aucunement cette manière de voir. Quelque douloureux retentissement qu'ait dans un cœur animé de sentiments patriotiques, la déplorable direction donnée aux affaires publiques par les politiciens ambitieux et sans scrupules qui en ont assumé la responsabilité, quelque tristesse que l'on éprouve de la tournure prise par les événements, quelque honte que l'on ressente pour son pays des scandales dont il a été le théâtre et des abaissements auxquels il a été exposé, nous n'en sommes pas moins disposé à penser que cette expérience des institutions républicaines, poussée jusque dans ses extrêmes développements, était inévitable. Nous osons même prétendre qu'elle était indispensable — quelque pénible qu'elle ait été et qu'elle doive être encore — pour guérir les Français de ce besoin de curiosité malsaine qui les aurait immanquablement poussés, un jour ou l'autre, à vérifier, *de visu*, ce qu'il pouvait y avoir de réel dans les merveilleuses promesses d'un idéal politique tant prôné. C'est une des contradictions les plus ordinaires du cœur humain de toujours désirer ce qu'il n'a pas, et de le désirer avec d'autant plus d'ardeur qu'on semble le lui refuser. Si les circonstances avaient donc arrêté le gouvernement républicain avant qu'il eût pu atteindre le point extrême — auquel nous touchons aujourd'hui — de son développement normal, ç'eût été pour la France, nous ne craignons pas de l'affirmer, un malheur encore plus grand que la série de douloureuses expériences auxquelles elle a été soumise pendant près d'un quart de siècle. N'ayant pas épuisé jusqu'à la dernière goutte la coupe du désenchantement à laquelle elle est en train de boire à pleines lèvres, il lui serait resté le regret de n'avoir pas poursuivi l'épreuve jusqu'au bout et l'illusion, habituelle à l'humanité, qu'un dernier effort l'eût enfin menée à la réalisation de son rêve.

Naturellement, tous ceux qui auraient eu intérêt à l'entretenir dans cet état d'esprit ne s'en seraient pas fait faute. La presse de gauche n'a-t-elle pas toujours crié: Haro! contre ce pelé, ce galeux, de qui vient, à l'en croire, tout le mal, ce parti conservateur qui, par son incessante opposition, a toujours empêché le régime républicain d'aboutir à la pleine exécution de son programme? Que n'eût-elle pas dit si le régime eût été étranglé dès ses débuts! Pourtant, si gouvernement a jamais eu en face de lui opposition accommodante, c'est assurément celui qui préside à nos destinées politiques. Il fut surtout un moment où les idées anti-républicaines paraissaient avoir complètement disparu de l'horizon, et jamais gouvernement n'a pu, avec plus de calme, travailler à la réalisation de ses vues, que le gouvernement républicain, dans la période qui s'étend de 1878 à 1884. C'est à peine si, à cette époque-là, on voyait percer un léger sentiment d'hostilité même dans les esprits les moins portés vers les idées républicaines, et l'occasion fut unique pour les chefs de la démocratie de rallier autour des institutions de leur choix, sinon l'unanimité, du moins l'immense majorité des Français. Nous savons comment ils ont usé du pouvoir en ces circonstances, et ils seraient mal venus à soutenir que, s'ils n'ont pas mieux fait, c'est que les perpétuelles difficultés soulevées sans relâche par des adversaires acharnés les en ont empêchés. On peut donc affirmer hardiment — et tous les esprits sensés concluront dans le même sens avant peu — que l'expérience est démonstrative et que le gouvernement républicain n'a jamais eu ni le sentiment des nécessités du pays, ni celui de ses devoirs ; qu'il a amené le trouble et la confusion ; déchaîné les appétits malsains et dilapidé la fortune publique ; qu'il n'a même pas su maintenir l'union dans son sein, qu'il a porté la division dans les esprits, combattu les croyances du plus grand nombre, et qu'après avoir humilié notre drapeau devant l'étranger, il nous a, depuis longtemps déjà, livrés à l'intérieur à une poignée de juifs et de francs-maçons, qui eux-mêmes, pour leur profit mais pour le malheur de la France, nous livreront demain aux combinaisons séduisantes d'un socialisme plus ou moins « intégral ».

Tout cela les Français ne l'auraient pas vu ou ne le verraient pas si les événements étaient venus, d'une façon prématurée, trancher le fil des destinées républicaines. Nous ne pourrions pas davantage, de notre côté, constater et proclamer la souveraine et définitive impuissance d'un régime dont les théoriciens auraient la possibilité, avec quelque apparence de vérité, de continuer à vanter l'utilité et les bienfaits, puisqu'il n'aurait pas eu, comme l'on dit, l'occasion de battre son plein. La France, sans doute, aurait évité bien des malheurs, bien des tristesses lui seraient aussi, peut-être, épargnées dans un avenir prochain, mais elle eût gardé de fâcheuses illusions et elle se fût encore laissé prendre aux décevantes perspectives d'un gouvernement idéal, dont la pratique est en train de lui révéler toutes les amertumes.

Une des conséquences curieuses de l'avortement des institutions républicaines aura été de faire connaître aux Français leurs véritables penchants politiques. On a souvent répété qu'ils étaient — même sous la République — le peuple le plus monarchiste du monde. Cela ne peut faire aucun doute pour un observateur quelque peu clairvoyant. Nous n'avons pas à rechercher ici les raisons de cet état d'esprit — il nous suffit de le constater — mais il est certain que les Français éprouvent toujours comme un besoin de se jeter dans les bras d'un sauveur. Et cette tendance, on la retrouve dans toutes les nuances de l'opinion politique. Elle n'aurait évidemment rien de surprenant chez ceux que l'on est convenu d'appeler conservateurs, mais elle se révèle tout aussi accentuée chez les républicains, ou du moins parmi les Français de notre génération qui ont la plaisante prétention de se croire tels. Suivez-les dans leurs manifestations, et vous verrez que, même lorsqu'ils se figurent saluer un principe, c'est toujours un homme qu'ils acclament. Vous les avez vus exalter tour à tour Gambetta, Boulanger, Carnot lui-même, à tel point qu'on a pu dire justement, qu'après le Boulangisme, nous avions eu pour lui faire suite et contre-poids le Carnotisme. Ce sentiment est tellement fort et général chez les Français que les socialistes eux-mêmes n'y échappent, et que, par une pente logique, ils en viennent, à défaut d'un homme, à *monarchiser* — qu'on nous passe le mot — un être abstrait, l'État, auquel ils sont amenés à décerner la souveraine puissance sur les personnes et sur les biens. Ceci pourra sembler un paradoxe de belle taille, il n'en est pas moins vrai que si on pousse à fond l'analyse de cet état d'âme — pour parler le langage des psychologues — on est obligé de reconnaître que la dernière évolution qui se prépare dans la forme républicaine, doit fatalement nous ramener au principe monarchique. A y regarder de près, le collectivisme, avec les attri-

butions souveraines et despotiques de l'État, n'est,
au demeurant, que la forme abstraite de la monarchie absolue ; un despotisme dont le despote en
chair et en os serait absent, mais qui n'en consti-
tuerait pas moins, pour tous, la plus complète et la
plus déprimante des tyrannies.

« Triste contradiction des choses humaines ! écrivait, dès 1885, M. Anatole Leroy-Beaulieu. A quoi
menace d'aboutir la démocratie une fois parvenue à
l'extrémité de son développement logique ? A la tyrannie, au nom des droits de l'État et des intérêts
généraux ; à l'anarchie, au nom des droits de 'la
Commune, au nom des intérêts locaux ou des intérêts de classe. »

« Heureusement, ajoutait-il, l'humanité a toujours la ressource de l'inconséquence. »

Nous ne voyons pas bien ce que l'inconséquence
peut bien faire en ceci. M. Leroy-Beaulieu nous paraît se tromper, en effet, sur la véritable cause du
phénomène politique dont il décrit la marche avec
tant de précision, et dont avec non moins de netteté, il prévoit aussi l'inévitable issue. On tombe
toujours, dit un proverbe populaire, du côté où l'on
penche. L'évolution finale du régime républicain, à
laquelle nous touchons aujourd'hui, était, n'en dé-
plaise à l'éminent publiciste, dans l'absolue logique
sinon du développement de nos institutions politiques, du moins du tempérament et du caractère des
Français, tels qu'ils ont été pétris et façonnés par
près de trois siècles de centralisation excessive.

L'erreur de nos révolutionnaires, à toutes les époques, a été de croire qu'il suffit d'un simple décret pour faire passer un peuple d'une forme de gouvernement dans une autre. Ces conceptions purement spéculatives peuvent se donner carrière dans le domaine de la philosophie, et elles n'offrent pas grand inconvénient tant qu'elles n'en sortent pas. Mais, dès qu'on les transporte sur le terrain des faits, elles risquent d'autant plus de se heurter à des obstacles insurmontables que la prétention ordinaire des réformateurs est de substituer, de toutes pièces, à un système déjà existant, un système nouveau non encore éprouvé, mais qui naturellement leur semble meilleur. Ils ne s'inquiètent pas de savoir si, inconsciemment, le peuple qui les suit et qu'ont séduit les perspectives alléchantes de leurs doctrines théoriques, ne les ramènera pas malgré eux, sous la pression de coutumes séculaires et par une sorte d'instinct irraisonné, vers leur point de départ, et ne les contraindra point de la sorte à se donner dans les faits le plus cruel des démentis. C'est ainsi qu'en 1792, la République fut proclamée au nom de la liberté et qu'elle aboutit au plus effroyable despotisme avec le Comité de Salut public et le Comité de Sûreté générale. Avec le Directoire, c'est la licence et non la liberté qui se fait jour, et c'est dans les mains des Directeurs que se concentrent les droits souverains de l'État, dont ils usent et mésusent. Le Consulat, on en conviendra aisément, ne fut pas davantage une ère pendant laquelle

la liberté politique eut l'occasion de s'épanouir.
Sous tous ces régimes, républicains de nom tout au
moins, et se prétendant tels, la conception que gouvernants et gouvernés se faisaient des droits et devoirs de l'État n'est pas sensiblement différente dans
ses lignes générales, de celle qu'en avaient les
Français d'avant 89. Depuis plus de cent ans, nous
avons pu changer vingt fois nos institutions politiques, passer de la royauté à la république, de la
république à l'empire, pour revenir encore à la
royauté, en repassant ensuite par la république qui
nous a ramenés à l'empire, qui, en définitive, a vu la
république actuelle lui succéder, nous n'en sommes
pas moins restés, à notre insu, pénétrés du plus pur
esprit monarchique qui, par la force des choses, doit
nécessairement nous reporter un jour vers la seule
forme de gouvernement cadrant avec lui. Le régime républicain a eu, depuis vingt ans, pour la
France, tous les inconvénients que l'on peut être
en droit de reprocher à la monarchie sans avoir aucun des avantages que l'on est unanime à reconnaître à celle-ci : l'esprit de suite dans la direction
des affaires, la stabilité, la sécurité.

Un écrivain de mérite, très au courant des questions de politique générale, disait naguère :

« ...Bien que la monarchie soit tombée, le régime
de la monarchie absolue, après s'être incarné dans
Napoléon Ier, persiste avec la république.

« En effet, il n'y a qu'une différence d'étiquette
entre les institutions qui régissent actuellement les

Français et la monarchie de Louis XIV ou de
Philippe II. Le pouvoir central actuel, tout comme
celui de Louis XIV ou de Philippe II, exerce souve-
rainement toutes les fonctions, qui devraient être
dévolues à l'initiative privée et locale. Non seulement il gouverne les départements par ses préfets
et son armée de fonctionnaires, les communes, par
la tutelle administrative, mais il fait l'esprit public,
il répand sa doctrine, car il y a une doctrine d'État,
de vrais dogmes, au moyen d'une autre armée, celle
des institeurs, des professeurs de l'Université, qu'il
nomme et révoque arbitrairement. Par là, il se
substitue aux pères de famille dans l'éducation des
enfants, comme il se substitue à eux, en leur impo-
sant un mode particulier de succession. C'est l'État
qui déclare, car il sait tout, car il peut tout, si vous
êtes capables d'être avocat, médecin, pharmacien,
ingénieur, etc. C'est lui qui récompense l'agriculture, encourage le commerce, l'industrie, etc., ou
plutôt c'est lui qui les entrave par son intervention
incessante, abusive, ridicule ; c'est lui qui nomme
les évêques et les curés, et par là il est pontife, il a
une doctrine religieuse qu'il s'efforce d'imposer,
comme il s'efforce d'imposer une doctrine scientifique, et, dans ce nouveau rôle, il est aussi incapable, aussi ridicule que dans le premier. — L'État
pénètre, réglemente, annihile non seulement la vie
publique, mais la vie privée ; quelle différence
essentielle y a-t-il, je vous prie, entre ce régime et
celui de Louis XIV ? En réalité, c'est le régime de

Louis XIV, aggravé par la puissance des moyens d'action que donne aujourd'hui au pouvoir central, d'une part, le développement considérable des voies de transport, et par la désorganisation plus avancée de la famille, qui ne met plus en face du pouvoir central que des individus isolés, sans défense et sans appui.

« Les exemples abondent, ajoute le même auteur ; pour trouver des preuves de cet envahissement de l'État, il suffit d'ouvrir au hasard un journal français. Je lis, par exemple, dans *le Temps* du 18 juillet dernier (ceci était écrit en 1887), un discours de M. Spuller, ministre de l'instruction publique et des cultes, où je relève cette définition du pouvoir central : « La république, *c'est la lutte incessante*, non pas contre les personnes, mais contre les choses qui ont fait leur temps et qui, dans leur vétusté, embarrassent et paralysent la marche en avant de la société. » *(C'est cela ! Vive adhésion. Bravos et applaudissements.)* — N'est-ce pas là la pure doctrine du despotisme, la doctrine de Louis XIV ? Le pouvoir central n'a plus pour simple mission de maintenir l'ordre et la paix, il doit « lutter constamment contre les choses qui ont fait leur temps ». Mais qui sera juge des choses qui ont fait leur temps ? Évidemment le pouvoir lui-même. Dès lors, c'est le plus pur arbitraire. L'État se substitue à moi, à vous, à nous tous, dans les affaires qui sont les miennes, les vôtres, les nôtres et non les siennes (1).

(1) J. Moustier, *Science sociale*, tome VI, p. 126 et 127.

L'esprit de centralisation qui n'est, en somme, qu'un des aspects, une déviation, si l'on aime mieux, de l'esprit monarchique, a tellement pénétré les Français, que ceux même qui se réclament le plus haut des principes républicains en font inconsciemment le naïf étalage. N'est ce pas chose significative, ce ministre républicain proclamant la souveraineté intangible du pouvoir central et encouragé dans cette voie par les applaudissements et les bravos de son auditoire républicain comme lui? Aussi les tendances envahissantes de l'État, déjà si marquées, n'ont-elles fait que s'accroître et s'accentuer. Nous l'avons vu successivement mettre la main sur les deniers des fabriques, tenter d'imposer ses choix dans la nomination des évêques, attenter d'une façon odieuse, par les lois de juillet 1894, aux privilèges intimes de la conscience et de la liberté de penser et d'écrire, et dernièrement, tout en proposant une loi juste en elle-même, essayer d'établir, par des moyens détestables, une manière de coupe-gorge financier dans lequel, sous prétexte de jauger les revenus de chacun, seraient venus tomber tous les contribuables, livrés ainsi aux pratiques inquisitoriales les plus iniques et aux pires exactions des représentants de l'État.

Quand un peuple a été si longtemps pétri dans le levain monarchique, on s'efforcerait vainement de faire sortir de ses ferments de véritables institutions républicaines ; la matière s'y refuse obstinément. Ce n'est que par une formidable erreur, grosse

de toutes les catastrophes déjà subies et des périls
sociaux si grands encore à redouter, que des utopistes, mal renseignés sur leurs propres tendances
intimes et sur les sentiments naturels de la masse,
ont pu se laisser entraîner à l'arracher violemment
du cadre politique dans lequel elle se mouvait
selon le jeu régulier de ses organes et de ses aspirations. A agir de la sorte, à contrarier des instincts
séculaires ; à la jeter brusquement dans une organisation nouvelle convenant si peu à son tempérament, on risquait — ce qui est arrivé — de déterminer ces perpétuelles oscillations qui agitent une
onde tranquille quand on y projette avec violence
un corps étranger. Des éléments de trouble remon-
tent alors à la surface, un remous se produit, et la
limpidité et le calme ne reparaissent que lorsque la
masse entière s'est remise au repos dans son courant naturel. Ainsi des institutions !

En présence des événements contemporains, on
ne peut se défendre d'évoquer ce passage de Mon-
tesquieu où, parlant du mouvement républicain de
l'Angleterre au xviie siècle, il dit :

« Ce fut un assez beau spectacle, dans le siècle
passé, de voir les efforts impuissants des Anglais
pour établir parmi eux la démocratie. Comme ceux
qui avaient part aux affaires n'avaient point de
vertu, que leur ambition était irritée par le succès
de celui qui avait le plus osé, que l'esprit d'une faction n'était réprimé que par l'esprit d'une autre, le
gouvernement changeait sans cesse : le peuple

étonné cherchait la démocratie, et ne la trouvait nulle part. Enfin, après bien des mouvements, des chocs et des secousses, il fallut se reposer dans le gouvernement même qu'on avait proscrit. »

Ne dirait-on pas le tableau fidèle de nos agitations politiques ; et après la constatation que nous venons de faire de l'esprit monarchique latent qui domine les Français, même à leur insu, ne sommes-nous pas autorisés à conclure que la France d'aujourd'hui, de même que l'Angleterre du xviiᵉ siècle, sera amenée bientôt « après bien des mouvements, des chocs et des secousses, à se reposer à son tour dans le gouvernement même qu'elle a proscrit », c'est-à-dire dans le gouvernement monarchique ?

Aussi, ne comprenons-nous pas cette réflexion attristée de M. Leroy-Beaulieu, dans l'article déjà cité : « De tous les côtés, les penseurs se demandent, avec inquiétude, sous quel refuge abriter les destinées de la société nouvelle, sur quel plan rebâtir pour elle une demeure qui dure. On a conscience d'être dans une période de transition, de transformation dont on n'ose prévoir le terme. On sent vaguement que les peuples contemporains n'ont pas encore trouvé leur assiette, ni l'État moderne sa forme définitive, et les hommes qui ont voué leur foi à la liberté se demandent avec anxiété ce que deviendront, dans la refonte des institutions au creuset démocratique, l'État, la nation, la religion, la société ; car tout cela est en cause à la fois. »

Mais le refuge est tout trouvé, et il se présente à

nous sous l'aspect de cette monarchie « à la fois traditionnelle et moderne », selon la très heureuse définition de M. le comte de Paris. Il ne nous paraît donc pas juste de dire que « les peuples contemporains n'ont pas encore trouvé leur assiette ». Il nous semblerait plus rationnel, au contraire, de constater que depuis trop longtemps la France, tout au moins, est sortie « de son assiette », et qu'elle n'a de chance de voir assurer ses destinées qu'en y rentrant au plus tôt.

Jamais, peut-être, occasion ne fut plus propice pour la ramener, sans trop de secousses, où son instinct la rappelle.

Pendant près d'un siècle, la solution monarchique s'est heurtée à des complications dynastiques qui, par le désarroi qu'elles jetaient dans les esprits, lui ont nui, même auprès des gens sensés et pacifiques, et ont surtout servi et servent encore — quoique plus faiblement, ainsi que nous le démontrerons — à faire le jeu de ses adversaires.

Nous avons vu, qu'après les heurts sanglants déterminés par la tourmente révolutionnaire, la France, entraînée par ses instincts monarchiques, avait acclamé le sauveur glorieux qui s'offrait à elle, et en avait fait un empereur. S'ils avaient été laissés à eux-mêmes, nul doute que les Français qui, en très grande majorité, n'avaient pas trempé dans les excès de la Révolution, ne fussent revenus tout uniment à la vieille dynastie de leurs anciens rois. Mais on s'explique pourtant très bien qu'il en ait été autrement.

D'abord, il était difficile que Bonaparte, parvenu à l'apogée de sa gloire militaire, investi des plus hautes fonctions politiques et administratives, presque roi dans son pays, sinon plus que roi, n'entrevît pas, de ces hauteurs, des horizons illimités et ne conçût pas, pour sa grandeur et son avenir, des espérances infinies. En constatant les sourdes impatiences monarchiques de ses concitoyens, et en présence de sa popularité croissante, il devait être fatalement amené à en tirer profit pour son compte personnel. D'autre part, les meneurs du mouvement révolutionnaire, trop compromis pour pouvoir escompter le pardon des Bourbons restaurés, mais incapables aussi de résister à la poussée de l'instinct populaire, ne devaient être que trop disposés à le faire dévier dans le sens de leurs intérêts et à appuyer les secrets désirs du Premier Consul, dont, au lieu d'avoir à redouter le ressentiment, ils seraient au contraire en droit d'attendre quelque reconnaissance.

C'est ainsi qu'à la suite d'un concours de circonstances auxquelles la masse du peuple n'était mêlée que par la manifestation d'un instinct irraisonné, fut créé par ce que nous serions tenté d'appeler — selon une expression de notre temps — un syndicat d'intérêts combinés, une nouvelle et redoutable cause de conflits et d'agitations à longue portée, dont la France n'a cessé de ressentir le douloureux contrecoup pendant toute la durée du XIXe siècle.

Même après la chute de la royauté, le 10 août

1792, on peut dire d'une façon générale, que deux
formes de gouvernement se trouvaient seules en
présence : la République et la Monarchie avec les
Bourbons déchus. Après 1804, il s'en présentait
déjà trois: la république, qui venait d'abdiquer
entre les mains de Napoléon, mais qui n'avait pas
perdu tout espoir de reparaître et qui comptait toujours quelques fervents admirateurs; l'Empire, en
ce moment dans tout l'épanouissement de sa grandeur, et la Royauté des Bourbons dont on n'entre-
voyait pas encore le retour dans les brumes de
l'avenir, mais qui tenait toujours au cœur de ses
nombreux fidèles.

Après les désastres de l'invasion, en 1814, après
Waterloo, et malgré le magnifique rayonnement de
gloire dont sa merveilleuse épopée militaire avait
entouré les destinées de la patrie, l'Empire semblait
à tout jamais fini, entraînant dans sa chute, avec la
dislocation du parti bonapartiste, la définitive réconciliation de la France avec sa dynastie nationale en
la personne de Louis XVIII. Cela ne pouvait évidemment faire le compte de ces agités perpétuels
qui n'admettent point qu'elle poursuive le développement de sa destinée en dehors des théories préconçues de leur imagination déréglée. Le fossé,
qu'ils s'étaient ingéniés à creuser entre la France et
ses rois, semblait enfin comblé par le bon vouloir
réciproque et des uns et de l'autre ; tous leurs efforts
allaient donc tendre à le rouvrir plus profond. La
République ne leur semblant pas possible à cause

des souvenirs odieux présents encore à toutes les mémoires, l'Empire ayant, de son côté, malgré ses glorieux exploits, laissé après lui des traces trop récentes et trop douloureuses de son passage, c'est au sein même de la famille royale que l'on s'évertua à créer un nouveau conflit dynastique. 1830 et la Monarchie de Juillet furent la conséquence de cette tendance d'esprit malfaisante. Cette fois cependant, si le résultat fâcheux du mouvement fractionnait encore un peu plus, pour ainsi dire, l'esprit monarchique, il n'allait pas toutefois à son encontre. Mais il n'en était pas moins regrettable que pour des préoccupations qui, vues à distance, nous paraissent aujourd'hui de bien médiocre importance, le parti monarchiste prêtât ainsi le flanc aux attaques venimeuses de ses adversaires, et créât, en face des trois formes de gouvernement déjà mises à l'épreuve depuis moins d'un demi-siècle, sinon une forme politique nouvelle, du moins une nouvelle dynastie par le démembrement de l'ancienne ; ce qui ne pouvait, en définitive, qu'aggraver l'incertitude des esprits et attiser les rivalités au lieu de les éteindre.

Qu'on ne nous suppose pas l'idée de recommencer ici et à ce propos la fameuse querelle, heureusement et définitivement close, entre les légitimistes et les orléanistes de jadis. Notre intention est uniquement d'indiquer d'une façon rapide la suite des événements qui, à notre humble avis, en divisant le sentiment monarchique contre lui-même, ont déterminé son éclipse momentanée durant ces dernières années et expliquent la fortune passagère de la forme républicaine pourtant si opposée à nos penchants naturels. — D'ailleurs, le rôle de Louis-Philippe, au moment des Ordonnances et pendant les journées de Juillet, est aujourd'hui historiquement défini. Tout le monde sait quelles furent ses hésitations quand on vint lui offrir la couronne après la réussite du mouvement dont il s'était, d'ailleurs, soigneusement tenu à l'écart, et qui avait été provoqué en dehors de lui (1). Une pensée, outre l'attrait

(1) Le duc de Martemart avait accepté, de Charles X, la mission de former un ministère où il aurait eu pour collègues Casimir Périer et le général Gérard; après bien des difficultés et après une chute grave, il avait pu parvenir à l'hôtel Laffitte dans la soirée du 29, et s'était empressé de faire part aux hommes politiques qui y étaient réunis des propositions dont il était porteur. Les députés les plus importants, M. Dupin, le général Sébastiani, qui ne voulaient pas sortir de la légalité, s'écrièrent : «Mais ces offres sont superbes, il faut accepter cela. » M. Laffitte, lui-même, renonce à ses préférences secrètes; la réconciliation lui paraît inévitable. « J'aurais désiré autre chose, dit-il à M. de Laborde, mais que voulez-vous, tout semble décidé... » *Notes inédites sur M. Thiers*, par Joseph d'Arçay, p. 54. — Détail important à noter, ajoute l'écrivain, MM. Dupin et Sébastiani étaient depuis longtemps de l'intimité du duc d'Orléans, ce qui prouve bien clairement que le prince, à cette heure, ne songeait guère à monter sur le trône.

M. Thureau-Dangin dit de son côté : « Un homme cependant n'abandonne pas la partie : c'est le jeune rédacteur du *National*, M. Thiers. Sa prompte intelligence comprend que, pour entraîner les députés et le prince lui-même, il faut les mettre en présence de faits accomplis. Dans la nuit du 29 au 30, il rédige, avec M. Mignet, de courtes et vives proclamations où, sans avoir consulté le prince qu'il n'avait jamais vu, il met en avant sa candidature au trône, et, par une audacieuse initiative, annonce son acceptation. »

que devait nécessairement avoir pour lui la perspective de ceindre la couronne, paraît surtout l'avoir décidé. Témoin des horreurs de la première révolution, il ne pouvait songer, qu'avec effroi, aux conséquences formidables que son refus entraînerait pour le pays. C'était — il devait le supposer, et tout semblait l'indiquer—l'anarchie avec son escorte d'abominations et de malheurs. Un mot de lui, cité par Louis Blanc, dans son *Histoire de dix ans,* semble bien révéler quelle fut sa pensée véritable en cette phase décisive de son existence : « Chez toutes les nations de l'Europe, dit-il, l'élément des révolutions existe, et toutes n'ont pas l'étoffe d'un duc d'Orléans pour les terminer. »

Quoi qu'il en soit, il n'en est pas moins vrai qu'à partir de ce moment, il se fait encore un nouveau classement dans les partis qui, avec la confusion qu'il entraîne, augmente les difficultés de l'orientation politique. Que peut faire un esprit désintéressé en présence du conflit de ces ambitions rivales ? Quelle direction suivra-t-il ? Supposons-le même très imbu du principe monarchique ; franchement, ne se prendra-t-il pas à douter de sa vérité et surtout de son efficacité, quand il le verra ainsi tiraillé entre trois dynasties opposées, qui se disputent le droit de l'appliquer et qui, par leurs prétentions ennemies, laissent en l'air, précisément, ce qui fait l'avantage du régime : la stabilité et la perpétuité de l'institution. Surgisse alors un politique astucieux, revenu aussi, à l'en croire, des illusions du passé, qui lui affirmera « que la République est le gouvernement qui nous divise le moins », et il y a des chances pour que cette affirmation, toute de surface cependant — mais que les faits ne viendront démentir que plus tard — fasse sur lui la plus forte impression et l'incline vers la doctrine politique la moins conforme à son penchant et à ses convictions.

Heureusement, la Providence sait, des événements les plus confus, tirer souvent les indications les plus nettes. Pour quiconque veut se donner la peine de réfléchir, il est de toute évidence que de la période d'un siècle qui s'est écoulée depuis que la France a rompu, d'une façon brutale avec la longue lignée de ses rois, se dégage l'impression suivante : elle est passée avec des heurts formidables à travers toutes les formes de gouvernement, sans qu'elle ait pu dans aucune, jusqu'ici, trouver ces assises définitives sur lesquelles, seulement, elle ait chance de bâtir solidement ses destinées à venir. Mais de ce choc d'institutions politiques en conflit commence à jaillir ce point lumineux, c'est que des deux principes en présence, le principe républicain et le principe monarchique, le dernier persévère inébranlable dans les esprits, malgré toutes les dénégations intéressées et qu'il s'affirme même, ainsi que nous l'avons montré, dans le jeu régulier de l'organisme prétendu républicain.

Il suit de là que cette tendance se manifestera dans toute sa plénitude, quelque pression que l'on exerce en sens contraire, dès que les obstacles que l'on avait accumulés à plaisir entre elle et la seule solution monarchique possible se seront définitivement aplanis.

L'heure semble prochaine d'un événement aussi désirable pour la fortune, la grandeur, la prospérité et le repos de la France.

Par la mort de Monseigneur le comte de Chambord, les dernières traces de divisions entre légitimistes et orléanistes — déjà bien atténuées, d'ailleurs, depuis la réconciliation des deux branches de la maison de Bourbon en 1873, — ont complètement disparu. Il n'existe plus d'orléanistes ou de légitimistes; il n'y a plus maintenant — il est bon de le constater — que des royalistes uniquement.

Nous ne pouvons, on le conçoit, reconnaître aucune importance politique, aux quelques rares fidèles que des sentiments respectables au point de vue purement humain, mais erronés d'après nous en ce qui touche le patriotisme et même les traditions monarchiques, rattachent encore à la cause des Bourbons étrangers, et que l'on a qualifiés du nom de parti des *Blancs d'Espagne.* — Encore moins est-il nécessaire de parler des Naundorfistes : sont-ils même une poignée ?

Avec M. le comte de Paris, le parti royaliste s'est unifié et il se retrouve tout entier depuis la mort de ce prince, derrière Monseigneur le duc d'Orléans, son jeune et vaillant chef d'aujourd'hui. En ses mains, seules, se concentrent les droits héréditaires de la maison de France, et, pour quiconque a le sens des traditions monarchiques, la question n'est pas discutable. Les plus hautes personnalités du parti légitimiste le comprirent si bien au lendemain de la mort de Monseigneur le comte de Chambord, que spontanément elles vinrent se ranger autour de M. le comte de Paris et que depuis lors, de très rares dissidents seulement, n'ayant d'ailleurs aucun écho dans le pays ont persisté à confondre et à réunir en la personne des héritiers d'Henri V selon le code, les droits du sang et ceux de la couronne. Cependant, historiquement même, le débat est tranché. Nul n'ignore en effet qu'en prenant possession du sceptre, le duc d'Anjou, petit-fils de Louis XIV, devenu roi d'Espagne, sous le nom de Philippe V, renonça solennellement pour lui et sa postérité à toute prétention et à tout droit sur le trône de France. Le traité d'Utrecht qui mit fin, comme on sait, à la guerre de la Succession d'Espagne et qui fut signé en 1713, est explicite à cet égard.

De récents travaux, appuyés sur les documents les plus sérieux ne peuvent plus permettre aucun doute sur ce point. D'ailleurs, en serait-il autrement, les Bourbons d'Espagne, de Naples et de Parme, par près de deux siècles d'absence, sont, quoique d'origine incontestablement française, et bien qu'authentiques descendants de Louis XIV, devenus des étrangers pour nous. Jamais, dans ces conditions, auraient-ils les titres les moins discutables, la France ne consentirait à les accepter comme souverains. « Il y a là, ainsi que l'écrivait un publiciste distingué, un sentiment public qu'il est impossible de braver. » La France, si elle revient un jour aux Bourbons, n'accueillera qu'un Bourbon français, n'ayant jamais perdu cette qualité. Or, parmi les Bourbons de France, selon le droit traditionnel monarchique, un seul peut prétendre légitimement à la couronne, c'est Monseigneur le duc d'Orléans.

Quant aux descendants d'un prétendu duc de Normandie qui, sous le nom de Naundorff n'aurait été que l'infortunée victime du Temple, l'élève martyr du savetier Simon, Louis XVII en un mot, il serait ridicule de discuter leurs titres par trop fantaisistes La solution monarchique, en effet, ne saurait être tenue en échec par une énigme à déchiffrer, et le bon sens public a, depuis longtemps, fait justice de la légende intéressée d'un prétendant réduit à réclamer aux tribunaux la reconstitution de son état civil. Hélas ! il n'est que trop certain que le malheureux Dauphin, fils de Louis XVI et de Marie-Antoinette, s'est éteint dans la tour du Temple, le 20 prairial an III (8 juin 1795), toutes les tentatives faites pour l'enlever à ses geôliers ayant échoué. Le doute n'est plus permis après le remarquable et si consciencieux travail de M. de Beauchesne, sa touchante HISTOIRE DE LOUIS XVII, *sa vie, son agonie, sa mort*. Aucun document sérieux n'est venu, depuis, infirmer ses conclusions, et les revendications, plusieurs fois renouvelées par les Naundorff, n'ont toujours et partout rencontré qu'indifférence et dédain.

Le terrain se trouve donc aujourd'hui bien déblayé, au point de vue dynastique, et l'unité est faite dans la maison de France. Des deux branches rivales qui, durant un demi-siècle, avaient, par leurs compétitions, scindé le parti royaliste, l'aînée s'est éteinte, transmettant à la cadette l'intégralité du droit royal. Par cet événement, la Providence, dans ses desseins mystérieux, a fait accomplir, à la France, un pas décisif vers la solution monarchique. Des trois dynasties qui, jusqu'en août 1873, se partageaient les espérances des monarchistes français, deux seulement restent aujourd'hui en présence, depuis la mort surtout de M. le comte de Chambord. Tant que ce dernier vivait, en effet — bien que la réconciliation eût été sincère de part et d'autre entre les chefs des deux branches françaises de la maison de Bourbon — il n'en subsistait pas moins, à l'état latent, entre leurs partisans les plus exaltés, certains germes de froideur qui indiquaient trop clairement que si l'union semblait faite entre les deux prétendants, l'unité ne l'était pas encore dans le parti royaliste. Il en va tout autrement aujourd'hui, et les tendances monarchiques, pour se satisfaire, n'ont plus le choix qu'entre deux solutions : la Royauté avec Mgr le duc d'Orléans, ou l'Empire avec le prince Victor.

Le champ d'expériences s'étant ainsi rétréci, recherchons, en toute équité, quelle est celle des deux solutions qui a le plus de chances d'être acceptée par le pays ; examinons aussi quelle est celle des deux que la France a le plus d'intérêt à adopter.

Il y aurait injustice manifeste à nier que la légende Napoléonienne n'ait laissé des traces profondes dans l'imagination des Français, surtout de la première moitié du siècle. Napoléon Ier est une de ces grandes figures de l'histoire, dont le rayonnement éclatant fait tout pâlir autour d'elles. L'admiration qu'elles excitent supprime d'abord tout raisonnement et ce n'est que par l'effort successif des générations que la conscience publique se ressaisit à la longue et qu'elle parvient à se poser cette question, à savoir si l'apparition de tels hommes constitue un bienfait ou un fléau pour leur pays.

Au lendemain des tempêtes révolutionnaires, ce dut être sans doute pour la France une impression de bien-être ineffable que de se sentir renaître sous la protection de ce génie merveilleux que Dieu semblait s'être complu à gratifier de tous les dons. Homme de guerre incomparable, administrateur hors pair, diplomate et législateur, rien de ce qui touche aux intérêts d'une grande nation ne lui semblait étranger. Quand un homme domine ses contemporains d'une telle hauteur, on conçoit qu'il n'ait pas de peine à les asservir, surtout lorsqu'il est secondé, ainsi que nous l'avons montré, par les circonstances et la coalition des intérêts particuliers. Autour de son nom se crée alors cette légende qui, pour les générations suivantes, se grossira encore de tout ce que l'imagination se plaît à ajouer à des événements déjà lointains et si prodigieux par eux-mêmes. Lors donc qu'un pays a été à ce

point rassasié de gloire militaire, le souvenir du
héros qui la lui a donnée subsiste tenace dans la
mémoire populaire ; elle s'en grise en quelque
sorte à distance. Ce phénomène s'accuse d'autant
plus qu'à une période de fracas et de guerres succèdent forcément de longues années de calme et de
repos. Malgré soi, on est alors amené à comparer
le rôle effacé et un peu terne que joue la nation
pendant cette nouvelle phase de son existence à
celui qu'elle jouait quand ses armées victorieuses
dictaient des lois à tous les peuples de l'Europe.
Dans cette comparaison d'époques si différentes
entre elles, l'impression des catastrophes qui
avaient si malheureusement terminé cette merveilleuse épopée militaire devait inévitablement se
perdre dans l'essor triomphalement lumineux de
l'aigle impériale volant de capitale en capitale tenant
dans ses serres le drapeau vainqueur de la France.
D'autre part un peu partout, dans tous les coins du
territoire, étaient venus reprendre leur place au
foyer domestique les glorieux débris de la grande armée, et par leurs récits ces vieux grognards popula-
risaient encore davantage le souvenir du grand
homme dont les hauts faits étaient célébrés en
même temps par les poètes et par les chansonniers :

> Parlez-nous de lui, grand'mère,
> Parlez-nous de lui !

Sous l'influence de ces légendaires évocations
qui la secouent jusqu'au plus profond de son être, la

France remise de ses blessures, rajeunie en quelque sorte par quarante années d'un régime dont elle éprouve les heureux résultats, sans en garder d'ailleurs aucune reconnaissance à ceux qui les lui ont valus, sent monter en elle comme la nostalgie des champs de bataille. Un nom, seul, à ses yeux semble pouvoir lui donner encore une fois cette auréole militaire dont elle est si avide. Dans ces circonstances, qu'un Napoléon paraisse et elle se donnera à lui, espérant confusément recommencer, sous son égide, une inoubliable période de son histoire nationale.

Il serait donc puéril de le contester ; la légende impériale, pendant un demi-siècle, a eu dans le cœur des Français un retentissement profond. La présence des alliés sur le territoire, la défaite de Waterloo n'avaient pu ni la détruire, ni même la ternir, et c'est à sa complicité latente que Napoléon III a dû sa prodigieuse fortune politique et la rapidité de son avènement au trône.

Aujourd'hui, il n'en va plus ainsi pour le représentant de la dynastie impériale. Le souvenir du grand empereur reste toujours vivant dans les mémoires mais sa figure, qui conserve le même relief dans les perspectives de l'histoire, semble absorber en elle seule tout le rayonnement de sa gloire sans qu'il en rejaillisse grande lumière sur ses obscurs descendants. Son nom ne paraît plus devoir leur servir de passeport auprès des masses.

Il y a de cela plusieurs raisons.

D'abord le second Empire a été, pour ceux-là même qui furent ses plus enthousiastes tenants, une immense désillusion ; pour la France, il a abouti à un épouvantable désastre. Elle avait bien pu pardonner à Napoléon Ier les malheurs d'une première invasion, en souvenir des lauriers qu'il lui avait fait cueillir sur tant de champs de bataille et des services réels qu'il lui avait rendus, mais elle ne pardonnera jamais à la mémoire de Napoléon III — qui, selon une expression célèbre, n'a été que la gravure en creux de son oncle — les terribles mécomptes de son règne si tragiquement terminé par l'humiliante capitulation de Sedan. Nous comprenons le respectueux attachement que conservaient au Prince impérial de nombreux et fidèles amis du régime, dont les fautes et les malheurs de Napoléon III n'avaient pu ébranler l'affection, mais nous ne croyons pas que, depuis sa triste fin au Zoulouland, ils aient reporté sur le prince Napoléon ou le prince Victor, du moins avec le même degré de sincérité, les sentiments qui les animaient pour le fils de l'Empereur. Depuis cette époque, le parti impérialiste flotte indécis, sans orientation précise, et nous l'avons vu naguère se couper en deux : les uns suivant la bannière du prince Victor, qu'ils avaient poussé à rompre avec son père, les autres emboîtant le pas au prince Napoléon dans son mouvement de ralliement aux institutions républicaines. Le régime impérialiste n'apparaît plus, pourrait-on dire, qu'à l'état de doctrine abstraite, dont l'application ne nécessite plus, en aucune manière, l'intervention d'un membre de la famille Bonaparte. On l'a bien vu, lorsque se produisit cet extraordinaire mouvement d'opinion en faveur du général Boulanger. La France faillit recommencer avec lui, officier obscur et sans passé militaire, ce qu'elle avait fait pour Bonaparte à son retour d'Egypte. On a dit qu'elle traduisait ainsi le profond mécontentement que lui cause le régime qu'elle subit depuis vingt ans ; nous y voyons aussi, pour notre part, une manifestation nouvelle de cet esprit monarchique qui travaille sourdement les masses. Mais ce que nous voulons retenir surtout, c'est qu'en se retournant vers le Césarisme, les Français n'éprouvent nul besoin de l'incarner dans l'un des membres de la famille qui l'avait représenté jusqu'à présent. Les Napoléon actuels leur sont devenus à peu près indifférents.

Tenter un essai de restauration à leur profit serait s'exposer à voir passer les Français de cet état d'indifférence réel à des sentiments d'hostilité trop justifiés, d'ailleurs, par les souvenirs toujours vivaces des épouvantables désastres qui ont marqué la fin du dernier règne. Une autre cause semble aussi contribuer à affaiblir le parti impérialiste. Son chef actuel, le prince Victor, — quel que soit d'ailleurs son mérite, dont il ne s'est guère appliqué à donner la mesure — n'est le descendant direct ni de l'un ni de l'autre des deux Empereurs qui ont occupé le trône ; il n'est qu'un collatéral éloigné,

petit-neveu de Napoléon Ier, arrière-cousin de Napoléon III. En outre, le prince Napoléon paraît s'être
complu à briser la tradition impériale et à décourager, chez les partisans les plus résolus du régime,
tout ce qu'ils pouvaient avoir de foi dans la cause et
de dévouement à la personne de leurs princes.
Beaucoup, parmi les hommes de valeur qui avaient
joué un rôle sous le second Empire, ont disparu et
ceux qui vivent encore ne sont point rattachés au
prince Victor par les liens d'affection et de gratitude
qui les unissaient au fils de leur ancien souverain.
Sous l'influence de toutes ces causes, un travail de
dislocation très réel s'est produit dans le camp
impérialiste. La formule garde encore de nombreux
partisans, la personne du prétendant en a moins ;
il existe encore des impérialistes, il reste peu de
bonapartistes.

Ce qu'il importe de remarquer, chez les premiers
surtout, c'est la conservation très nette et pour ainsi
dire irréductible du sentiment et de l'esprit monarchiques. Ils ne voient pas la monarchie sous le même
angle que les royalistes, ils n'en tiennent pas moins
pour la forme monarchique contre la forme républicaine. Ce n'est plus entre eux et les royalistes
qu'une question de nuances, et la digue qui sépare
les deux courants monarchiques, les empêchant jusqu'ici de se confondre, est moins élevée et moins
large que celle qui les sépare l'un et l'autre du courant républicain. Ce sont deux cours d'eau se diri-
geant par des vallées différentes vers un même con-

fluent, l'institution monarchique. Le moment n'est donc pas impossible à prévoir où, impuissants à assurer la solution de leur choix, las d'ajourner leurs espérances, les impérialistes, mis dans cette alternative ou de voir se continuer un régime si funeste au pays, ou de prêter la main à la restauration du pouvoir royal, n'hésiteront pas à appuyer un mouvement vers lequel leur inclination naturelle les porte.

D'ailleurs, les plus qualifiés d'entre eux ne font aucune difficulté de le déclarer avec une crânerie d'allure exempte de toute arrière-pensée. Tout le monde admire la décision et la netteté de M. Paul de Cassagnac. N'a-t-il pas, à maintes reprises, proclamé, avec la plus extrême franchise, que, impérialiste avant tout, mais soucieux aussi par-dessus tout d'arracher son pays aux périls auxquels l'expose la forme républicaine, il ira, sans hésiter, à celui des deux Prétendants qui sera prêt le premier.

Récemment encore, sollicité par un ami politique de prendre la direction effective du parti impérialiste qui s'effondre, il répondait :

« Nous remercions vivement notre honorable correspondant ; mais nous ne sommes nullement tenté d'usurper une direction qui ne nous appartient à aucun degré — et qu'on n'a aucune envie d'ailleurs de nous confier, il le sait bien. — Cela dérangerait trop de monde dans le parti, en haut et en bas.

« D'ailleurs, notre unique ambition, aujourd'hui,

est, comme elle a toujours été, d'essayer de grouper toutes les forces monarchistes du pays, impérialistes et royalistes, et de les conduire contre l'ennemi commun : la République (1). »

C'est net, c'est carré, comme l'on voit, et nombre d'impérialistes pensent comme le très distingué directeur de *l'Autorité*. Les nuances s'effacent et l'objectif est, avec le renversement de l'état républicain, le rétablissement de la monarchie.

Demander davantage à ceux qui ont été en relations étroites avec les derniers souverains de la France, aux serviteurs dévoués et fidèles de la famille impériale, serait formuler une exigence ridicule. Mais cette disposition d'esprit, dont ne se cachent pas les plus fervents et les plus qualifiés parmi les partisans du régime impérial, nous permet d'affirmer que dans les rangs inférieurs du parti l'opinion a aussi subi une transformation analogue, et que l'esprit monarchique qui y règne n'a plus l'Empire pour but unique et exclusif.

Nous ne voudrions certes pas froisser les sentiments politiques des Français qui avaient donné leurs préférences à cette forme de gouvernement, mais on ne peut s'empêcher de penser, après être allé au fond des choses, que l'Empire n'est qu'une conception bâtarde de la monarchie. Supprimez, en effet, Bonaparte et la situation exceptionnelle qu'il avait personnellement conquise, et l'Empire ne se

(1) *L'Autorité*, samedi 23 mai 1896.

fût jamais fait au profit d'un quelconque des autres
généraux de la Révolution, même le plus glorieux
après lui. Nous l'avons précédemment établi, l'institution impériale fut un dérivatif donné aux instincts
monarchiques [de la masse, qui, si elle n'eût pas
trouvé sur ses pas le général incomparable dont les
désirs s'accommodaient si bien de ses propres aspirations, eût certainement contraint ses maîtres d'un
moment à la ramener — un peu plus tôt, un peu
plus tard — aux vrais réprésentants de l'institution
monárchique, en France, les seuls devant qui une
tradition plusieurs fois séculaire et des liens de
mutuelle reconnaissance lui permissent de s'incliner
sans déchoir. Seule, la présence au sommet du pouvoir d'un homme exceptionnel tel qu'on n'en avait
pas encore vu surgir un autre dans le cours des
siècles, pouvait justifier, aux yeux de la France, la
création d'un nouveau régime qui n'était, après tout, il
faut en convenir, qu'un expédient pour tromper son
attente. L'Empire, en effet, à y regarder de près,
n'a jamais été qu'un expédient, expédient en 1804,
expédient encore en 1852. Et les deux fois, ce fut,
— l'histoire est là pour l'établir — un expédient
malheureux.

Que, par suite des événements, il vînt encore à
être rétabli et par les mêmes causes, il aboutirait·
aux mêmes résultats ; tant il est vrai qu'un pays ne
s'adapte pas impunément à tous les cadres politiques. L'Empire, aux deux époques où nous l'avons
vu s'établir en France, n'était et ne pouvait être

qu'une dictature. Or, le propre d'une dictature est
la courte durée. L'essence de la vraie monarchie, au
contraire, est la continuité qui s'harmonise avec le
développement progressif des rouages politiques et
sociaux des peuples qui ont adopté cette forme de
gouvernement. Pour qu'il en soit ainsi, il faut que
la famille régnante ait, par une longue série de services indiscutables rendus à la nation, lié en quelque
sorte sa destinée à la sienne et qu'elle ne soit pas
obligée de lui imposer le respect par la force ou de
ravir son admiration par une suite ininterrompue
de victoires et de conquêtes. L'édifice politique
ainsi construit est toujours fragile ; les guerres
incessantes, même quand elles sont heureuses,
épuisent les peuples, et un monarque conquérant
reste toujours à la merci d'une défaite. Ce fut la fatalité du premier comme du second Empire de ne
pouvoir définitivement s'asseoir que par la guerre,
et le second fut la victime du premier, car sa préoccupation immédiate, dès ses débuts, fut de passer
l'éponge sur les traités de 1815, conclusion désas-
treuse de la longue aventure militaire du commencement du siècle. Il importait, au plus haut point
pour Napoléon III d'effacer jusqu'au souvenir de la
tache qu'avait imprimée au régime l'invasion de
1814 ; il n'en a pas moins fini lui-même sur une invasion bien plus épouvantable encore. Dans ces conditions, supposez, demain, le prince Victor ou tout
autre Bonaparte à la tête de la France, ne sera-t-il
pas amené une fois de plus à tenter l'impossible

pour détruire la flétrissure infligée à sa dynastie par
la capitulation de Sedan ?

Ces considérations ne sont sans doute pas étrangères à l'effacement prolongé dans lequel s'est tenu
le parti impérialiste depuis 1870. Il a compris que
des événements trop douloureux élevaient pour
longtemps, sinon pour toujours, une barrière infran-
chissable entre la famille des Bonaparte et les Français. Aussi n'a-t-il jamais abordé la lutte de front et
avec ensemble, en opérant pour son compte exclusif.
Dans les diverses rencontres électorales qui ont
eu quelque retentissement et dans lesquelles les
forces diverses de l'opinion sont entrées en jeu, le
parti bonapartiste ne s'est pas séparé du gros des
masses conservatrices, et s'est borné à leur apporter
son appoint. C'est même, on peut le remarquer en
passant, le seul avantage pratique qu'ait eu cette
création hybride, que l'on a désignée sous le nom
d'*Union conservatrice;* elle a eu pour effet de
réunir des hommes qui, jusque-là, étaient assez portés
à se regarder de travers, mais qui, contraints par
les circonstances à marcher ensemble, ont appris à
se mieux connaître. Un sentiment commun aux uns
et aux autres les a rassemblés : leur défiance à l'é-
gard de la forme républicaine. Les récents méfaits
de la République ne peuvent que cimenter plus
étroitement leur union. Chacun se rend compte que
laisser se prolonger l'état actuel des choses, c'est
mener la France à la déconsidération et à la ruine.
Les plus sages et les plus avisés parmi les impéria-

listes sont donc conduits, par les circonstances, à opter entre leurs préférences dynastiques et la satisfaction plus générale de leurs sentiments monarchiques reportés, pour le salut du pays, sur la personne d'un prétendant qui n'est pas le leur, c'est vrai, mais dont l'attitude politique et la façon de comprendre la monarchie n'est pas pour les effaroucher et leur donner de l'ombrage. Ils ne sont pas sans s'être aperçus que, depuis vingt-six ans bientôt, la cause des Napoléon n'avait plus l'oreille de la masse, et qu'entre les deux opinions dynastiques restées seules en présence aujourd'hui, l'opinion royaliste était celle qui pouvait, sans rouvrir des plaies trop récentes, assurer la solution monarchique.

Petit à petit, par un travail lent, résultat des événements et de la réflexion, la nuance qui, dans leur conception de la monarchie, les unissait plus particulièrement à la descendance de Napoléon, s'est effacée et il n'est plus resté, en chacun d'eux, que la monarchiste, abstraction faite de la personnalité du prétendant. De ce jour, il est clair qu'aucun sentiment d'hostilité préconçue n'existait plus dans leur esprit contre la personne et la cause du véritable représentant de la tradition et des idées monarchiques. Peut-être n'en sont-ils pas encore à l'appuyer; mais sûrement ils ne songent plus à le combattre. La cause de Monseigneur le duc d'Orléans gagne donc tout ce que perd celle du prince Victor, qui ne reste plus guère qu'avec un état-major sans soldats.

L'analyse de l'état d'esprit de nos contemporains et la revue rapide des événements de ce dernier quart de siècle, nous amènent donc à cette triple conclusion : 1° que les tendances monarchiques, loin de s'atténuer en France, persévèrent au contraire, s'affirment et s'accentuent de plus en plus; 2° que l'unité s'est faite dans la maison de France et dans le parti royaliste; 3° que des deux dynasties encore en présence, celle des Bourbons-Orléans et celle des Napoléon, la première, seule, a des chances sérieuses d'être un jour acceptée par le pays.

Pour n'avoir pas à offrir à la France un ensemble aussi rapide, aussi éclatant de hauts faits militaires que ceux qui ont rendu le nom de Napoléon Ier à jamais immortel, l'antique race de nos rois n'en a pas moins des titres plus précieux encore à sa reconnaissance. C'est au plus profond du sol de la Patrie qu'elle plonge ses racines séculaires et c'est de sève française que sont gonflés ses rameaux.

La France et la Royauté ont grandi côte à côte et ensemble elles ont inscrit les plus belles pages militaires sur les innombrables feuillets de leur commune histoire, depuis Bouvines jusqu'aux Portes de Fer et Isly, en passant par Marignan, Rocroy, Denain, Fontenoy... Si aucun de nos trente-trois souverains depuis Hugues Capet jusqu'à Napoléon Ier n'a conquis comme lui, en l'espace de quelques années, la moitié de l'Europe, ils n'en ont pas moins fait sortir la France de ses limbes et ils l'ont constituée solidement de toutes pièces, telle encore qu'elle s'offre à nos yeux maintenant ; plus forte même, puisqu'ils nous avaient donné l'Alsace et la Lorraine que les Napoléon nous ont fait perdre. Leur œuvre frappe moins l'imagination sans doute, mais elle a été autrement durable, et il n'y a aucune exagération à soutenir que jamais ni la première République ni Napoléon n'eussent aussi facilement accompli leur merveilleux cycle militaire, s'ils n'avaient pas eu sous la main le précieux instrument de conquêtes que leur avait préparé la prévoyance de nos rois, en faisant de la France la nation la plus unifiée de l'Europe.

L'œuvre de Napoléon Ier, au contraire, eut la fragilité de ces plantes orgueilleuses qui poussent en quelques heures ; un ouragan passe et les fauche. Des immenses possessions territoriales si rapidement conquises par Napoléon Ier, qu'est-il resté à la France ? Rien ; car, géographiquement, elle s'est trouvée moins grande en 1815, qu'en 1789, à la veille de la Révolution.

Il y a, il faut en convenir, une puissance de vitalité extraordinaire dans cette tige de Capétiens se perpétuant depuis plus de dix siècles, de Robert le Fort à Philippe d'Orléans et ses collatéraux et l'on ne peut se défendre de reconnaître, comme un fait providentiel, l'intervention de cette race à toutes les heures décisives de notre histoire nationale.

« C'est à Robert le Fort, leur premier ancêtre connu, dit Michelet, que Charles le Chauve confie la défense du pays entre la Seine et la Loire. Robert se fait tuer en combattant, à Brisserte, le chef des Normands, Hastings. Son fils Eudes, plus heureux, les repousse au siège de Paris (885) et remporte sur eux une grande victoire à Montfaucon. A l'époque de la déposition de Charles le Gros, il est élu roi de France (888). »

M. Augustin Thierry, dans ses *Lettres sur l'Histoire de France*, caractérise très nettement le côté vraiment national d'abord de cette élection, puis de la race des Capétiens, dont l'avènement définitif n'eut lieu qu'un siècle après environ, après les alternatives d'une longue lutte contre les derniers Carlovingiens d'essence purement germanique.

« A la révolution de 888, correspond, de la manière la plus précise, écrit M. Augustin Thierry, un mouvement d'un autre genre, qui élève sur le trône un homme entièrement étranger à la famille des Carlovingiens. Ce roi, le premier auquel notre histoire devait donner le titre de roi de France, par opposition au roi des Francs, est Ode ou, selon la prononciation romaine qui commençait à prévaloir, Eudes, fils du comte d'Anjou, Robert le Fort. Élu au détriment d'un héritier qui se qualifiait de légitime, Eudes fut le *candidat national* de la population mixte qui avait combattu cinquante ans pour former un État par elle-même, et son règne marque l'ouverture d'une seconde série de guerres civiles terminées, après un siècle, par l'exclusion définitive de la race de Charles le Grand. En effet, cette race toute germanique, se rattachant, par le lien des

souvenirs et les affections de parenté, aux pays de
la langue tudesque, ne pouvait être regardée par les
Français que comme un obstacle à la séparation
sur laquelle venait de se fonder leur existence indépendante. »

« L'avènement de la troisième race, poursuit le
même historien, est dans notre histoire nationale
d'une bien autre importance que celui de la seconde ;
c'est, à proprement parler, la fin du règne des
Francs et la substitution d'une *royauté nationale*
au gouvernement fondé par la conquête. Dès lors,
notre histoire devient simple ; c'est toujours le
même peuple, qu'on suit et qu'on reconnaît malgré
les changements qui surviennent dans les mœurs et
la civilisation. L'identité nationale est le fondement sur lequel repose depuis tant de siècles l'unité
de dynastie. Un singulier pressentiment de cette
longue succession de rois paraît avoir saisi l'esprit
du peuple à l'avènement de la troisième race. Le
bruit courut qu'en 981 saint Valéri, dont Hugues
Capet, alors comte de Paris, venait de faire transférer les reliques, lui était apparu en songe et lui
avait dit : « A cause de ce que tu as fait, toi et tes
descendants, vous serez rois jusqu'à la septième
génération, c'est-à-dire à perpétuité ».

« Cette légende populaire, ajoute Michelet, est
répétée par tous les chroniqueurs sans exception,
même par le petit nombre de ceux qui, n'approu-
vant pas le changement de dynastie, disent que la
cause de Hugues est une mauvaise cause et l'accu-

sent de trahison contre son Seigneur et de révolte contre les décrets de l'Église. C'était une opinion répandue parmi les gens de condition inférieure que la nouvelle famille régnante sortait de la classe plébéienne et cette opinion, qui se conserva plusieurs siècles, ne fut pas nuisible à sa cause. »

Ainsi, cela ne fait pas de doute pour l'histoire ; dès l'origine, la destinée de nos rois se confond avec celle de la nation ; que dis-je, c'est grâce à eux que la nation se constitue et que le pays de Gaule, à qui, sous le nom de France qu'il prend, dès ce moment, sont réservés, dans les siècles suivants, de si glorieux destins, évite ainsi d'être absorbée par la Germanie qui la menaçait dans son indépendance. N'est-il pas curieux, le rapprochement suivant ? — Huit siècles plus tard, les puissances de l'Europe sont réunies en armes sous les murs de Paris ; la France, qui a promené ses étendards victorieux de Grenade à Berlin et de Naples à Amsterdam, est vaincue à son tour et à la veille d'être démembrée. Les descendants de ses rois, alors, reparaissent et, par leur intervention, ils obtiennent des souverains alliés, sans recourir ni à la force, ni à la bassesse, de conserver intact ce beau royaume que leurs ancêtres ont si puissamment contribué à former.

Cinquante ans se sont à peine écoulés depuis cette date et l'ennemi est de nouveau sur notre territoire.

La guerre terminée, dès qu'il s'agit de réparer le désastre, vers qui, dans sa détresse et son angoisse, se tourne spontanément la France, laissée libre pour la première fois dans la manifestation de ses idées ? Vers l'héritier de ses rois dont elle envoie les plus fidèles et les plus dévoués serviteurs siéger à Versailles.

Et aujourd'hui encore, alors que de nouveaux barbares semblent la menacer à l'intérieur, tandis qu'à l'extérieur les plus redoutables complications sont toujours à craindre, vers qui se dirigent ses regards ? Toujours du côté d'un des descendants de Robert le Fort, un prince jeune et séduisant, dont l'ardente activité et le sage à propos font attendre de lui la solution vivement souhaitée par quelques-uns, secrètement espérée par beaucoup.

Nous avons eu l'occasion de constater, en essayant de nous rendre compte de l'état actuel des esprits, que tout — nos penchants naturels d'abord, les circonstances ensuite — nous ramène vers le gouvernement monarchique. D'autre part, il nous a été aisé de voir que le nombre des prétendants en présence se réduisait à deux et que des deux, l'un — quelque sympathie qu'il puisse inspirer personnellement — représente les intérêts dynastiques d'une famille qui, à deux reprises, fut fatale au pays. Il ne reste donc plus, se détachant bien en lumière sur les perspectives de l'avenir qu'un représentant des traditions monarchiques, Monseigneur le duc d'Orléans, le seul pouvant, comme il y a neuf siècles son aïeul, se dire aujourd'hui le champion du droit royal et de la cause nationale.

Nous serions désolé que dans ce qui nous reste à dire encore du prétendant et de la solution monarchique, on fût porté à trouver une manifestation de ce fétichisme politique auquel nous prétendons être totalement étranger. Notre raisonnement aboutit à la monarchie des Bourbons d'abord, et à Monseigneur le duc d'Orléans ensuite, par une pente toute naturelle, comme il aurait abouti aux Bonaparte et à un prince de leur famille, s'ils pouvaient, historiquement, se dire les représentants du droit monarchique et des traditions, et être reconnus pour tels.

Pour nous, donc, la question se pose avec une extrême simplicité.

Si, lasse du gouvernement répubicain, la France est portée, par son penchant et par son intérêt, à revenir vers la forme monarchique, nous soutenons que la monarchie traditionnelle peut seule fermer définitivement le cycle de ses aventures politiques. Toutes les autres combinaisons, à base monarchique même, ne sont, nous l'avons établi, et ne peuvent être que des expédients d'une durée purement relative. « C'est le sort des gouvernements nés d'une révolution, a écrit un de nos historiens, de n'être respectés qu'à la condition de prouver leur importance et de suppléer, par l'éclat de leurs services, au prestige d'une origine indépendante. » Nous avons montré que tel avait été le cas de l'un et l'autre Empire, et que, par une inéluctable fatalité, la restauration de ce régime nous entraînerait, pour la troisième fois, dans la même voie. A plus forte raison, la France aurait-elle tout à redouter, si, par un incroyable vertige — qu'on ne peut même concevoir — elle se laissait aller à porter sur le pavois un sauveur de rencontre, dont le premier souci serait d'essayer de donner à sa dynastie l'auréole qui lui ferait défaut.

Avec le descendant de nos rois, rien de tout cela n'est à craindre. Le passé de la dynastie est assez glorieux pour que le prétendant devenu roi cherche l'illustration de son règne, uniquement dans la satisfaction des intérêts bien compris du royaume. Une guerre avec lui ne serait pas entreprise pour l'unique motif de cueillir des lauriers, mais seulement si elle avait une cause vraiment nationale.

Donc, si le problème politique qui se pose actuellement doit aboutir, dans sa solution, à la monarchie, il y a un intérêt suprême pour la France à ce que cette monarchie soit la monarchie légitime. Et, remarquez-le bien, il ne s'agit pas de se leurrer de mots et voir se dresser incontinent le fantôme du droit divin ! Nous avons la prétention de raisonner — qu'on nous passe l'expression — dans le terre à terre de nos intérêts les plus immédiats. Nous n'allons donc pas rechercher dans les mystérieuses profondeurs d'un passé, inaccessible aux investigations de l'humaine science, la mission dévolue par Dieu à la race, a-t-on dit, *semi-divine,* de nos rois. Leur lignée, pour être illustre, n'en a pas moins, à nos yeux, des attaches toutes terrestres, et nous avons montré plus haut les origines de la race capétienne. Quoique descendant de saint Louis et d'Henri IV, bien qu'héritier de Louis XIV, au point de vue dynastique, Monseigneur le duc d'Or-léans a une trop haute intelligence et une conception trop complète des idées modernes pour qu'il lui vienne à l'idée de se regarder comme un être d'essence surnaturelle. Cette pensée qu'il n'a pas, nous ne l'avons pas non plus, et nous croirions lui faire injure, ainsi qu'à nos lecteurs, d'envisager la Royauté à ce point de vue grossier.

Si la France abandonne un jour la forme répu-blicaine pour revenir à l'institution monarchique, c'est que la République ne lui aura donné aucune des satisfactions qu'elle lui avait fait espérer et que, en délaissant cette forme politique — ceci va sembler presque une naïveté — une nation n'a d'autre issue que la Monarchie. Mais si la Monar-chie est l'aboutissement inévitable de l'abandon du régime républicain, il serait désastreux — la France se décidant à franchir ce pas — qu'alors que les événements semblent avoir, d'une façon presque providentielle, réduit au minimum les compétitions dynastiques qui, autrefois, entravaient si fortement toute velléité de restauration, elle laissât échapper cette occasion inespérée de fermer pour toujours l'ère révolutionnaire. Et nous le répé-tons, elle ne le pourra, le maintien de la république étant devenu manifestement impossible, que par le retour à la Monarchie légitime.

Les Français sont aujourd'hui portés à revenir aux traditions monarchiques d'abord en conformité d'une sorte d'instinct atavique, ainsi que nous l'avons observé, et aussi par cette conviction raisonnée que la République est impuissante à assurer la solution de ce que M. Emile Olivier discutant l'amendement des 45, en 1866, au Corps législatif appelait « *le grand problème du XIXe siècle : la conciliation entre l'autorité et la liberté* ».

Cette conciliation, tant désirée, nous verrons plus loin comment la Monarchie, telle que nous la concevons, pourrait la déterminer. Pour le moment nous avons simplement voulu établir qu'en revenant aux institutions monarchiques vers lesquelles les porte leur tempérament, les Français commettraient une faute lourde en ne rappelant pas le seul prétendant devant lequel il leur soit possible de s'incliner sans humiliation. Il est clair, qu'avec la conception que nous avons maintenant de nos droits politiques, nous n'avons pas l'intention, en pensant à restaurer le pouvoir monarchique, de nous donner un maître dont la volonté soit l'unique loi. Ce que nous aspirons à trouver dans le pouvoir nouveau, c'est la possibilité de remettre, entre les mains du souverain, une part définie de l'autorité qui serait, de la sorte, ainsi que sa personne mise désormais au-dessus de toute contestation. Or, nous le demandons en toute sincérité, en admettant qu'il pût y avoir humiliation pour un Français à se donner un roi, dans ces conditions, et à se choisir un chef suprême dont le pouvoir serait par l'hérédité transmissible à ses descendants — car tel est un des avantages du gouvernement monarchique — cette humiliation purement imaginaire ne serait-elle pas atténuée dans une large mesure, pour ce Français susceptible, par ce fait que le souverain serait pris dans cette famille, dont les siècles ont consacré l'illustration, et qui, par une sorte de prescription politique, est devenue beaucoup plus notre propriété que nous ne sommes la sienne ?

Et n'est-ce pas vraiment une assez sotte chose, dans un temps qui se dit essentiellement pratique, que de s'arrêter à des questions de pure métaphysique politique ? Ces mêmes politiciens qui font état de leur dignité de citoyen pour repousser jusqu'à l'idée d'une restauration possible, ne les voyons-nous pas s'incliner servilement devant les souverains étrangers dont ils semblent implorer les ordres et mendier les faveurs ?

A ce propos, n'est-elle pas curieuse et fort juste aussi cette réflexion de Drumont à l'occasion du tsar Nicolas II :

« ..... Si tout le monde pavoise, nous pavoiserons aussi pour ne pas nous singulariser. Que le diable m'emporte cependant, si je sais pourquoi tous ces républicains, successeurs des tueurs de rois et des exterminateurs de tyrans de 93, pavoisent pour le sacre d'un autocrate qui n'a jamais voulu conclure un traité d'alliance avec nous. »

Ils pavoisent aujourd'hui, nos hommes d'État, et

ils sont allés à Kiel, il y a quelques mois, parce qu'en réalité tout est faux dans leurs doctrines et qu'ils se sentent inconsciemment dominés par la grandeur d'un principe politique contre lequel, quand il s'agit de la France, ils ont la prétention de se révolter, dût la patrie mourir de leur révolte!

Un des plus brillants critiques de notre temps, M. Emile Faguet analysant l'œuvre de Tocqueville, écrivait : « La démocratie pour Tocqueville, qui, du reste, ne l'a jamais définie, c'est le besoin pour l'homme non pas de supprimer le gouvernement, et loin de là, mais de supprimer la hiérarchie. Ce qui gêne l'homme, ce n'est pas d'être gouverné, c'est d'être dominé, surplombé, en quelque sorte, ce n'est pas d'obéir, c'est de respecter ; ce n'est pas d'être comprimé, c'est de s'incliner, et ce n'est pas d'être esclave, c'est d'être inférieur. ..... La principale antinomie sociale, ajoutait-il, est justement l'opposition de la nécessité de la hiérarchie et du sentiment égalitaire. »

Eh bien ! si pareil antagonisme entre le besoin d'être gouverné et celui de ne vouloir point reconnaître de supérieurs existe réellement dans l'âme française — ce que, pour notre part, nous sommes assez portés à croire — nous estimons qu'il est d'un intérêt primordial pour le pays d'en atténuer les conséquences désastreuses, en mettant définitivement et d'un commun accord, le pouvoir suprême hors de la portée de tous. J'imagine que peu de Français se sentiraient froissés dans leur orgueil et leur dignité en apprenant, qu'avec le droit pour eux de prétendre à toutes les charges de l'État, il en est une cependant — la plus élevée — à laquelle, dans l'intérêt de l'ordre général, de la bonne administration des affaires et du prestige de la France à l'extérieur, il leur est interdit d'aspirer.

Demandez donc au paysan courbé sur son sillon l'idée qu'il se fait des formes politiques; nous sommes tentés de parier cent contre un qu'il répondra : « Ce que je demande, voyez-vous, c'est un bon gouvernement. » — Vous entendez bien, un bon gouvernement! Pour lui, cette conception abstraite, qu'on appelle la République, et dont nombre de politiciens se constituent des rentes, d'ailleurs parfaitement concrètes, lui reste, au fond, absolument indifférente; elle est « le gouvernement », pas autre chose; et ce dont il se plaint, c'est qu'elle soit un mauvais gouvernement.

Qu'on le lui change demain, et soyez assurés qu'il ne songera nullement à protester, surtout si la forme nouvelle, qui ne sera toujours pour lui que « le gouvernement », lui assure, avec la tranquillité qui lui est nécessaire pour cultiver son champ, la réduction de l'impôt après laquelle il soupire, et les bénéfices de son travail qu'il est légitimement en droit d'espérer.

L'ouvrier des villes, véritablement laborieux et avisé, ne raisonne guère autrement; et parmi ceux — trop nombreux, hélas! — qui, pervertis par des lectures pernicieuses et poussés par les harangues déclamatoires de politiciens cyniques, leur ont naïvement fait la courte échelle pour les pousser aux honneurs et à la fortune, beaucoup commencent à s'apercevoir qu'ils pourraient bien avoir été victimes d'une cruelle mystification. L'heure est peut-être proche où ils seront tentés de faire expier durement au personnel politique, qui a si longtemps abusé de leur candeur, les terribles désillusions dont ils sentent déjà l'atteinte. Dieu veuille, qu'au lieu de recourir à des violences toujours fatales aux sociétés, ils aient la sagesse de comprendre que les améliorations sociales, qu'ils ont de légitimes motifs de réclamer, ne pourront s'effectuer que sous l'égide d'un pouvoir fort, soustrait par la volonté du plus grand nombre aux perpétuelles contradictions qu'engendrent les luttes des partis se disputant sans cesse la direction des affaires ! Nous ne savons quel penseur a dit : « Les sociétés ne veulent pas être troublées ; l'ordre est le pain quotidien dont elles vivent. » La classe ouvrière contemporaine aura malheureusement vérifié à ses dépens la portée sociale et pratique de cette maxime. Qu'elle consente donc à reconnaître — et avec elle partie de la bourgeoisie dont la sotte vanité a été le plus fécond ferment de désordre en notre siècle — « que, comme l'a dit Stuart Mill, la loi de continuité est aussi certaine que la loi du progrès, et que la tradition a sur nous les mêmes droits que la raison... Les sociétés, ajoute-t-il, ne bondissent pas, elles marchent, ce qui pourrait s'exprimer ainsi : à tout âge d'une société, l'élément ancien doit être en quantité supérieure à l'élément nouveau ».

C'est pour avoir voulu se soustraire à cette loi sociale, et avoir fait table rase du passé, que la société française flotte sans arrêt, perpétuellement ballottée entre les institutions politiques les plus diverses, sans pouvoir se fixer dans aucune. Il est temps qu'elle entre dans le port où elle trouvera, avec la sécurité qu'elle réclame, les moyens de se refaire et d'opérer son développement. Le pilote qui peut l'y conduire se montre à l'horizon : se décidera-t-elle à l'appeler ?

La Monarchie, avec Monseigneur le duc d'Orléans, aurait, nous croyons l'avoir établi, cet avantage que nul autre gouvernement, même monarchique, ne pourrait avoir, de relier sagement le présent au passé, et d'assurer l'avenir sans secousses.

CHAPITRE VI

Que serait donc la Monarchie, avec le descendant de nos rois ?

Nous n'aurions certes pas qualité pour le dire et

nous n'aurions pas davantage l'impudence de nous substituer au Prétendant pour la définir, si nous ne trouvions dans des documents pour ainsi dire officiels l'expression très nette et très arrêtée de ses idées en matière de gouvernement.

Dans ces derniers temps un dissentiment s'était élevé entre le prince et son comité consultatif. Pour couper court aux commentaires plus ou moins ingénieux de la presse, Mgr le duc d'Orléans a fait publier, par M. Dufeuille, son représentant attitré en France, le texte même de la lettre qu'il avait adressée à M. le duc d'Audiffred-Pasquier, président de ce comité. Quoique visant un point spécial, ce document princier n'en touche pas moins certaines questions d'une importance capitale, intéressant au plus haut degré tous les Français et sur lesquelles, il nous donne la manière de voir du prétendant.

Voici cette lettre.

Villamanrique, 3 mai 1896.

Mon cher président,

J'ai reçu la seconde communication que vous avez bien voulu m'adresser, en votre nom et au nom du comité que vous présidez avec tant de zèle. Ce document m'a un peu surpris. Il témoigne d'un assez mauvais accueil fait par le comité au projet, formé par quelques-uns de mes jeunes amis des groupes ouvriers, de déterminer sur mon nom des manifestations d'électeurs.

Sous réserve d'en mesurer les possibilités, ce projet ne m'avait pas déplu. Dès que j'en avais eu connaissance, j'avais fait prendre confidentiellement, près des personnes renseignées, notamment près du comte de Maillé, dont la circonscription était visée, des informations de nature à m'éclairer sur la valeur pratique de la proposition. J'avais chargé mon ami, le duc de Luynes, de cette enquête officieuse, dont il s'est acquitté avec la prudence et les précautions qu'il y fallait mettre.

Je ne m'attendais donc pas à ce qu'une démarche, à ce point entourée de discrétion, ordonnée par moi précisément dans le but de ne rien permettre à la légère et de n'engager ma personne que sur des probabilités suffisantes, fût divulguée, portée devant le comité à l'état d'avertissement précipité, et qu'elle y devînt ainsi, à mon insu, sans que je l'eusse demandé, le thème d'une délibération susceptible de tout compromettre, et, en tout cas, prématurée. J'y retrouve, d'ailleurs, avec une cordiale émotion, la marque de l'attachement à ma cause, du loyal et vigilant dévouement pour moi qui vous anime tous, et dont je vous remercie infiniment.

Il faut cependant choisir entre figurer la Monarchie, ou la faire. Personne ne doute que je ne veuille, ou ne sache faire tout mon devoir. Je souhaiterais seulement, pour la bonne conduite des choses, qu'il n'y eût point de divergences sur le point de savoir où il est.

Si vous croyez que la Monarchie française s'est faite, dans le passé, et peut se refaire dans l'avenir par l'affectation d'une dignité inerte et toujours expectante, immobilisée sur de lointains rivages par la grandeur de ses traditions, et se jugeant elle-même trop haute pour se mêler aux hommes et aux choses, nous ne serons pas du même avis. Ceux de qui je tiens affrontèrent bien d'autres luttes et bien d'autres hasards que ceux dont votre zèle s'inquiète.

Je demeure le juge de la dignité royale et je tiens qu'elle ne serait point atteinte, tant s'en faut, si, dans une bourgade de France, fût-ce la plus modeste — car toutes me sont également chères — le vœu des électeurs *me désignait, après les miens et à leur exemple, comme le bon serviteur du pays.*

Au surplus, il n'a pas été question — et vous avez été inexactement renseignés sur ce point — de poser ma candidature, au sens courant du mot, à aucun siège vacant, ni à aucune fonction élective. Il s'agissait simplement de laisser émettre des suffrages sur mon nom, par des électeurs qui m'en avaient indiqué l'intention, ainsi que cela se produit presque toujours aux heures d'incertitude et de crise, où le bon sens public penche à se reporter vers les solutions éprouvées par l'expérience.

Voulez-vous donc que je décourage de si précieuses sympathies, *et que, par une vaine défiance du suffrage universel, je justifie l'absurde légende d'une prétendue incompatibilité entre le droit monarchique et le droit électif, alors qu'il ressort à mes yeux de l'étude de ce siècle, que les deux principes tendent incessamment à se combiner et à se confondre dans des régimes transactionnels ?*

Il ne serait pas pour me déplaire de donner moi-même l'exemple, de fournir moi-même le gage d'un rapprochement et de porter, de ma personne, le premier coup aux préventions qu'on a coutume d'exploiter contre la Monarchie.

A peu près dans le même ordre d'idées, je répondrai aux exhortations que j'ai reçues à l'effet de désavouer mon cousin affectionné le prince Henri d'Orléans pour le fait d'avoir accepté du gouvernement de la République la croix de chevalier de l'ordre national de la Légion d'honneur, en récompense de ses vaillantes et utiles explorations. *Voudrait-on, si j'étais un jour à la tête de mon pays, que de bons citoyens refusassent d'accepter de moi la récompense de leurs mérites et de leurs services, pour ce motif qu'ils auraient eu ou qu'ils auraient encore des sentiments républicains ?*

Ce sont ces idées, de bonne humeur, qu'avec le concours des braves gens, le vôtre, mon cher président, celui de tous nos amis si dévoués, je voudrais, s'il plaît à Dieu, m'efforcer de faire prévaloir. Telles sont les observations que m'ont suggérées vos communications. Je vous les donne avec franchise, comptant qu'elles porteront leurs fruits, et, dans cette espérance, je vous prie de me croire toujours votre affectionné.

PHILIPPE (1).

Cette lettre, toute pleine de crâne décision et d'une si fière allure, tranche incidemment trois questions capitales. D'abord, le Prétendant y pose en principe *qu'une absurde légende, seule, a pu faire croire à une prétendue incompatibilité entre le droit monarchique et le droit électif.* Voilà pour le suffrage universel ; et l'on ne pourra certes pas accuser le prince de ne point s'inspirer des idées modernes dans sa conception de l'institution monarchique.

Il prend soin, d'autre part, de déclarer que, désigné par le vœu des Français, il n'aurait pas la prétention de se dire leur maître, mais qu'il se regarderait au contraire, à l'instar de ses ancêtres, comme le bon serviteur du pays. Nous sommes loin, comme l'on voit, des fables imaginées, par les feuilles avancées, sur la morgue autocratique des prétendants de droit divin.

Enfin, prenant occasion de la distinction octroyée par le gouvernement de la République au prince Henri d'Orléans, son cousin, il marque très nettement qu'il serait, une fois sur le trône, le roi de tous et pas seulement de quelques-uns.

Quoiqu'il s'agisse d'un document d'ordre privé,

(1) Nous avons tenu à souligner dans le texte les passages saillants de cette lettre.

dont les circonstances seules ont déterminé la publicité, on peut voir que chaque détail y est frappé au coin de la plus parfaite netteté d'esprit, et nous nous écartons sensiblement avec le prince, de cette phraséologie creuse et vide dont les chefs du parti démocratique semblent se réserver le monopole.

Depuis la mort de son auguste père, Mgr le duc d'Orléans n'a pas eu à nous définir, à son tour, la monarchie telle qu'il la comprend. Il lui a suffi de rappeler que son rôle, dans l'état moderne, avait été si admirablement précisé par M. le comte de Paris, dans ses *Instructions* de septembre 1887, qu'il ne pouvait, en présence d'un programme politique aussi nettement arrêté, subsister aucune équivoque.

A propos de ces « Instructions », M. le marquis de Flers, dans son beau livre, *M. le comte de Paris*, dit : « Le chef de la maison de France s'adresse à tous les bons citoyens, aux anciens défenseurs de la monarchie, aux conservateurs indécis ou indifférents, comme aux républicains déçus de leurs espérances. Ils les convie tous au relèvement de la patrie. Pas un homme de bonne foi ne pourra lire ces *Instructions*, sans être frappé de la hauteur de vues, de la largeur d'idées, enfin des moyens pratiques que M. le comte de Paris indique, pour rallier à son gouvernement tous les Français soucieux de restaurer un régime seul capable d'assurer l'ordre public et la grandeur nationale.

« Fidèle aux glorieux souvenirs de ses aïeux, les rois de France depuis Hugues Capet, Louis VI qui affranchit les communes, saint Louis qui donna ces *Institutions* justement célèbres, jusqu'à Louis XI, Henri IV, Louis XIV, Louis XVIII et enfin son aïeul Louis-Philippe Ier, M. le comte de Paris juge avec un grand sens politique (neuf siècles juste après Hugues Capet) quelle est la monarchie nouvelle qui convient à la France de 1887.

« D'âge en âge, la monarchie n'a cessé de se transformer comme la société et ce fut son excellence comme sa gloire. Le prince sait que la France ne supporterait ni une monarchie absolue, ni une monarchie licencieusement parlementaire. Ce qu'elle veut, c'est, non un sabre brutal, mais une main sûre, ferme, résolue, qui sache tenir les rênes du pouvoir sans faiblesse et avec autorité. Voilà pourquoi M. le comte de Paris, avec une hardiesse qu'aucun prétendant n'eut jamais, propose à la France une monarchie héréditaire et constitutionnelle, autoritaire et libérale, qui affermisse son titre historique par un contrat national, qui ne favorise aucune classe, mais s'applique à la pacification sociale, qui laisse enfin à la démocratie son expansion, tout en marquant à son action un point fixe, pour assurer la stabilité de l'État (1) ».

*
* *

(1) Marquis de Flers, *M. le comte de Paris*.

15

C'est le 15 septembre 1887 que parut ce document politique qu'on ne saurait trop relire pour en comprendre toute la portée.

Le voici en son entier :

INSTRUCTIONS DE MONSEIGNEUR LE COMTE DE PARIS

aux représentants du parti monarchiste en France

« A de graves périls a succédé un calme apparent. L'honneur en revient principalement aux monarchistes de la Chambre. Ils ont, en effet, compris que leur rôle était déterminé par leur nombre même. S'ils n'étaient qu'une faible minorité, ils devraient se borner à d'énergiques et incessantes protestations. S'ils étaient la majorité, ils auraient à prendre la responsabilité du pouvoir. Mais, assez nombreux pour peser d'un juste poids sur les décisions de l'Assemblée, la direction des affaires n'est cependant pas entre leurs mains. Ils ne doivent donc s'occuper aujourd'hui que de défendre les intérêts conservateurs et la fortune publique, sans aggraver les crises parlementaires dont la République donne le trop fréquent spectacle. C'est ce qu'ils ont fait avec un rare patriotisme dans une récente et mémorable circonstance. Ils ont ainsi bien mérité de la France conservatrice.

« Mais ce calme apparent dissimule mal les périls de l'avenir. Les considérations électorales qui dominent une Chambre, elle-même toute-puissante,

stérilisent tous les efforts tentés pour rétablir l'ordre
dans les finances. L'instabilité du pouvoir exécutif
isole la France en Europe. La tranquillité matérielle
est à peine assurée. Partout la faction triomphante
opprime le reste des citoyens. Personne enfin n'a
confiance dans le lendemain.

« Cette situation impose d'autres devoirs aux monarchistes dans le pays. N'étant pas liés devant la
nation comme ils le sont dans le Parlement, par un
mandat limité, ils ont une tâche plus large à remplir. Ils doivent montrer à la France combien la
Monarchie lui est nécessaire et combien le rétablissement en serait facile. Ils doivent la rassurer sur
les dangers imaginaires de la transition, lui prouver
que cette transition peut s'effectuer légalement. En
vain le Congrès a-t-il proclamé l'éternité de la République. Ce qu'un Congrès a fait, un autre peut le
défaire, et le jour où la France aura manifesté clairement sa volonté, aucun obstacle de procédure
n'empêchera la Monarchie de renaître.

« Toutefois, instruit par une triste expérience, le
pays croit peu aux transformations légales et régulières de son état politique. Son histoire, malheureusement, lui fournit trop de raisons de prévoir
une de ces crises violentes qui semblent avoir pris,
dans notre vie nationale, un caractère périodique.
Si une telle crise se produit, la Monarchie peut et
doit en sortir. Mais elle ne l'aura pas provoquée.
La crise sera l'œuvre de certains républicains, soit
que les passions et les souffrances populaires, ex

ploitées par des ambitions criminelles, amènent des troubles civils, soit qu'une faction politique ait recours à la force pour s'emparer du pouvoir suprême. La jour où la légalité aura été violée, la Monarchie apparaîtra comme l'instrument nécessaire du rétablissement de l'ordre et le gage de la concorde.

« Mais il est bon que la France sache d'avance ce que sera cette Monarchie. Le moment est favorable pour le lui dire, pour l'avertir qu'elle ne marquera pas un retour en arrière. Il faut lui montrer que le principe de la tradition historique, avec sa merveilleuse souplesse, peut s'adapter aux institutions modernes ; qu'il apportera au gouvernement de notre société démocratique l'élément pondérateur qui manque sous le régime républicain, et qu'il jouera dans cette société un rôle non moins efficace que dans les vieilles monarchies européennes qui se sont pacifiquement transformées.

« Si la Monarchie capétienne a constitué l'unité et développé la puissance de la France à travers toutes les vicissitudes de notre longue histoire, c'est qu'elle a eu pour origine de sa grande mission un véritable pacte national, pacte conclu aux premières heures de cette histoire entre ceux qui représentaient alors la France naissante et la famille dont le sort devait rester uni au sien dans la mauvaise comme dans la bonne fortune. Pour fonder, après tant de révolutions, un gouvernement dont la base soit plus ferme et plus large qu'une simple prise de possession du pouvoir ou une délégation de la souveraineté du nombre, il faut faire revivre la tradition historique par un accord librement consenti entre la nation et la famille dépositaire de cette tradition. Cet engagement réciproque consacrant le droit historique, et liant, comme tous les contrats, les générations futures, peut seul garantir à la fois la stabilité dont la France a besoin pour reprendre son rang en Europe, et la vraie liberté qui est surtout la protection des faibles.

« Ce pacte ancien sera remis en vigueur, au nom de la France, soit par une Assemblée constituante, soit par le vote populaire. Par cela même qu'elle est inusitée sous la Monarchie, cette dernière forme est plus solennelle et peut mieux convenir à un acte qui ne doit pas se renouveler. Elle permet de donner, sans retard, une assiette solide à la Constitution. Un gouvernement porté par l'opinion publique, comme le sera la Monarchie le jour de son avènement, n'a rien à craindre de cette consultation directe de la Nation.

. .

« C'est au suffrage universel direct que doit appartenir le choix des députés. Grâce à son origine antique et à son établissement nouveau, la Monarchie sera assez forte pour concilier la pratique du suffrage universel avec les garanties d'ordre que lui demandera le pays dégoûté du parlementarisme républicain. Le pays voudra un gouvernement fort, parce qu'il comprend très bien que même le véritable régime parlementaire, celui qui, sous la Monarchie, a jeté tant d'éclat de 1815 à 1848, n'est pas compatible avec une Assemblée élue par le suffrage universel. Il faut modifier le mécanisme pour l'adapter à ce nouveau et puissant moteur. Sous la Monarchie, le roi gouverne avec le concours des Chambres.

« A côté de la Chambre des députés, une autorité égale appartiendra au Sénat, en majeure partie électif, et qui réunira dans son sein les représentants des grandes forces et des grands intérêts sociaux. Entre ces deux Assemblées, la Royauté, ayant ses ministres pour interprètes, pouvant s'appuyer sur l'une ou sur l'autre, sera éclairée, guidée, mais non asservie. Il suffira d'une modification de nos pratiques parlementaires pour maintenir cet équilibre et prévenir toute domination exclusive de l'une ou l'autre Chambre. Le budget, au lieu d'être voté annuellement, sera désormais une loi ordinaire et ne pourra, par conséquent, être amendé que par l'accord des trois pouvoirs. Chaque année, la loi de finances ne comprendra que les modifications proposées par le Gouvernement au budget antérieur. Si ces propositions sont rejetées, tous les services publics ne seront pas suspendus et les intérêts privés compromis, comme par le refus du budget. Et, cependant, les vrais principes constitutionnels seront scrupuleusement respectés, car aucun nouvel impôt ne pourra être établi, aucune dépense nouvelle ne sera décidée sans le consentement des élus de la nation.

« A ces élus reviendra également la tâche de discuter librement toutes les questions qui intéressent le pays, d'écouter toutes les protestations que pourra soulever l'action gouvernementale. Si ces protestations sont légitimes, ils en seront les premiers interprètes et l'adhésion de l'autre Assemblée ne leur fera pas défaut. Mais un caprice de la Chambre des députés ne pourra plus, à l'improviste, paralyser la vie publique et la politique nationale.

« La Monarchie devra rétablir l'économie dans les finances, l'ordre dans l'administration, l'indépendance dans l'exercice de la justice. Elle devra relever pacifiquement notre situation en Europe, nous faire respecter et rechercher par nos voisins. Les Ministres qui la serviront dans cette grande entreprise ne sauraient en poursuivre la réalisation avec persévérance s'ils ont la crainte de voir leurs efforts interrompus par un simple accident parlementaire. Ils se sentiront affranchis de cette crainte le jour où ils seront responsables, non plus devant une seule Chambre omnipotente, mais devant les trois pouvoirs investis de la puissance législative. Ainsi, les Députés, ne pouvant plus élever ou renverser les ministères, n'exerceront plus cette influence abusive qui est aussi funeste pour l'Assemblée que pour l'administration.

. .

« Les Constitutions ne valent que par l'esprit dans lequel elles sont appliquées. La France le sait bien. Il importe donc, avant tout, de la convaincre que la Monarchie nouvelle saura satisfaire à la fois ses besoins conservateurs et sa passion de l'égalité.

« Sous la protection du gouvernement monarchique la France pourra recouvrer, dans la paix et le travail, sa prospérité d'autrefois. Grâce à la confiance inspirée par la solidité de ses institutions, elle aura l'autorité nécessaire pour traiter avec les puissances et poursuivre l'allègement simultané des charges militaires qui ruinent la vieille Europe au profit des autres parties du monde. —

« La Monarchie accordera à tous les cultes la protection qu'un gouvernement éclairé doit aux croyances qui consolent l'âme humaine des misères terrestres, élèvent les cœurs et fortifient les courages. Elle garantira au clergé le respect qui lui est dû pour l'accomplissement de sa mission. En restituant aux communes, dans le domaine des choses scolaires, l'indépendance qu'une législation tyrannique leur a ravie, elle rendra à la France la liberté de l'éducation chrétienne. Elle assurera aux associations religieuses, comme aux autres, la liberté qui deviendra, sous certaines conditions d'ordre public, le droit commun de tous les Français, au lieu d'être, comme aujourd'hui, le privilège d'un parti. Ainsi sera rétablie la paix religieuse qu'une politique intolérante a si profondément troublée.

« La Monarchie mettra les traditions militaires à l'abri des fluctuations de la politique, en donnant à l'armée un chef incontesté et immuable. La permanence du commandement au sommet aura pour conséquence la solidité de la discipline à tous les degrés de la hiérarchie.

« La stabilité de son gouvernement lui permettra de s'appliquer avec suite à l'étude des problèmes que soulève la condition de nos populations laborieuses des villes et des campagnes, de poursuivre l'amélioration de leur sort et d'adoucir leurs souffrances. Loin d'exciter les unes contre les autres les différentes classes qui concourent à produire la richesse nationale, elle s'efforcera de les réconcilier et d'amener ainsi la pacification sociale.

« Dans notre société en transformation, une courte période de seize années a vu surgir, depuis le hameau jusqu'à la capitale, ce que les républicains ont appelé « les nouvelles couches ». Des hommes nouveaux sont arrivés en grand nombre à conquérir une part d'influence qu'ils ne possédaient pas encore. Ils l'auraient acquise sous tout autre gouvernement, car ce progrès légitime de leur condition est le fruit des bienfaits de l'instruction et de la lente ascension qui, à travers les siècles de notre histoire, a rapproché les différentes classes de la société. Mais ils croient la devoir à la République.

13.

Ils continueront à en jouir, il faut qu'ils le sachent, sous l'égide de la Monarchie. Le maintien du suffrage universel pour toutes les fonctions actuellement électives et de la nomination des maires par les conseils municipaux dans les communes rurales sera leur principale garantie.

« De même, les modestes serviteurs de l'État qui ont gagné leur situation par leur travail ne seront pas menacés, parce qu'ils la tiennent de la République. Si, d'une part, toutes les victimes de la persécution républicaine sont assurées de recevoir l'ample réparation qui leur est due, d'autre part, les exploiteurs et les indignes qui avilissent leurs fonctions auront seuls à redouter l'avènement d'un pouvoir honnête et juste.

« La Monarchie ne sera pas la revanche d'un parti vainqueur sur un parti vaincu, le triomphe d'une classe sur une autre classe. En élevant au-dessus de toute compétition le dépositaire du pouvoir exécutif, elle fait de lui le gardien suprême de la loi devant laquelle tous seront égaux.

« Que dès aujourd'hui tous les bons citoyens, tous les patriotes dont le régime actuel a déçu les espérances, compromis les intérêts, blessé la conscience, se joignent aux ouvriers de la première heure pour préparer le salut commun ! Qu'ils secondent les efforts de celui qui sera le Roi de tous et le premier serviteur de la France !

PHILIPPE, Comte de Paris.

Septembre 1887.

Dès son apparition, ce manifeste, comme il fallait s'y attendre, fut violemment attaqué et non moins vivement défendu. Il est à craindre cependant que bon nombre de Français ne l'aient — avec leur habituelle légèreté — que très superficiellement parcouru, en l'effleurant, pour ainsi dire, et qu'ils ne se soient pas rendu compte que, contrairement à ce qui se produit pour les documents de ce genre, il tranche nettement de très grosses questions. Sans s'attarder à de vaines considérations générales qui semblent l'apanage de la plupart des hommes politiques en France depuis plus d'un quart de siècle, M. le comte de Paris court droit aux difficultés du moment et après le savoir signalées d'un trait précis et juste, il indique aussitôt en termes très clairs comment le pouvoir monarchique prétend les résoudre. Ce ne soint point ici simples déclarations de sentiment et on ne peut pas dire de lui, qu'en publiant son manifeste, il s'est borné tout bonnement à confirmer, une fois de plus, dans une proclamation retentissante mais vague, la perpétuité de son principe et de ses droits. Des graves problèmes qui, à l'heure présente, préoccupent avec raison tous les esprits anxieux, aucun n'est laissé dans l'ombre. On peut ne pas partager toutes les idées du prince, mais du moins on ne pourra pas lui reprocher d'avoir essayé de dissimuler sa manière de voir. Il n'a certes pas parlé pour ne rien dire, et n'a point cherché, en enveloppant sa pensée dans ces formules nuageuses que chacun peut interpréter, comme il

lui convient, à se concilier avec les applaudiss
ments de ses amis, la bonne grâce de ses adversaires.

« Il a cru avec raison, ainsi que l'a dit un penseur
de notre époque, qu'une parole nette est toujours
puissante en politique, et qu'elle est invincible
quand elle tombe juste.

« Qu'on se souvienne, ajoute le même auteur, du
parler bref et décisif d'Henri IV. Elle ne louvoyait
pas, cette parole-là ! Elle a certainement beaucoup
plus servi que compromis celui qui n'a jamais hésité
à l'employer au milieu de circonstances pourtant
bien autrement délicates, bien autrement périlleuses,
que celles où sont aujourd'hui nos prétendants.

« Il y a eu de la netteté aussi dans la parole du
comte de Chambord, et elle avait de la puissance.
Mais elle était affaiblie, çà et là, par je ne sais quel
manque de justesse qui le différenciait d'Henri IV.

« Les Bonaparte ont été forts quand ils ont parlé
net, et triomphants quand ils ont à la fois parlé net
et juste.

« Rien n'a mieux servi l'empereur Napoléon III
que son discours de Bordeaux, où il lui a suffi de se
compromettre par quelques paroles fermes et sans
ambage.

« L'homme qui passe aujourd'hui pour le plus
habile politique de l'Europe est aussi l'homme qui
connaît le moins les dissimulations de langage.
Dans une lutte récente avec le parlement de l'Empire allemand, lutte qui demeurera entre les plus
fameuses du siècle, il était curieux de voir le prince

de Bismarck. chaque fois qu'il remontait à la tribune, reprendre une force nouvelle dans l'affirmation de plus en plus nette de ce qui soulevait contre
lui la majorité. « Messieurs, leur disait-il en les
« congédiant, après que le vote s'était prononcé
« contre lui, Messieurs, nous nous retrouverons
« dans trois mois, et si vous revenez ici les mêmes,
« eh bien, nous recommencerons ! » Ce n'était guère
là ménager l'avenir ; mais c'était le décider. Voilà
donc cette langue teutonne, qui semble si bien s'ar-
ranger de l'indécision de la pensée, la voilà qui
vibre, comme celle d'Henri IV, entre les lèvres d'un
politique ! « Monsieur, répliquait le chancelier à un
« député, chef de parti, qui semblait comparer sa
« responsabilité à celle de M. de Bismarck, quand
« vous m'avez donné, dans une journée, tous les
« ennuis qu'il est en votre pouvoir de me créer,
« et que, le soir, vous avez remonté votre montre,
« votre journée est faite. »

« C'est se tromper beaucoup que de dissuader un
meneur d'hommes de parler net et d'entrer dans le
vif des choses.

« Je sais bien ce qu'il y a à dire contre cette parole nette et précise : c'est qu'elle oblige à parler
juste, sans quoi on manque son coup. C'est ce qui
fait qu'on se montre peu empressé à s'en servir.
Mais c'est ce qui fait aussi que l'intérêt de la réforme en France exige qu'on restaure cette parole
parmi nous. Il faut qu'on soit tenu de parler juste
ou de succomber.

« Nous ne manquons pas de prétendants aujourd'hui. Sous la République, chacun peut faire un prétendant, chacun peut se sentir la charge d'amener la nation au point où elle aspire depuis qu'elle est au monde. Il n'est donc pas malaisé de trouver, dans le nombre, un homme qui fournisse le spécimen de ce langage politique, que Le Play stigmatise au nom du bien public.

« Je mets la main sur une pile de journaux, et je tombe au hasard sur un manifeste tout récent. Il est de M. Spuller, notre ministre de l'instruction publique. C'est un discours qu'il a prononcé à Chartres, le 10 octobre dernier. J'y trouve ce qu'il me faut :

« J'y lis que les ministres « ont le sentiment des « nécessités et des devoirs du gouvernement »; qu'ils « ne séparent pas l'idée d'ordre de l'idée de progrès », et qu'ils « tiennent que la République a pour premier intérêt d'assurer ces deux grands biens à la France ».

« Voilà des choses qu'on peut dire sans se compromettre.

« Il y en a d'autres encore : « La vraie politique « républicaine doit être avant tout une politique « nationale... Il faut réconcilier tous les Français « dans le sein d'une démocratie large, ouverte, in- « telligente et généreuse. »

« Je ne choisis pas M. Spuller plutôt qu'un autre. Je le prends à l'aventure. Vous pourrez, d'ailleurs, constater les mêmes procédés chez les conservateurs. Ce n'est pas là le fait d'un parti à l'exclusion des autres.

« Ceci étant, je dis que, dans l'intérêt de la réformation sociale, il faut louer M. le comte de Paris de s'être sensiblement éloigné de ce genre d'éloquence. »

Voilà ce qu'écrivait M. H. de Tourville, dans le numéro de *la Science sociale* de novembre 1887.

La caractéristique du manifeste de M. le comte de Paris est, en effet, la décision avec laquelle il a abordé les questions les plus aiguës de la politique contemporaine en France, et la précision, ainsi que l'extrême netteté avec lesquelles il a tenté de les résoudre. On a à peine parcouru vingt lignes de ce document que l'on met le doigt sur une des plaies vives du régime républicain.

« Les considérations électorales, y est-il dit, qui dominent une Chambre, elle-même toute-puissante, stérilisent tous les efforts tentés pour rétablir l'ordre dans les finances. »

On ne saurait en moins de mots évoquer tout un monde de faits. En lisant ces trois lignes, se dressent devant les yeux toutes ces réformes sans cesse promises et toujours éludées. Depuis longues années, il est toujours question, entre autres choses, de supprimer un certain nombre de tribunaux d'arrondissement parfaitement inutiles. Cette mesure allégerait sensiblement le budget des dépenses. Elle n'aboutira certainement pas, car « ces considérations électorales », auxquelles M. le comte de Paris fait allusion, coupent court à toute velléité d'économies. Si le député de l'arrondissement se ralliait à pareille motion, il serait, comme l'on dit, bien sûr de son affaire, et, à l'expiration de son mandat, il ne reprendrait certainement pas le chemin du Palais-Bourbon. On s'était cependant, à la longue, décidé à supprimer — à titre d'essai — quelques recettes des finances. Cette tentative de réforme n'a pas tenu devant les réclamations des députés intéressés, et récemment les recettes supprimées ont été rétablies. Que pourraient d'ailleurs faire des ministres qui dépendent absolument du bon vouloir d'une « Chambre toute-puissante »? Et d'autre part, que peut bien peser l'intérêt général de la nation dans l'esprit de nos députés, quand il est en aussi complète opposition avec leurs intérêts particuliers? D'ailleurs, ce ne sont pas seulement les réformes budgétaires les plus utiles qui restent en suspens et continuent à grever lourdement les finances du pays. Les mêmes « considérations électorales » président à l'augmentation scandaleuse du nombre des fonctions et des emplois publics, et on comprend aisément qu'elles ne restent pas étrangères à la distribution de cette « manne administrative » qui s'appelle l'attribution des bureaux de tabac. Avec les mœurs du jour, et sous l'influence de l'ambition qui le pousse, alors qu'un adversaire le guette et le talonne, qui pour arriver à son tour promettra tout ce qu'on lui demandera — que pourrait bien répondre un député aux électeurs influents de sa circonscription lui mettant hardiment le marché en mains ? « Monsieur le député, j'ai un fils à placer, je compte sur vous pour cela, comme vous pouvez

compter sur moi aux prochaines élections. » Allez
donc refuser quoi que ce soit à des gaillards qui se
présentent ainsi devant vous l'escopette électorale
au poing ?

« Et le bureau de tabac promis à X..., dont le
« père faillit être interné en décembre 1851 ? L'avez-
« vous donc oublié ? Je sais bien que le père touche
« une pension de douze cents francs comme vic-
« time (?) de décembre, et que le fils aîné a déjà été
« pourvu, par vos soins, d'un bureau de tabac.
« Prenez garde, néanmoins, ces gens-là ne sont pas
« satisfaits, et leur influence n'est pas à dédaigner.
« Votre adversaire leur fait une cour assidue... »
Ainsi écrivait un démocrate de ma connaissance à
un député républicain qui, dans l'intérêt de son
élection, dut assaillir d'importunités le ministre
compétent, jusqu'à ce qu'il eût enfin décroché, pour
cette infortunée famille de victimes de décembre, le
second bureau de tabac, à défaut duquel elle eût
reporté sur son concurrent tout le poids de son influence.

Cette situation générale, lamentable et odieuse,
M. le comté de Paris la met en relief dans une
phrase, et il est impossible de trouver un mot plus
frappant pour en stigmatiser les conséquences.
« Tous les efforts du régime républicain pour rétablir l'ordre dans les finances sont, écrit-il, *sté-
rilisés* d'avance par une « Chambre toute-puissante. »

Il n'est pas moins net, d'ailleurs, dans son appréciation du pouvoir exécutif. Une ligne lui suffit, et personne n'osera soutenir qu'il n'ait pas vu juste et n'ait pas dit vrai.

« L'instabilité du pouvoir exécutif, écrit-il, isole la France en Europe. »

C'était la vérité même à l'époque où parut le manifeste, et malgré l'apparente et même très réelle amitié — nous voulons le croire — que nous témoigne la Russie, aujourd'hui, au fond la situation n'a pas beaucoup changé et le Tzar ne s'est jamais lié par un traité ferme avec le gouvernement français, à cause précisément de cette perpétuelle instabilité du pouvoir exécutif que signale M. le comte de Paris. Si la France reste isolée, c'est donc par la faute du régime qu'elle subit.

Ces deux constatations si importantes faites, le prince, avant d'indiquer ce que sera la Monarchie telle qu'il la comprend, aborde de front et sans détours diverses questions qui ont bien leur intérêt pour un peuple auquel on a si souvent répété qu'il « est souverain ».

Le rétablissement de la Monarchie n'est pas, aux yeux de M. le comte de Paris, aussi difficile que le prétendent ses adversaires. Très légalement elle peut redevenir le gouvernement de la France, et les moyens légaux qui sanctionneraient le retour aux institutions monarchiques, le prince les indique de très bonne grâce, et non sans une légère pointe de malice.

« En vain, poursuit-il, le Congrès a-t-il proclamé

l'éternité de la République. *Ce qu'un Congrès a fait, un autre peut le défaire, et, le jour où la France aura manifesté clairement sa volonté, aucun obstacle de procédure n'empêchera la Monarchie de renaître.* »

Voilà un premier moyen ; mais il en est un autre, plus légal, semble-t-il encore à ses yeux, et sur lequel il n'éprouve aucune difficulté à s'expliquer un peu plus loin ; nous voulons parler du plébiscite.

« *Un gouvernement porté par l'opinion publique, comme le sera la Monarchie, le jour de son avènement, n'a rien à craindre de cette consultation directe de la nation.* »

C'est parler sans ambages et nous ne retrouvons ici aucun des sophismes, aucune des subtilités par lesquels le gouvernement républicain s'est toujours dérobé à pareille consultation qu'il redoute.

Mais il est à remarquer que si les divers gouvernements se sont parfois, durant le cours du siècle, en France, établis par des moyens légaux, le plus souvent ils sont sortis de ce que l'on est convenu d'appeler « un coup d'État ». Sans embarras et avec la plus entière franchise, le prince déclare que ce « coup d'État » il ne le provoquera pas, mais que si les circonstances le faisaient naître, la Monarchie pourrait et devrait en profiter.

« Toutefois, dit le manifeste, instruit par une triste expérience, le pays croit peu aux transformations légales et régulières de son état politique. Son histoire, malheureusement, lui fournit trop de raisons de prévoir une de ces crises violentes, qui semblent avoir pris, dans notre vie nationale, un caractère périodique. *Si une telle crise se produit, la Monarchie peut et doit en sortir. Mais elle ne l'aura pas provoquée.* »

Certes, voilà des déclarations bien franches, et les républicains auraient mauvaise grâce à s'en scandaliser, eux, qui ont toujours ramassé le pouvoir dans l'émeute, et qui, après l'avoir pris, ont toujours soigneusement évité de demander au peuple l'approbation de leur conduite. Autrement agira le Prétendant en reprenant possession de la couronne. De quelque manière que s'opère le retour de la Monarchie, sa restauration (M. le comte de Paris le déclare, et Mgr le duc d'Orléans partage cette manière de voir) sera soumise à la ratification du peuple français assemblé dans ses comices.

Ces préliminaires terminés, « il est bon, dit le prince, que la France sache d'avance ce que sera cette Monarchie. Le moment est favorable pour le lui dire, *pour l'avertir qu'elle ne marquera pas un retour en arrière.* »

Avec un sentiment très vif des préjugés modernes, M. le comte de Paris s'empresse, dès les premiers mots, de rassurer les esprits, sur le caractère même qu'affectera la forme monarchique. Si la Monarchie, selon sa propre formule, en une autre circonstance, doit être « traditionnelle par son principe », elle n'en sera pas moins « moderne par ses institutions » ; seulement, elle ne sera jamais non

plus, qu'on en soit convaincu, un retour à « l'ancien
régime ». Oh ! l'ancien régime n'était certainement
pas ce que beaucoup pensent encore, et Tocqueville
a pu écrire avec infiniment de bon sens : « On aurait bien tort de croire que l'ancien régime fut un
temps de servilité et de dépendance ; il y régnait
beaucoup plus de liberté que de nos jours » (1).
Depuis, les études les plus sérieuses sur le passé
sont venues démontrer la justesse de cette appréciation. Il n'en est pas moins vrai que les formes
sociales et politiques, communément désignées sous
le nom « d'ancien régime », quelque avantage
qu'elles aient pu avoir pour le temps où elles étaient
appliquées, ne sauraient, dans leur ensemble tout
au moins, convenir à notre époque. Désirer le
retour pur et simple aux institutions d'autrefois,
serait rêver d'un anachronisme. Cependant, la no-
tion véritable des choses est tellement faussée de nos
jours que, pour beaucoup de Français et non des
moindres, « restaurer la Monarchie » ne signifie pas
autre chose que revenir à « l'ancien régime » (2).
C'est à détruire ce préjugé trop complaisamment
entretenu par les adversaires du principe monar-

(1) Tocqueville, *l'Ancien Régime et la Révolution.*
(2) En 1873, le prince Napoléon se rencontra à table, chez
M. Émile de Girardin, avec M. Robert Mitchell qui défen-
dait, dans la *Presse,* la cause de la Monarchie constitutionnelle.

« A quelles folies, lui dit-il, ne vous conduiront pas vos
doctrines parlementaires ? Voilà que pour en assurer le
triomphe vous allez à la Monarchie. Vous voulez donc

chique que M. le comte de Paris s'est appliqué, en affirmant catégoriquement, dans une phrase bien en relief, que la Monarchie selon ses idées « ne marquera pas un retour en arrière ».

Cela posé, le manifeste signale immédiatement ce qui manque au gouvernement de notre société démocratique et que, seule, la Monarchie pourra lui assurer. « Le principe de la tradition historique, avec sa merveilleuse souplesse, peut s'adapter aux institutions modernes ; il apportera au gouvernement de notre société démocratique *l'élément pondérateur* qui manque sous le régime républicain, et il jouera dans cette société un rôle non moins efficace que dans les vieilles monarchies européennes qui se sont pacifiquement transformées. »

M. le comte de Paris, avec cette netteté de vues, qui caractérisait son intelligence, a parfaitement saisi quel est et quel doit être le rôle d'un pouvoir monarchique qui désire réellement être utile et qui a la légitime ambition de durer. Ce pouvoir ne doit pas être brouillon, tracassier, envahissant ; il ne doit pas intervenir en toutes choses, à tout pro-

revoir les anciens droits, le clergé tout-puissant, les billets de confession ?

— Oh ! Monseigneur, comment pouvez-vous alléguer de pareilles sottises ! Laissez cela aux imbéciles !...

— Je vous dis, s'écria le prince, que vous prendrez des bains d'eau bénite !

— Ma foi, répliqua M. de la Guéronnière, j'aime encore mieux un bain d'eau bénite qu'un bain de pétrole.

— Vous avez tort. » — *Le Comte de Paris*, par le marquis de Flers, p. 184.

pos et hors de propos, se donnant la mission, comme nous ne le constatons que trop souvent, sous le régime républicain, de tout régler à son gré, même les questions qui dépendent essentiellement de l'initiative privée. Il doit au contraire, ainsi que l'expliquera plus loin le manifeste, laisser les pouvoirs locaux se constituer et se développer, dans une sorte d'autonomie où les instincts démocratiques trouvent leur compte, et ne doit assumer avec la charge des intérêts généraux de la nation que le rôle de modérateur, en cas de conflit entre les divers éléments politiques et sociaux, dans les conditions prévues par le pacte constitutionnel.

Il est à remarquer que, dans tous les pays où l'institution monarchique a été ainsi comprise, elle reste très solidement établie, et l'idée non seulement ne vient pas aux populations de la mettre en discussion, mais encore elle jouit dans l'esprit des masses d'une popularité dont le plus souvent bénéficient les souverains eux-mêmes.

Il y a quelques années était célébré en Angleterre le jubilé de la reine Victoria, et voici ce que publiait à cette occasion un de nos écrivains, disciple distingué de Le Play :

« Voilà le peuple le plus positif, le plus pratique, le plus froid, le plus dépourvu d'enthousiasme ; en même temps le plus lancé dans le mouvement des sociétés modernes, dans l'industrie, dans le commerce; eh bien ! ce peuple va fêter un anniversaire national avec un enthousiasme tel, que notre fête du

14 juillet, disparaît devant lui comme un spectacle morne et dédaigné ; ce peuple va faire, par la seule initiative privée, bien au delà de ce qu'on nous fait avec l'argent des contribuables, à l'instigation de l'État.

« Et pourquoi cet enthousiasme ? Sans doute pour quelque découverte, pour une machine agricole plus perfectionnée, pour un moteur à vapeur plus puissant, pour une invention qui permettra de dévorer plus rapidement l'espace et de multiplier le temps, car pour l'Anglais « le temps, c'est de l'argent » ?

« Nullement. Ce peuple si moderne, si industriel, si commerçant et tourné, par conséquent, vers tous les progrès matériels, va s'enthousiasmer pour une des plus vieilles institutions qui existent parmi les hommes, pour une institution tellement vieille, que beaucoup la considèrent comme définitivement perdue ; que ses partisans apparaissent en France comme des revenants d'autres âges, comme des gens rétrogrades, tournant le dos au progrès, à la civilisation, aux lumières : ce peuple va fêter avec enthousiasme la Monarchie !

« Et quel est le représentant de cette Monarchie ? Est-ce quelque grand capitaine qui a conduit le peuple anglais à la victoire, un Louis XIV, un Napoléon ? Non, c'est une simple femme, âgée, bonne mère de famille ; son règne a été généralement paisible et on ne cite guère d'elle que son attachement pour son époux et pour ses enfants (1) ».

(1) J. Moustiers, *le Jubilé de la reine Victoria.*

Recherchant les causes de cet état d'esprit chez les Anglais, l'auteur les trouve dans ce fait, qu'en Angleterre aussi bien que dans les autres pays où l'on constate que la forme monarchique n'est point tombée dans l'impopularité « le chef de l'État n'a d'autres fonctions que celles qui n'ont pas pu être remplies par les groupes constitués dans les familles, dans les communes, dans les provinces ».

« En d'autres termes, ajoute-t-il, la Monarchie n'est purement et simplement que le pouvoir central chargé des intérêts généraux de la nation, mais elle n'est nullement la réunion, la collectivité des divers pouvoirs locaux ; elle n'exerce pas elle-même, au moyen de ses agents, toutes les fonctions sociales, depuis les plus hautes dans la capitale, jusqu'aux plus infimes, dans le dernier des villages. » — Elle laisse, au contraire, à ces pouvoirs locaux toute l'in dépendance et toute l'autonomie dont ils sont capables et ne se permet pas plus d'empiéter sur eux qu'ils ne cherchent à empiéter sur elle. Sa mission consiste à les maintenir en paix chacun dans son rôle.

Taine écrivait de son côté en 1862, dans ses *Notes sur l'Angleterre* : « La Reine et le prince Albert s'enferment dans leur rôle de monarques constitutionnels et ne *songent jamais à le dépasser ;* ils consentent à n'être que de *simples modérateurs,* à suivre la direction du parlement et de l'opinion. Ils n'ont pas de parti au parlement ; ils n'intriguent jamais contre un ministre, même contre celui dont la personne ou les idées leur sont désagréables, ils l'acceptent loyalement et jusqu'au bout. »

Le pouvoir royal ainsi compris ne peut être que respecté, et son autorité reste entière pour les circonstances solennelles où il est obligé d'intervenir, dans l'intérêt général du pays.

« On s'explique, dit encore M. J. Moustiers, l'attachement des peuples du Nord pour une institution dont ils sentent les bienfaits, sans en sentir le poids. Comme la royauté n'intervient que dans les circonstances tout à fait exceptionnelles, en cas de désordres patents, on ne peut la rendre responsable de rien. La Monarchie reste donc populaire, parce qu'elle est utile, sans être gênante. »

Ce rôle essentiellement pacificateur du pouvoir monarchique, M. le comte de Paris l'indique bien clairement lorsqu'il dit que, la royauté, avec la tradition historique qui est son principe apportera à notre société démocratique *l'élément pondérateur* qui lui fait défaut sous le régime républicain. Cette idée lui tient si bien à cœur qu'il y revient, sous une autre forme, dans une autre partie de ses *Instructions :*

« La Monarchie, écrit-il, ne sera pas la revanche d'un parti vainqueur sur un parti vaincu, le triomphe d'une classe sur une autre classe. En élevant au-dessus de toute compétition le dépositaire du pouvoir exécutif, *elle fait de lui le gardien suprême de la loi devant laquelle tous sont égaux.* »

Et le manifeste tout entier, sans se perdre dans

des considérations vagues « sur la liberté, sur les droits du peuple et la souveraineté nationale », sans recourir selon le procédé des politiciens en vue à des amplifications déclamatoires « sur la civilisation, le progrès, les conquêtes de la démocratie qui coule à plein bord », semble tourner autour de cette idée-mère que la monarchie doit être avant tout un pouvoir destiné à assurer la pacification sociale.

« Loin d'exciter les unes contre les autres les différentes classes qui concourent à produire la richesse nationale, elle s'efforcera de les réconcilier et d'amener ainsi la pacification sociale. »

Plus on relit cet admirable écrit et plus on constate que les aperçus judicieux dont il fourmille sont le résultat de l'exacte observation des faits et d'une longue et patiente étude des événements du passé. Ce n'est plus de la métaphysique politique à la façon de Jean-Jacques et le système préconisé n'est pas le résultat d'une conception *a priori*. On ne risque pas, en parcourant ce « traité », si court mais si complet, sur la question monarchique, de s'y heurter à des raisonnements nébuleux où se mêlent, à propos de politique, les déductions en apparence rigoureuses du mathématicien aux subtilités de la scolastique, et on n'est pas exposé à y découvrir, comme dans le *Contrat social*, que « de même qu'il n'y a qu'une moyenne proportionnelle entre chaque rapport, il n'y a de même qu'un bon gouvernement possible dans un État ». Avec M. le comte de Paris, nous sortons de l'indécision et du vague ; nous faisons, qu'on nous permette l'expression, de la politique appliquée et conforme aux données de l'expérience acquise.

Aussi n'y trouve-t-on pas des affirmations d'un étrange comique, dans le genre de celle-ci, qui doit singulièrement dilater la rate de nos honnêtes gouvernants, si par reconnaissance ils trouvent parfois le temps de relire Rousseau, auquel ils doivent tant :

« Un défaut essentiel et inévitable, qui mettra toujours le gouvernement monarchique au-dessous du gouvernement républicain, est que dans celui-ci la voix publique n'élève presque jamais aux premières places *que des hommes éclairés et capables, qui les remplissent avec honneur ;* au lieu que ceux qui parviennent dans les monarchies ne sont, le plus souvent, que de petits brouillons, de petits fripons, de petits intrigants, à qui les petits talents, qui font, dans les cours, parvenir aux grandes places, ne servent qu'à montrer au public leur ineptie, aussitôt qu'ils y sont parvenus. *Le peuple se trompe bien moins sur ce choix* que le prince ; et un homme d'un vrai mérite est presque aussi rare dans le ministère *qu'un sot à la tête d'un gouvernement républicain* » (1).

Quel dommage que Rousseau n'ait pas été gratifié, par la Providence, de la longévité des patriarches de la Bible ! il aurait pu voir à l'œuvre les hommes d'État de notre République. Mais il fallait vraiment,

____

(1) J.-J. Rousseau, *du Contrat social.*

pour formuler une appréciation aussi malveillante sur les ministres de la Monarchie et pour oser soutenir que sous cette forme de gouvernement « un bon ministre fait époque dans un pays », que cet illustre philosophe n'eût jamais lu la moindre page de l'histoire de France ! A ne prendre que les divers ministres depuis Henri IV, il n'avait que l'embarras du choix pour en trouver non pas de bons, mais d'excellents, non pas de grands seulement, mais de très grands, pour ne citer que Sully, Richelieu, Colbert; et parmi ses contemporains même, il en est dont (comme dit le populaire) notre troisième République ferait certainement ses dimanches, à commencer par Turgot, qui ne fut pas le seul remarquable dans le courant du xviiie siècle.

Plus sensé et plus pratique, M. le comte de Paris se souvient que c'est par ses fruits qu'on juge l'arbre. Il nous invite donc à nous rappeler, en sa compagnie, ce que la Monarchie a déjà fait pour la France, et il nous montre ce qu'elle pourrait accomplir encore avec les transformations qu'inévitablement lui imposent les nécessités du temps présent. — Parallèlement, il fait passer sous nos yeux le tableau de ce que la République a fait de notre pays et des dangers auxquels elle l'expose dans l'avenir. Tout cela sans grandes phrases et en s'appuyant sur des faits connus de tous.

L'histoire à la main, il donne pour origine à la Monarchie un véritable pacte national dans lequel elle a puisé la force d'accomplir sa longue et glorieuse mission à travers les siècles, et, avec un sens très aiguisé des besoins du moment, il propose, « pour fonder après tant de révolutions un gouvernement dont la base soit plus ferme et plus large qu'une simple prise de possession du pouvoir ou une délégation de la souveraineté du nombre, de faire revivre la tradition historique par un accord librement consenti entre la nation et la famille dépositaire de cette tradition. Cet engagement réciproque consacrant le droit historique, et liant, comme tous les contrats, les générations futures, peut seul garantir à la fois la stabilité dont la France a besoin pour reprendre son rang en Europe, et la vraie liberté qui est surtout la protection des faibles ».

« Je suis persuadé, dit à ce sujet M. H. de Tourville, que M. le comte de Paris n'a pas voulu faire de science sociale. Mais, parce qu'il s'est mis à décrire les faits, il a parfaitement indiqué le mécanisme social de l'institution monarchique. Quand, à travers le perpétuel renouvellement des générations et la perpétuelle instabilité qui en résulte, les pères d'une race veulent établir la stabilité, assurer la durée de leur œuvre et l'avenir de leurs descendants en ce qui est des intérêts publics, ils cherchent un moyen *qui lie entre elles les générations successives*, et ce moyen, ils le trouvent dans un contrat qui lie ces générations avec une famille déterminée. Ainsi, au milieu de cette masse de familles qui constituent une nation, et dont les destinées sont si mouvantes, si diverses et si incertaines, on trouve l'élément le plus naturel d'organisation générale et de stabilité commune, en rattachant toutes ces destinées par un point, par la charge des intérêts généraux et communs, à la destinée *d'une famille.*

« Pour ceux qui ont tant soit peu étudié Le Play, il n'est pas étonnant de voir la famille et les principes d'hérédité apparaître partout dans l'ordre social comme la naturelle condition de la stabilité. »

Or, de stabilité nous avons faim et soif à cette heure.

Après avoir donc établi que cette stabilité, indispensable au bon fonctionnement des institutions politiques et sociales, renaîtra quand « le pacte ancien aura été remis en vigueur, au nom de la France, soit par une Assemblée constituante, soit par le vote populaire ; de préférence par cette dernière forme plus solennelle et qui peut mieux convenir à un acte qui ne doit pas se renouveler », le prince se hâte de nous faire connaître ce qu'il entend faire au regard du suffrage universel dont il ne méconnaît pas les droits — on vient de le voir — mais qui n'est pas sans présenter de gros inconvénients pour la conduite régulière des affaires publiques, ainsi que tout le monde en convient aujourd'hui.

S'il admet sans hésiter que « c'est au suffrage universel direct que doit appartenir le choix des députés », il sait aussi à quel point, par une fausse interprétation de la doctrine de la souveraineté du peuple, une Chambre, élue par ce moyen, est tentée, en se réclamant de son origine, d'élever de prétentions à l'omnipotence, si ses attributions ne sont pas clairement définies et nettement circonscrites d'avance. Le prince, dans l'intérêt supérieur du pays, tient donc à s'assurer contre le caprice et le mauvais vouloir de la Chambre des députés qui pourrait « à l'improviste, paralyser la vie publique et la politique nationale ». A cet effet, à côté de la Chambre des députés, émanant du suffrage universel et représentant le nombre, siégerait, avec une autorité égale, le Sénat, en partie électif, destiné à représenter dans le parlement « les grandes forces et les grands intérêts sociaux ». Entre ces deux formes distinctes, mais égales en autorité de la représentation nationale et encadrée par elles, sans qu'elles pussent cependant l'asservir, apparaîtrait la Royauté se mouvant dans une sphère déterminée et avec un pouvoir propre.

Ce n'est plus, selon une formule célèbre, « le roi qui règne mais ne gouverne pas » ; c'est, au contraire, tout à la fois, le roi qui règne et gouverne, « mais avec le concours des Chambres », ce qui est une garantie de plus de bon ordre et de stabilité.

« Entre ces deux assemblées, dit le manifeste, la Royauté ayant ses ministres pour interprètes, pouvant s'appuyer sur l'une ou sur l'autre, sera éclairée, guidée, mais non asservie. »

C'est avec les modifications que comporterait son application au tempérament français, le régime que Le Play décrit au sujet de la royauté anglaise :

« La Chambre des Communes et la Chambre des Pairs concourent, dit-il, avec le roi au gouvernement de l'État.

« Dans l'ère de paix sociale ouverte par la réforme morale de Georges III, les deux Chambres du parlement ont, en fait, pris à la haute direction des affaires une part plus grande que celle du roi et de son conseil. Cependant cette organisation du pouvoir n'est nullement essentielle à la Constitution britannique ; elle se modifierait par l'ensemble des circonstances qui amèneraient un jour au pouvoir un roi populaire et un parlement méprisé. Si l'antagonisme social, qui se développe depuis 1830, continuait à s'aggraver ; si la nation se divisait par la discorde au point que ses représentants devinssent impuissants à constituer une majorité, le roi reprendrait momentanément la plénitude de l'autorité publique.

« Cette heureuse répartition des pouvoirs, créée par une longue expérience, se prête donc, avec une merveilleuse élasticité, aux alternatives de souffrance et de prospérité. Un peuple se gouverne en toute liberté aux époques de vertu ; il s'appuie davantage sur le roi quand le vice et l'erreur se propagent ; il doit se borner à obéir quand le mal est à son comble. »

Le Play ajoutait, ainsi que le fait remarquer un de ses disciples (1), que ce pouvoir royal est sur-

(1) M. H. de Tourville, *Science sociale*.

tout utile aux peuples dont les voisins sont eux-mêmes organisés en monarchies et préoccupés de desseins envahissants. En voici la raison : la monarchie héréditaire est plus apte que toute forme de gouvernement à conduire des entreprises de longue durée. On l'a vu pousser imperturbablement, à travers des siècles entiers, l'exécution des mêmes projets. C'est ce qu'ont fait en France les Capétiens. Pendant huit cents ans, de Hugues Capet à Louis XIV, ils ont poursuivi, au milieu des circonstances les plus diverses, la Constitution de l'unité nationale. Si donc un peuple a, tout près de lui, d'autres peuples qui se servent de cette action persévérante de la Royauté pour développer leur puissance aux dépens d'autrui, pour élargir leurs frontières, pour étendre les privilèges de leur commerce, il a besoin de recourir lui-même à la Monarchie, afin d'opposer à des tentatives persistantes une résistance suivie et à de longues combinaisons une permanente sagesse.

Cette vérité d'observation, toute à l'avantage de la Monarchie, est aussi relevée par M. le comte de Paris :

« Sous la protection du gouvernement monarchique, écrit-il, la France pourra recouvrer dans la paix et le travail sa prospérité d'autrefois. Grâce à la confiance inspirée par la solidité de ses institutions, elle aura l'autorité nécessaire pour traiter avec les puissances et poursuivre l'allègement simultané des charges militaires qui ruinent la vieille

Europe au profit des autres parties du monde. »

On peut le remarquer, rien n'est oublié; mais on peut dire aussi sans exagération que, dans cet écrit, chaque mot recouvre une idée.

Si la Monarchie, selon M. le comte de Paris, tient à laisser à chaque citoyen français, toute la liberté désirable, telle même que le régime républicain ne lui en a jamais autant donné, le prince cependant ne se fait aucune illusion sur le danger qu'il y aurait à permettre à la démocratie de sortir des limites dans lesquelles elle peut s'épanouir utilement et dans l'intérêt de tous.

« La démocratie, a dit un sociologue, Le Play que nous sommes amené à citer souvent — la démocratie réussit à gouverner utilement les intérêts communaux dans les communes rurales; elle réussit mal à gérer les intérêts de la province et de l'État, à moins qu'il ne s'agisse de petits pays à intérêts très simples. Si on cherche la raison de ce fait, on le trouve dans le défaut d'aptitude, chez la plupart des hommes, à bien connaître et à bien concevoir des intérêts compliqués et éloignés du champ ordinaire de leur expérience. »

Se rencontrant sur ce point avec l'éminent penseur, le manifeste vise « la nomination des maires par les conseils municipaux dans les communes rurales ».

Il vise aussi « le maintien du suffrage universel pour toutes les fonctions actuellement électives », mais cela ne va point sans quelques correctifs, car si la Monarchie restaurée sera « grâce à son origine

antique et à son établissement nouveau, assez forte
pour concilier la pratique du suffrage universel avec
les garanties d'ordre que lui demandera le pays dégoûté du parlementarisme républicain », le prince
n'ignore pas cependant que « le pays voudra aussi
un gouvernement fort ». Le pays « comprend très
bien, en effet, que même le véritable régime parlementaire, celui qui, sous la Monarchie, a jeté tant
d'éclat de 1815 à 1848, n'est pas compatible avec une
Assemblée élue par le suffrage universel ».

Il suffit d'évoquer le souvenir des embarras sans
cesse renaissants dans lesquels se débat le gouvernement républicain aux prises avec la Chambre des
députés pour reconnaître combien cette réflexion est
juste. Le prince ne supprime pas pour cela l'élection
directe des députés par le peuple, mais il indique
sans arrière-pensée, « qu'il faut modifier le mécanisme pour l'adapter à ce nouveau et puissant moteur », et il a grand soin de déterminer les mesures
à prendre pour qu'un soudain et ridicule caprice
des mandataires du pays ne vienne pas entraver
tout à coup la marche des affaires publiques.

« Pour mettre le roi à même de donner aux
grandes affaires publiques, — dit M. de Tourville
dans son analyse du manifeste — la suite qu'elles
exigent, M. le comte de Paris s'assure, dans le système de son gouvernement, trois points fixes ·

Une loi budgétaire stable ;

Un ministère stable ;

Un commandement militaire stable. »

Les réflexions qu'il fait à ce sujet sont à citer en entier :

« Ces mots : *stable*, *stabilité*, commencent à sonner bien à nos oreilles françaises. Il y a peu de temps encore, ils étaient un objet de scandale..... On ne comprenait pas bien ce qu'il pouvait y avoir de si bon à préconiser sous ces mots-là. La stabilité, c'était la routine, l'inertie, la stagnation ; c'était la négation du progrès. Pour progresser, il fallait que tout fût changeant ; plus on introduisait en tout la mobilité, la facilité du changement, plus on ouvrait la voie au progrès.

« Facilité de changer le foyer de la famille, par le régime de l'habitation à loyer ; facilité de changer les serviteurs par leur assimilation à des gens de journée ; facilité de changer le personnel ouvrier, par l'application pure de la loi de l'offre et de la demande ; facilité de changer la population de tout un pays par la licitation incessante des héritages ; facilité de changer les possesseurs du sol national par le morcellement forcé et la circulation à outrance des biens ; facilité de changer l'éducation des enfants par le développement et le perfectionnement des internats ; facilité de changer la magistrature par la suppression de l'avancement distinct dans chaque ressort et par d'opportunes suspensions de l'inamovibilité, etc., etc., tout cela, et bien d'autres facilités de changement était compté pour autant de progrès, pour autant d'améliorations de la condition humaine, je ne veux pas dire par des sots, mai par ce qu'on a coutume d'appeler « de fort honnêtes gens ».

« J'en oublie, et des meilleurs ! On en est venu à la facilité de changer de mari et de femme par la loi du divorce. Et, pour retomber sur mon sujet, on en est venu à la facilité de tenir en échec tous les services publics, et, s'il le faut, le système entier du gouvernement et l'avenir de la France, par la votation des douzièmes provisoires.

« Quand l'ineptie est arrivée à rétrécir à ce point l'horizon d'un pays, comme la France, il est temps d'édicter ce qui suit :

« Le budget, au lieu d'être voté annuellement, sera désormais une loi ordinaire, et ne pourra, par conséquent, être amendé que par l'accord des trois pouvoirs. Chaque année, la loi des finances ne comprendra que les modifications proposées par le gou-vernement au budget antérieur. Si ces propositions sont rejetées, tous les services publics ne seront pas suspendus, et les intérêts compromis par le refus du budget.

« Et cependant, les vrais principes constitu-tionnels seront scrupuleusement respectés, car aucun nouvel impôt ne pourra être établi, aucune nouvelle dépense ne sera décidée sans le consentement des élus de la nation.

« Mais « un caprice de la Chambre des députés ne pourra plus, à l'improviste, paralyser la vie publique et la politique nationale ».

« Constatation, sans détour et sans conteste, de

l'aptitude des représentants du suffrage universel à faire justement le contraire de ce dont ils ont la charge devant le pays. Et pour qu'on ne croie pas que cette vérité soit nouvelle ou que cette opinion soit celle d'un parti, je me contenterai de rappeler l'exclamation célèbre de Duport, qui a été un des membres les plus révolutionnaires de la Constituante : « Comment ! s'écriait-il, depuis qu'on nous rassasie de principes, ne s'est-on pas aperçu que la stabilité est aussi un principe de gouvernement ? »

« Mais ce ne serait rien que d'avoir un budget fixe; il faut l'employer avec des idées suivies.

« De même qu'il faut soustraire à une Chambre, jouet du suffrage universel, les finances, essentielles à la marche des services publics, il faut lui soustraire, et encore plus, la direction des grands intérêts nationaux.

« Il faut, avec un budget stable, un ministère stable.

« La Monarchie, dit le Manifeste, devra rétablir l'économie dans les finances, l'ordre dans l'administration ; l'indépendance dans l'exercice de la justice; elle devra relever pacifiquement notre situation en Europe, nous faire respecter et rechercher par nos voisins. Les ministres qui la serviront dans cette grande entreprise ne sauraient en poursuivre la réalisation, s'ils ont la crainte de voir leurs efforts interrompus par un simple accident parlementaire. Ils se sentiront affranchis de cette crainte le jour où ils seront responsables, non plus devant une seule

Chambre omnipotente, mais devant les trois pouvoirs investis de la puissance législative.

« Ainsi « *les députés* ne pouvant plus élever ou renverser les ministères, *n'exerceront plus cette influence abusive, qui est aussi funeste pour l'Assemblée que pour l'Administration.* »

Encore un clair énoncé de l'incapacité reconnue d'une Chambre élue au suffrage universel :

« Entre les services publics qui sont de la compétence essentielle de l'État, s'il en est un qui demande à n'être pas conduit avec des vues de trois mois ou d'un an, comme sait conduire une Chambre issue du suffrage universel, c'est l'armée.

« La Monarchie, dit M. le comte de Paris, mettra les traditions militaires à l'abri des fluctuations de la politique, en donnant à l'armée un chef incontesté et immuable — c'est-à-dire le Roi lui-même. — La permanence du commandement au sommet aura pour conséquence la solidité de la discipline à tous les degrés de la hiérarchie. »

Le Play dit de son côté :

« L'armée française est en fait dirigée et administrée par le ministre de la guerre qui, en général, ne la commanderait plus dès qu'il faudrait faire campagne. En raison de l'instabilité qui émane trop souvent chez nous du régime parlementaire, ce ministre ne peut acquérir, par une pratique suffisamment prolongée, les qualités du commandement. De là il résulte que le service qui exige le plus l'unité de pensée et d'action, la responsabilité et la

personnalité d'un chef unique, est en fait dirigée
par des bureaux et des comités consultatifs, souvent
travaillés par des discordes intestines et toujours
irresponsables. Un tel régime est condamné à la fois
par l'expérience et par la raison ».

On frémit à la seule pensée de ce qui pourrait
advenir, si des circonstances trop à prévoir, hélas !
nous mettaient subitement aux prises avec nos voisins de l'Est, quand on se rappelle les faits qui se
sont produits à l'occasion de Madagascar. Comme
elles se sont manifestées ces discordes intestines
des comités et des bureaux que redoutait tant Le
Play, dans sa haute et patriotique prévoyance.
A ce mal fâcheux, M. le comte de Paris, avec sa
précision ordinaire, indique le remède. Plus de
mesquines jalousies entre les généraux appelés aux
hauts commandements, et dont aucun, aujourd'hui,
par suite des sottes défiances de nos gouvernants,
ne peut se dire, à proprement parler, le supérieur
des autres, et partant leur imposer ses ordres sans
réplique. Avec le Roi, à la tête, la hiérarchie sera
bien marquée, et aucune velléité d'indiscipline ne
sera à redouter, puisque, la place suprême étant
toujours occupée, fût-il le plus brillant et le plus
glorieux, aucun de nos généraux ne pourra y aspirer.

Voilà comment, dans le gouvernement monarchique, sera rendue aux organes essentiels de la
machine politique la stabilité qui, sous le régime
républicain, leur fait toujours défaut, au grand désavantage du pays.

Le public en est tellement convaincu que, ce qui dans le Manifeste lui produisit le meilleur effet, « ce fut l'énoncé des moyens que prendrait le prince pour préserver le pays contre l'instabilité de la Chambre ». « Et c'est à ce point, ajoute M. de Tourville, à qui nous emprutons cette réflexion, que le parti républicain lui-même n'a pas été sans songer à s'adjuger quelque chose des garanties proposées par M. le comte de Paris. »

Il y a cependant, ajoutait-il, une autre difficulté à laquelle il faut songer dans nos révolutions politiques : c'est la difficulté de concilier les réformes utiles au public avec les intérêts d'une multitude de gens engagés dans le régime qu'il s'agit de supprimer.

« Henri IV triomphant s'est trouvé en présence de cette délicate question. — Il l'a résolue en partageant également sa faveur entre tous ceux qui se montraient capables et soigneux du bien public, qu'ils fussent royalistes ou ligueurs.

« C'est le procédé auquel veut recourir M. le comte de Paris.

« Les modestes serviteurs de l'État, dit-il, qui ont gagné leur situation par leur travail, ne seront pas menacés parce qu'ils la tiennent de la République. Si, d'une part, toutes les victimes de la persécution républicaine sont assurées de recevoir l'ample réparation qui leur est due, d'autre part les exploiteurs et les indignes qui avilissent leurs fonctions auront seuls à redouter l'avènement d'un pouvoir honnête et juste. »

Le Play avait déjà dit sur ce point : « Les réformes vraiment fécondes ne sont jamais dirigées contre une classe de personnes. Les peuples qui combattent sans cesse la corruption par la réforme attribuent des compensations et conservent tout au moins l'intégrité du salaire à ceux qui ne trouvent pas immédiatement dans la nouvelle organisation, des avantages égaux à ceux dont ils jouissaient (1).

« Je ne saurais trop signaler les avantages qu'offre en cette matière comme en toute autre, l'observation des règles de l'équité. Les Anglais pensent qu'il est non seulement injuste, mais contraire à l'intérêt général, de fonder des réformes sur la violation des droits acquis. Ils croient faire un acte judicieux en supprimant un emploi inutile, tout en conservant au fonctionnaire dépossédé la totalité de son salaire. En France, on ne veut pas généralement supporter les charges que ces sortes de dédommagements entraînent et l'on conserve, par ce motif, des institutions qui, en raison de leur pernicieuse influence, sont plus lourdes au public (2).

« Il faut donc se féliciter, au point de vue de la réforme et des progrès de la science sociale, toutes les fois qu'un parti quelconque en France ne se croit pas obligé de copier à son profit la maxime connue : « La République aux républicains » (3).

(1) *L'Organisation du travail*, ch. VI, § 54, p. 349.
(2) *La Réforme sociale en France*, t. IV, p. 360.
(3) H. de Tourville, *le Manifeste de M. le comte de Paris*, *Science sociale*, nov. 1887,

Nous avons tenu à donner de longs extraits du remarquable travail de M. H. de Tourville pour bien montrer le grand retentissement qu'eut le Manifeste de M. le comte de Paris, non seulement dans le monde politique, proprement dit, mais encore parmi ces esprits indépendants largement ouverts à toutes les conceptions sérieuses, mais pour qui cependant la forme des institutions gouvernementales n'est que d'importance secondaire quand elle n'est pas un acheminement vers les réformes vraiment utiles et la pacification sociale.

Par l'analyse rapide de ce que nous sommes tenté d'appeler le projet de Constitution monarchique qu'a élaboré M. le comte de Paris, nous avons pu nous convaincre que sans rien sacrifier des droits essentiels de l'individu, il tend à reconstituer, dans un intérêt général indiscutable, le faisceau brisé des forces sociales. Il tient compte des droits acquis et ne met aucune mauvaise grâce à constater les transformations dont la société a été le théâtre durant ces dernières années. Seulement avec infiniment de bon sens, il fait aussi remarquer qu'elles ne sont pas le résultat exclusif d'un régime ; le temps y a plus de part que les institutions politiques.

« Dans notre société en transformation, dit le Manifeste, une courte période de seize années a vu surgir, depuis le hameau jusqu'à la capitale, ce que les républicains ont appelé « les nouvelles couches ». Des hommes nouveaux sont arrivés en grand nombre à conquérir une part d'influence qu'ils ne possédaient pas encore. Ils l'auraient acquise sous tout autre gouvernement, car ce progrès légitime de leur condition est le fruit des bienfaits de l'instruction et de la lente ascension qui, à travers les siècles de notre histoire, a rapproché les différentes classes de la société. Mais ils croient la devoir à la République. Ils continueront à en jouir, il faut qu'ils le sachent, sous l'égide de la Monarchie. »

Ainsi pas de classes distinctes et privilégiées ; avec la Monarchie nouvelle, le mouvement ascensionnel des individus dans la société, qui doit avoir pour moteur primordial le mérite personnel, ne sera ni entravé, ni contrarié, et nos institutions politiques sauront alors, selon l'expression du prince, « satisfaire à la fois nos besoins conservateurs et notre passion de l'égalité ».

D'autre part « la stabilité de son gouvernement permettra à la Monarchie de s'appliquer avec suite à l'étude des problèmes que soulève la condition de nos populations laborieuses des villes et des campagnes, de poursuivre l'amélioration de leur sort et d'adoucir leurs souffrances ».

On est émerveillé en lisant cet écrit de constater, qu'en ces quelques pages, rien n'a été laissé dans l'oubli.

S'il précise d'une façon très arrêtée les modifications à introduire dans nos rouages politiques, le prince ne néglige pas de nous avertir qu'il est aussi un ensemble de transformations sociales que la

Monarchie ne perdra point de vue et que les conditions de stabilité, qui sont de son essence, lui permettront plus facilement qu'à tout autre régime de réaliser, seulement remarquez le vague dans lequel il se tient volontairement, en cette question des réformes sociales à accomplir. C'est que son expérience et ses études personnelles ont appris au prince combien sont complexes les problèmes sociaux et avec quelle prudence il convient d'en rechercher la solution ; bien différent en cela de nos étourneaux d'extrême-gauche, qui, lorsqu'ils se mêlent, comme vient de le faire récemment M. Millerand, de définir le socialisme, s'attirent les vertes répliques que l'on sait, même de leurs meilleurs amis politiques.

Dans un passage, le Manifeste donne par avance satisfaction à ce besoin de probité, dont Drumont s'est, au nom des honnêtes gens, constitué l'éloquent interprète — quand il déclare que « les *exploiteurs* et les indignes qui avilissent leurs fonctions auront seuls à redouter l'avènement d'un pouvoir honnête et juste ». — Pour cela, en dehors de ses sentiments personnels, le prince n'a eu qu'à se rappeler l'exemple de ses ancêtres qui faisaient pendre haut et court à Montfaucon ou enfermer à Pignerol les maltôtiers et voleurs du bien public, quelque élevé que fût leur rang, quelque importante que fût leur fonction. Sans remonter aussi haut, il s'est souvenu que son grand-père a fait empoigner à son banc et traduire devant la Cour des Pairs, un ministre concussionnaire. Et qu'était cependant le crime de Teste à côté des ignominies sans nom dont notre temps a été le témoin ?

Le Manifeste n'oublie pas qu'un gouvernement, digne de ce titre, à côté des intérêts matériels dont il a la direction et la garde, ne doit pas négliger de pourvoir à des nécessités qui, pour être d'un autre ordre, n'en réclament pas moins impérieusement de légitimes satisfactions. La Monarchie assurera donc le développement de l'instruction publique, mais elle accordera aussi « à tous les cultes, la protection qu'un gouvernement éclairé doit aux croyances qui consolent l'âme humaine des misères terrestres, élèvent les cœurs et fortifient les courages. Elle garantit au clergé le respect qui lui est dû pour l'accomplissement de sa mission. En restituant aux communes, dans le domaine des choses scolaires, l'indépendance qu'une législation tyrannique leur a ravie, elle rendra à la France la liberté de l'éducation chrétienne. Elle assurera aux associations religieuses, comme aux autres, la liberté qui deviendra, sous certaines conditions d'ordre public, le droit commun de tous les Français, au lieu d'être, comme aujourd'hui, le privilège d'un parti. Ainsi sera rétablie la paix religieuse qu'une politique intolérante a si profondément troublée ».

Il est curieux d'observer comment, en penseur profond et en politique délié, M. le comte de Paris fait toucher du doigt le vice de notre organisation actuelle, basée sur le fanatisme et l'intolérance, et dénoue, par le seul artifice de la vraie liberté, les inextricables difficultés dans lesquelles s'est empêtré le gouvernement républicain pour obéir aux théories des sectaires. Et, qu'on le remarque, le Manifeste ne verse point dans les doctrines théocratiques : « Il garantit au clergé le respect qui lui est dû pour l'accomplissement de sa mission », mais il ne lui attribue aucune ingérence dans les affaires publiques. Les associations religieuses, au même titre d'ailleurs que toutes les autres associations, rentreront dans le droit commun, et ne jouiront d'aucun privilège. — Par la seule logique de la bonne foi, M. le comte de Paris tranche donc net une question, celle de « la liberté des associations » que, dans sa duplicité, le régime républicain — gouvernement de prétendue liberté pourtant — laisse depuis vingt ans à l'abandon, sur le chantier législatif.

Tel est cet admirable écrit qui, en un si petit nombre de pages, remue tout un monde d'idées et qui trouve en même temps le moyen de résoudre, de la façon la plus acceptable pour tous les esprits sérieux et indépendants, les problèmes les plus inquiétants de notre avenir politique.

Or, rien dans les actes, dans les paroles ou dans les écrits de Mgr le duc d'Orléans ne nous autorise à penser qu'il répudie l'une quelconque des idées de son père et qu'il ait jamais eu l'intention de retoucher sur quelque point ces merveilleuses « Instructions aux représentants du parti monarchiste en France ». Tout ce que nous connaissons de lui, nous permet au contraire d'affirmer qu'il les considère comme la base même de la future constitution monarchique.

On peut donc répéter pour lui ce que disait de M. le comte de Paris, au lendemain des odieux décrets d'expulsion, M. Edouard Hervé, ce serviteur dévoué de la famille d'Orléans, dont l'élévation de pensée et les brillantes qualités littéraires ont fait un des maîtres incontestés du journalisme contemporain.

.... « La France, écrivait alors M. Hervé, dans un article intitulé « l'Héritier » — sent déjà et chaque jour elle sentira davantage qu'en dehors de la Monarchie qui se personnifie en lui, elle ne trouvera pas le repos dont elle a besoin après tant d'agitations.

« Pour réconcilier les diverses fractions de la grande famille française, séparées par de longues discordes, il fallait être en mesure de donner à chacune d'entre elles, la satisfaction à laquelle elle tient le plus.

« Il fallait représenter en même temps l'ancienne Monarchie et la Monarchie nouvelle ; par conséquent il fallait être à la fois le successeur de M. le comte de Chambord et le continuateur de Louis-Philippe.

« Il fallait pouvoir rallier en même temps les républicains désabusés et les impérialistes découragés ; par conséquent il fallait avoir à la fois le sens de la démocratie et le sentiment de l'autorité.

« Ces conditions qui semblaient presque inconci-
liables, le comte de Paris les réunit toutes » — on
peut aujourd'hui le dire aussi du duc d'Orléans —
« Il est donc impossible de ne pas voir que l'avenir
de la France est là.

« Nos adversaires le voient comme nous.........
« Quand un gouvernement approche de sa fin, il y
a toujours en vue un homme, une famille ou un système politique qui se trouve désigné pour recueillir
la succession.

« L'héritage de la République va s'ouvrir. Or,
parmi tous ceux qui pensent, parmi tous ceux qui
prévoient, il n'est personne qui, en regardant le chemin parcouru depuis trois ans par M. le comte de
Paris et la situation hors de pair qu'il occupe aujourd'hui, ne se dise : l'héritier, le voilà !

« La République n'a pas seulement cessé depuis
longtemps d'être conservatrice ; elle s'est mise dans
l'impossibilité de le redevenir.

« Les honnêtes gens ont besoin d'être défendus.
Ils savent qu'ils seront abandonnés à l'heure du danger par un gouvernement qui ne sait jamais que ca-
pituler devant les mauvaises passions. Ils se détour-
nent de lui.

« La France veut l'ordre. La République ne peut
le lui garantir. La Monarchie le lui assurera ».

Hélas ! la mort impitoyable est venue prématurément faucher toutes les espérances qu'avaient fait
légitimement concevoir à tous les bons Français le
noble caractère et la haute intelligence de M. le

comte de Paris. Mais ce qui fait la force du principe monarchique, c'est précisément l'hérédité. « Le Roi est mort ! Vive le Roi ! » répétait-on dans les temps monarchiques.

Autant en pouvons-nous dire aujourd'hui, tout en pleurant respectueusement celui qui n'est plus et dont aucun de ceux qui ont eu l'honneur de l'approcher n'oubliera jamais l'affectueuse bonté, jointe à la dignité la plus accomplie.

— A la mort de Mgr le comte de Chambord, M. le comte de Paris avait reçu de l'aîné de sa race l'étendard de la Monarchie ; il l'avait tenu depuis haut et ferme. A son tour, M. le comte de Paris l'a transmis au duc d'Orléans. Il ne saurait être en de meilleures mains.

Pour les mêmes raisons qu'indiquait M. Hervé, en présence des mêmes dangers, et des périls plus grands encore dont la France est menacée, nous pouvons, en nous rappelant la décision et l'à propos dont Mgr le duc d'Orléans a toujours fait preuve dans les circonstances importantes de notre vie nationale survenues depuis la mort de son illustre père, nous écrier aussi en le désignant au pays : Voilà l'héritier !

CHAPITRE VII

Louis Philippe Robert, duc d'Orléans. — Ses premières
années. — Retour en France. — *Stanislas.* — Second exil.
— Aux Indes. — Soldat et chasseur. — Un conscrit dont
on ne veut pas. — Charmant coup de tête. — L'attachement des princes pour la patrie. — *Terre française.* —
M. de Laprade et le duc d'Orléans. — M. le comte de Paris.
— Désavantage du nom. — Voyages du prince. — La
famille royale. — Louis-Philippe. — Ferdinand-Philippe,
duc d'Orléans. — Sa popularité. — Emotion causée en
France par sa fin tragique. — Une lettre de Victor Hugo.
— L'héritier du trône et le peintre Decamps. — Le testament du fils aîné de Louis-Philippe. — La monarchie et
les vraies libertés : un discours de Berryer. — Une belle
lignée de princes. — La reine Marie Amélie. — La duchesse
d'Orléans, princesse accomplie, mère admirable. — Madame la comtesse de Paris. — S. M. la reine Amélie de
Portugal. — S. A. R. la princesse Hélène. — La restitution
des biens des d'Orléans ; *une calomnie.* — M. Bocher. —
Le duc d'Aumale et l'Institut. — Union de la famille
royale. — La réunion de Bruxelles en 1894.

Louis-Philippe-Robert, duc d'Orléans, est né à
Twickenam le 6 février 1869.

Après avoir passé les premiers temps de son
existence dans l'exil, sa destinée l'appelait, après

quelques années de séjour sur le sol aimé de la patrie, à en connaître de nouveau les amertumes. Certes, comme on l'a dit, « s'il fut une victime particulièrement touchante de cette abominable loi de proscription qui frappa les plus Français de tous les Français, les descendants incontestés de Robert le Fort et de Hugues Capet, ce fut assurément ce jeune prince, qui venait à peine d'atteindre sa dix-huitième année, et qui n'avait commis d'autre crime que d'aimer son pays et de se préparer à le bien servir plus tard ».

Suivant en cela l'exemple de son aïeul Louis-Philippe, qui avait voulu que ses fils prissent de bonne heure contact avec des camarades du même âge et ne restassent pas confinés dans l'isolement ordinaire de l'éducation des princes, propre seulement à leur montrer la société sous le jour le plus faux, M. le comte de Paris fit suivre à son fils aîné les cours du collège Stanislas. Ses succès y furent remarqués dès la première année.

« Très intelligent, esprit très ouvert, écrit M. le marquis de Flers, aussi adroit qu'ardent au jeu, il se plaisait dans la compagnie de ses camarades, dont il avait immédiatement gagné les sympathies. » M. Laurent, professeur du collège Stanislas, ancien élève de l'Ecole Normale, agrégé de l'Université, et M. Théodore Froment, professeur de littérature latine à la Faculté de Bordeaux, un des esprits distingués de notre temps, qui abandonna ses fonctions pour se consacrer tout entier au jeune prince, dirigèrent tour à tour l'éducation de Monseigneur le duc d'Orléans, de 1876 à 1887.

« Sur la terre étrangère, a écrit un ami du prince, Philippe, duc d'Orléans, n'a plus eu qu'une pensée et qu'un but : porter haut son nom et le nom français, et se préparer aux destinées que l'avenir lui réserve, aux devoirs que sa naissance lui impose. Accueilli avec sympathie par la famille royale d'Angleterre et par la société anglaise, il ne songea qu'à son instruction militaire. Admis à l'école de Sandhurst, il y suivit, sans solliciter d'exceptions, le cours normal des études, et en sortit après avoir satisfait, avec des notes brillantes, aux épreuves qui doivent conférer le brevet d'officier. — Et cependant, nous l'avouons, c'était pénible de penser que le descendant de saint Louis et d'Henri IV, pour apprendre le métier de soldat, où sa famille s'est couverte de gloire, serait obligé à revêtir l'uniforme d'une armée autre que l'armée française !

« Les vieux soldats qui restent encore de nos troupes d'Afrique, de celles qui ont assuré cette merveilleuse conquête, qui nous ont donné les généraux et les vétérans de Crimée et d'Italie, comprennent cela. Il est affreux que le petit-fils de ce brillant et légendaire Ferdinand d'Orléans, que le petit-neveu de Nemours, de Joinville et d'Aumale, soit privé de cette joie incomparable, pour un sang comme le sien, de sentir un sabre battre contre son pantalon rouge.

« Sans enchaîner sa liberté, sans prendre de service au titre étranger, grâce à la courtoisie généreuse de S. M. la reine Victoria et S. A. R. le duc de Cambridge, commandant en chef des troupes britanniques, Monseigneur le duc d'Orléans a trouvé moyen de faire son stage et de le faire dans les conditions les plus intéressantes, les plus laborieuses, les plus périlleuses même.

« Le choix d'une garnison agréable et commode en temps de paix lui appartenait. On l'avait chassé de France, il s'est exilé d'Europe. Il est allé en Asie, aux Indes, et non pas sur le littoral, dans cette grande capitale de Calcutta, où tout le bien-être des deux civilisations se rencontre, mais au fond du pays, dans les montagnes, au pied de l'Himalaya. — Accompagné par un des officiers supérieurs les plus distingués de notre armée (le colonel de Parseval), un jeune colonel qui a brisé son épée pour consacrer sa vie à cette chère espérance de la Patrie, le prince a passé plusieurs mois à Chakrata, faisant son service au 4e bataillon de *Kings' Royal Rifles;* et chaque soir, avec son habile et expérimenté compagnon, il rapportait les sujets de son travail du jour à cette étude qui l'occupait seule et tout entier, le service des troupes en France et dans les colonies. »

Ses passe-temps et ses plaisirs étaient d'un genre à fortifier encore ce qu'il y a d'énergique dans sa nature. Aux Indes, il avait rencontré son cousin, le prince Henri d'Orléans, fils de Monseigneur le duc de Chartres, le futur explorateur, dont le gouvernement de la République n'a pu se dispenser, récemment, de récompenser les services à la cause nationale. Ensemble, ils entreprirent des chasses au tigre dont l'écho retentit jusqu'en Europe. Le prince Henri en a écrit le récit mouvementé ; vingt-deux tigres périrent sous leurs coups. « Le duc d'Orléans eut huit trophées pour sa part, et cela non sans dangers bravés et surmontés. Un jour, entre autres, aucun des chasseurs n'ose pénétrer dans une jungle d'où l'animal ne veut pas sortir. Philippe s'y aventure, et il est chargé par le fauve qui se précipite sur son éléphant, qui brise *l'aouda* (selle), et avant de tomber, arrache le fusil des mains du chasseur. »

Voilà, on en conviendra, qui n'est pas vulgaire, et le prince est coutumier de pareils actes de sang-froid et d'intrépidité. Quand on a eu l'honneur de l'approcher en admirant sa belle stature, en se rappelant ses prouesses et ses succès mondains, on ne peut se défendre d'évoquer le souvenir de son aïeul, dont M. Thureau-Dangin a tracé ce joli portrait :

« On s'imaginerait difficilement un prince plus séduisant et plus brillant que ne l'était alors le jeune duc d'Orléans. Grand, élancé, d'une figure charmante, d'une élégance suprême, excellant à tous les exercices du corps en même temps que distingué dans les travaux de l'esprit, brave au feu et galant auprès des dames, c'était, comme on a dit de lui, « le Français dans la plus aimable acception du mot ».

Français, il l'était surtout par un patriotisme ardent, impétueux même, qui possédait toute son âme, jamais plus heureux que quand on lui permettait de s'exposer et de se battre pour son pays. « Il me tarde de me rapprocher de l'armée, écrivait-il un jour au prince de Joinville ; comme tu le dis très bien, c'est dans les armées que se réfugie l'esprit national ; c'est notre place, mon cher ami, à nous qui devons être les apôtres et les ministres de cette religion des cœurs généreux. »

C'est ce même ardent patriotisme qui a poussé le petit-fils à accomplir, sans prendre conseil de personne, ce charmant coup de tête qui est resté dans le souvenir de tous les Français à l'âme élevée.

Le prince vient d'accomplir sa vingt-unième année ; sa place désormais, comme pour tous les Français de cet âge, est marquée dans les rangs de l'armée. Il aurait dû être, ainsi que tous ses camarades de la même classe, convoqué pour le tirage au sort. Par un stupide déni de justice, nos gouvernants ont écarté son nom de la liste. Il n'hésite pas ; vingt-quatre heures ne se sont pas encore écoulées depuis qu'il a atteint sa majorité, — il est né le 6 février 1869 et nous sommes au 7 février 1890 — que, bravant tous les dangers et ne prenant conseil que de son honneur et de son patriotisme, il se rend à Paris et se présente bravement dans les bureaux du recrutement et à la mairie du VIIe arrondissement, où il réclame son inscription sur les listes du tirage au sort. Ne recevant pas satisfaction à sa demande, il se rend au ministère de la guerre. Grand émoi parmi nos politiciens ! On l'arrête, on le juge et on le condamne. Il passe quatre mois enfermé à Clairvaux, après lesquels le gouvernement de la République, comprenant son ignominie, et rendant, malgré lui, hommage à ce bel acte de courage civique, se décide à le rendre à la liberté.

Eh bien ! n'est-ce pas là le Français tel que le fut son aïeul ? le Français dont le patriotisme est ardent jusqu'à l'impétuosité, dont le patriotisme possède l'âme tout entière et qui a le sentiment de ses devoirs poussé jusqu'au mépris de tout danger ?

Comme M. Paul de Cassagnac, dans sa haute équité, le disait aussi de M. le comte de Paris — car ces qualités sont héréditaires dans leur race — « il n'y a rien d'ordinaire, rien de banal dans ce prince. L'heure sonnée il ne reculera devant rien, car le courage, chez lui, va jusqu'à cette froide détermination qui ne s'inquiète ni de la difficulté, ni du péril. Ce qu'il faudra faire il le fera ».

Et c'est bien ainsi que Mgr le duc d'Orléans a compris son devoir le 7 février 1890 ; c'est ainsi qu'il l'a accompli froidement, résolument, sans mise en scène et sans forfanterie, aux applaudissements de la majorité des Français toujours sensibles aux belles actions.

L'attachement des princes de la maison de France pour leur patrie, dont la méchanceté de quelques esprits pervers s'est si souvent obstinée à les éloigner a toujours été profond. Je ne sais rien de plus touchant que ce trait rapporté par M. le marquis de Flers :

« Rien, dit-il, ne pouvait faire oublier aux jeunes princes la patrie, ce cher pays de France !

« Un peu avant cette époque (1850), on pouvait voir souvent sur le pont de Kehl, qui rattache l'Alsace au pays badois, une dame en deuil conduisant par la main deux jeunes enfants. Elle faisait là sa promenade, et les soldats du poste badois, comme ceux du poste français la croyaient les uns, une habitante de Kehl, les autres, une habitante de Strasbourg.

« Les deux petits garçons couraient devant elle Arrivés à la tête du pont, au bureau français, ils retournaient en arrière en jouant. Mais il arrivait parfois qu'en approchant de la rive française les enfants, au lieu de rebrousser chemin, empiétaient sur le territoire de la France ; puis armés d'une petite pelle, ils creusaient un trou dans le sol, emplissaient leur seau, et reportaient triomphalement à leur mère cette terre française. Si on les eût suivis, on les eût vus verser le contenu de leur seau dans une caisse spéciale, qui s'emplissait peu à peu et qu'on gardait comme un trésor.

« La dame en deuil était une princesse exilée, Mme la duchesse d'Orléans. Les deux travailleurs étaient ses fils, M. le comte de Paris et le duc de Chartres. Quand la caisse fut pleine, les petits terrassiers devinrent horticulteurs. L'idée leur vint d'y semer une graine apportée de France. Et tous les jours ils soignèrent, émondèrent, arrosèrent soigneusement leur « plantation ». Quand ils voyaient leur mère considérer de loin, les larmes aux yeux, la rive alsacienne, ils cherchaient à consoler sa douleur en lui montrant l'espérance symbolisée dans la petite graine.

« Si elle pousse, ce sera d'un heureux présage, » disaient-ils. Et chaque matin on interrogeait anxieusement la caisse, on guettait la pousse.

« Mais les hasards de l'exil éloignèrent un jour la mère et les enfants. La graine demeura en terre sur la rive allemande du Rhin.

« Les années se passèrent. Les enfants devinrent soldats et se battirent bravement, sous leurs noms en Amérique, sous des noms d'emprunt pour la défense de la patrie envahie. L'épée avait remplacé la petite pelle de bois.

« Un jour, me dit-on, comme l'un des princes, M. le comte de Paris, passait à Kehl, il voulut visiter l'ancienne demeure de sa mère. L'hôte qui eut l'honneur de le recevoir lui dit :

— Croyez-vous aux présages, Monseigneur ?

Le prince sourit.

— Moi, j'y crois, continua l'hôte. Monseigneur se rappelle-t-il la graine qu'il a semée ? Monseigneur disait alors que les destinées de cette petite graine présageaient les siennes.

— Oui, je me souviens, dit le prince.

— Eh bien ! la graine a germé. Elle est devenue

un petit arbre... et cet arbre a donné des fleurs,
précisément l'année où Votre Altesse a pu rentrer
en France.

— Et maintenant ? interrogea le prince.

— Maintenant, Monseigneur va voir le nouveau
présage. Et il conduisit le prince dans le jardin. Le
petit arbre présentait son premier fruit.

— Il sera bientôt mûr, Monseigneur, croyez au
présage... »

Le fruit, les événements auxquels nous assistons
portent à le croire, c'est Mgr le duc d'Orléans qui
le cueillera.

En avril 1882, pendant les vacances de Pâques,
M. le comte de Paris se trouvait à Cannes, accompagné de son fils le jeune duc d'Orléans.

« Dans cette petite ville du midi de la France se
mourait le poète royaliste et chrétien Victor de Laprade, membre de l'Académie française. M. le comte
de Paris alla plusieurs fois le voir. M. de Laprade
fut profondément touché de l'honneur que lui faisait le prince : « Vieux bourbonnien que je suis, disait-il, il me semble que c'est la royauté qui est venue me dire adieu, dans la personne du petit-fils de
saint Louis et de Henri IV ».

« A la dernière de ces visites, M. le comte de Paris s'était fait accompagner de son fils, M. le duc
d'Orléans. — « Je vous amène mon fils, Monsieur de
Laprade, dit le prince en entrant, il sait tout l'intérêt que vous lui portez. « Le poète avait les larmes
aux yeux. » En ma qualité de vieillard et de mourant

permettez-moi, Monseigneur, de bénir votre fils!... »
Et il étendit ses mains tremblantes sur la tête incli-
née du jeune prince.

« Quelques jours plus tard, comme on parlait autour de lui de l'attention délicate du prince, M. de
Laprade reprit : « ..... Cette visite m'a fait grand
plaisir, et puis j'aime à penser, moi qui cherche le
sens caché des choses, que si Dieu me montre ainsi
cet enfant à mon lit de mort, à moi qui ai tant aimé
la France et la Royauté, c'est que cet enfant rè-
gnera » (1).

Sans attacher plus d'importance qu'il ne convient
à ces menus faits de l'existence, on ne peut mécon-
naître, en constatant la grande situation qu'a su
prendre Mgr le duc d'Orléans depuis la mort de son
père et l'impatience de plus en plus manifeste que
semble éprouver la France de se sentir si mal dirigée, qu'il y a dans ce bel adolescent, qui représente
aujourd'hui la maison de Bourbon, une sorte de
prédestination semblant donner raison à ces prophéties amicales. Jusqu'à son nom qui sonne agréablement aux oreilles des Français et qui réveille
comme un écho des universelles sympathies qui
allaient autrefois à son aïeul.

M. le comte de Paris, par qui nous avions eu l'honneur d'être accueilli d'une façon si affable, était un
prince d'un mérite exceptionnel ayant au plus haut
degré les plus remarquables qualités que l'on eût pu

1) Marquis de Flers, *le Comte de Paris.*

souhaiter dans celui que les événements pouvaient, un jour ou l'autre, porter sur le trône. « Il était à la fois ferme et résolu ; il savait prendre une décision sans hésitation, et sans faiblesse comme sans entêtement, il faisait exécuter ce qu'il voulait ; il savait écouter les avis opposés aux siens et cherchait toujours à s'éclairer et à connaître la vérité » (1).

« Comme tous les tempéraments mesurés qui peu à peu acquièrent de la force et, butinant pour ainsi dire chaque jour, augmentent leur patrimoine intellectuel et s'assimilent pour jamais les choses qu'ils ont étudiées et les connaissances que la pratique leur a acquises, M. le comte de Paris a fondé peu à peu, disait un de ses biographes, son autorité personnelle. Il n'a pas atteint ce but tout d'un coup, par ces éclats brillants qui percent comme des rayons, mais par la persuasion lente et par d'incessantes manifestations. On a constaté de jour en jour avec plus de certitude, la force de son jugement, la sûreté de son coup d'œil et la portée de son intelligence » (2).

M. Edouard Hervé a pu dire de lui avec raison :

« M. le comte de Paris possède un jugement infaillible, un inébranlable sang-froid et enfin cette droiture de caractère qui est parfois plus habile que l'habileté elle-même..... Dès qu'il entrevoit un devoir à remplir, il y court ainsi qu'il courait à la

(1) Marquis de Flers, *le Comte de Paris*.
(2) Charles Yriarte, *les Princes d'Orléans*.

charge dans les plaines de la Virginie. On peut dire de lui comme de son aïeul Henri IV qu'il est « le dernier dans le conseil et le premier dans l'action ». Tel était en effet ce prince qui aurait été remarqué et se serait mis hors de pair, dans quelque condition que le sort l'eût placé. »

Nul plus que nous n'a eu pour ses grandes qualités plus d'admiration et pour sa personne plus de respectueux attachement, et cependant nous ne pouvons pas nous empêcher de reconnaître qu'il y avait, en lui, si on le compare à son fils aîné, une infériorité toute de rencontre, qui n'avait rien de personnel, mais qu'il n'était pas en son pouvoir de faire disparaître. Ce prince qui aurait tant mérité d'être aimé du peuple, n'en était pas connu et cela parce que son nom n'évoquait chez lui rien du passé monarchique de la France. Quelque mérite qu'eut le porteur de ce nom, le vocable lui-même — comte de Paris — n'était pas resté dans la mémoire des foules comme un de ces noms populaires donnés habituellement aux héritiers présomptifs de la couronne.

Autrement significatif est, à leurs yeux, ce titre de duc d'Orléans qui ressuscite à lui seul, les traditions de la Royauté parce qu'il a été, presque sans interruption, depuis bientôt trois siècles, l'apanage de tous les cadets de la maison de France ; joignez à cela une intelligence véritable des nécessités politiques du pays, un à propos incontestable dans les décisions à prendre et cet entrain de *diable à quatre* qui rappelle si bien son aïeul le Béarnais, et vous

vous expliquerez la place de plus en plus marquée que prend le prétendant dans les préoccupations publiques.

A peine sorti de Clairvaux, Mgr le duc d'Orléans partit avec son père pour les États-Unis et le Canada. Le jeune duc d'Uzès, qui a, depuis, succombé d'une façon si glorieuse en Afrique, les accompagnait. Ils visitèrent ensemble les champs de bataille de la guerre de Sécession et le prince put recueillir, de la bouche même des vieux compagnons d'armes de son père, le récit des belles actions qu'il y avait accomplies en compagnie de son oncle Mgr le duc de Chartres. Chacun a encore présent à la mémoire l'accueil enthousiaste qui fut fait aux princes sur « cette vieille terre française » du Canada. Nos gouvernants allèrent jusqu'à en prendre quelque ombrage.

De retour en Europe, Mgr le duc d'Orléans a parcouru les diverses parties du vieux Continent, recherchant dans chaque pays les progrès réalisés dans tous les genres, pour en faire profiter sa patrie, si le sort lui réserve un jour la couronne.

Quand, soudain, la mort de M. le comte de Paris vint le frapper au cœur, c'est avec une simplicité empreinte de vraie grandeur que ce jeune prince de vingt-cinq ans aborda le rôle nouveau, si délicat à remplir, que la Providence lui imposait d'une façon prématurée. Si lourd que soit le fardeau, ses jeunes épaules ne paraissent pas en avoir été incommodées et le monde politique n'est pas sans se souvenir de la manière prompte et avisée dont il est intervenu, depuis lors, dans toutes les circonstances décisives de notre existence nationale.

Il a d'ailleurs de qui tenir et l'éloge de la maison de France, fait jadis par M. E. Hervé, reste toujours vrai :

« Quelle plus belle famille royale la France pourrait-elle trouver, pour réparer ses ruines, panser ses plaies, la relever à ses propres yeux et à ceux de l'Europe ?..... »

*
* *

Le roi Louis-Philippe, au jugement même de ses adversaires, fut un souverain des plus remarquables qui donna toujours dans les affaires de son gouvernement la plus haute idée de ses talents personnels et de ses vastes connaissances. Maintenant que les passions se sont refroidies à son égard, la postérité peut le juger sans injustice et se voit obligée de reconnaître que, sous son règne, la France jouit d'une grande liberté, que l'industrie, par suite des merveilleuses découvertes de la science, réalisa des progrès inouïs jusqu'alors et se maintint dans un état de prospérité constant. Si ce roi préféra toujours la paix aux turbulentes aventures de la guerre même couronnée de succès, il est établi aujourd'hui qu'il suivit cette politique sans humiliation pour le drapeau national et qu'il sut chaque fois que l'honneur du pays fut en cause porter résolument la

main à la poignée de son épée et parler assez haut
et assez ferme pour que l'étranger s'inclinât devant
la volonté d'un pouvoir ayant conscience de sa force.
Chez lui, l'homme privé fut digne de tous les res-
pects, et il sut dans une famille nombreuse faire ré-
gner l'union la plus complète et une inaltérable dignité. Sa simplicité d'allures était proverbiale et ne
portait cependant aucune atteinte à l'idée que l'on
se fait d'un souverain. Bon et généreux, il sut pardonner même à ceux qui avaient conspiré contre sa
couronne ou attenté à ses jours ; et ce n'est un secret
pour personne qu'il fut très sincèrement aimé du plus
grand nombre des hommes qui l'approchèrent et
eurent l'occasion de vivre dans son intimité ou dans
son entourage.

Nous savons, d'autre part, quelle était la popularité
de son fils aîné Ferdinand Philippe, duc d'Orléans,
quand survint le tragique accident *de la route de la
Révolte* (13 juillet 1842).

« La douleur causée par cet événement fut universelle ; on ne rencontrait dans Paris, dit un témoin
oculaire, que des gens vêtus de noir. Toutes les
têtes se découvraient sur le passage du cortège funèbre. Des femmes du peuple pleuraient, des ouvriers même portaient le deuil. Pas un cri, pas le
plus léger désordre n'étaient venus troubler, dans
une si grande foule, l'unanimité touchante de cette
manifestation » (1).

(1) *Fils de roi.* Brochure à la librairie du *Moniteur universel.*

« C'est une chose remarquable, écrivait un étranger (1) qui se trouvait en France à cette époque, que dans ce pays où la Révolution n'a pas encore cessé de fermenter, l'amour d'un prince ait pu jeter de si profondes racines. « Puis il raconte qu'au moment où l'on ajourna les fêtes de juillet, et où l'on démonta sur la place de la Concorde les grands échafaudages qui devaient servir aux illuminations, il vit des ouvriers, assis sur les poutres et les planches renversées, déplorant la mort du duc d'Orléans, et entendit l'un d'eux dire : « Louis-Philippe peut maintenant se promener dans Paris, on ne tirera pas sur lui ».

« L'émotion, dit d'autre part un historien, ne se renfermait pas dans Paris ; à mesure que la nouvelle gagnait la province, les mêmes impressions s'y produisaient. L'armée surtout comprit quelle perte elle faisait. « Ce malheur est irréparable, écrivait le général de Castellane au général Changarnier, de la nature de ceux dont on sent chaque jour davantage l'étendue. L'armée est consternée. Mgr le duc d'Orléans était un intermédiaire entre elle et la couronne, chose précieuse, sous notre forme de gouvernement, où les ministres de la guerre changent souvent. . Il avait sur l'armée une influence immense. Les regrets ont été unanimes. » A Alger, le général Bugeaud disait du prince : « Il aimait notre métier et s'était donné la peine de l'apprendre à

(1) Henri Heine.

fond ». De la petite ville de Miliana où il commandait, le colonel de Saint-Arnaud écrivait à son frère le 22 juillet : « En faisant paraître l'ordre du jour qui annonce à la garnison la perte irréparable qu'elle vient de faire, j'ai vu des larmes dans tous les yeux. »

« C'est qu'en effet le duc d'Orléans était généralement aimé « adoré même » suivant le mot dont se servait alors Henri Heine. « Il avait », continue le même historien, « un sentiment singulièrement élevé et fécond de son métier de prince : il se croyait tenu de mériter par lui-même, par ses efforts, par ses services, par ses sacrifices, le rang que lui apportait sa naissance, estimant ne pouvoir rester le premier que s'il justifiait être le plus digne. Dès 1837, dans une lettre intime, il se déclarait « obligé, dans un temps où le travail est la loi commune, de faire sa carrière à la sueur de son front. Il n'y a aujourd'hui, ajoutait-il, qu'une manière de se faire pardonner d'être prince, c'est de faire en tout plus que les autres... Pour fonder une dynastie, il faut que chacun y contribue, depuis mon frère d'Aumale qui apporte pour son écot un prix d'écolier — le duc d'Aumale venait d'obtenir un prix au concours général — jusqu'à l'héritier du trône qui doit, dans les rangs de l'armée, se faire lui-même la première position après celle du Roi » (1).

(1) M. Thureau-Dangin, *Histoire de la Monarchie de juillet*, t. V, p. 86 et s.

« Le duc d'Orléans, écrivait naguère M. le marquis de Flers, faisait le plus noble usage de sa dotation princière, si amèrement critiquée. Il en employait une partie à des actes de bienfaisance qu'on est tenté de regarder chez les princes comme une nécessité de position, mais qui se distinguaient par la forme heureuse qu'il savait leur donner. L'autre partie était consacrée au patronage intelligent de tous les talents parmi lesquels il aimait à choisir les plus jeunes et les plus contestés. Parmi les artistes contemporains, il en est peu, de même que parmi les gens de lettres, qui n'aient été les obligés ou les amis du duc d'Orléaus. Les fêtes élégantes du pavillon Marsan, par le mouvement qu'elles imprimaient aux arts et à l'industrie, les courses du Champ-de-Mars et de Chantilly, par l'influence qu'elles exerçaient sur la race des chevaux, témoignaient que le prince royal se proposait un but d'utilité jusque dans ses plaisirs. »

Victor Hugo, en présentant au roi Louis-Philippe une adresse de l'Institut de France, à l'occasion de la mort du duc d'Orléans, s'exprima en ces termes :

« Sire,

« L'Institut de France dépose au pied du trône l'expression de sa profonde douleur.

« Votre royal fils est mort. C'est une perte pour la France et pour l'Europe ; c'est un vide parmi les intelligences.

« La nation pleure le prince ; l'armée pleure le soldat ; l'Institut regrette le penseur.

« Le duc d'Orléans avait compris, en effet, que dans le siècle laborieux et mémorable où nous sommes, être l'héritier du trône de France, ce n'est pas seulement occuper une haute position, c'est aussi exercer une grande fonction.

« Ame haute, calme, sereine, ferme et douce, noble intelligence, au niveau de tous les talents ; fils d'Henri IV par le sang, par la bravoure, par l'aménité cordiale et charmante de sa personne ; fils de la Révolution par le respect de tout droit et l'amour de toute liberté ; entraîné vers la gloire militaire par l'instinct de sa race ; ramené vers les travaux de la paix par les besoins de son esprit ; capable et avide de grandes choses ; populaire au dedans, national au dehors, rien ne lui a manqué, excepté le temps ; et l'on peut dire que tous les germes d'un grand roi se manifestaient déjà dans ce prince, mort si jeune, hélas ! qui aimait les arts comme François Ier, les lettres comme Louis XIV, la patrie comme vous-même. »

Un des adversaires les plus malveillants de la Monarchie de Juillet, Elias Regnault (le continuateur de Louis Blanc), auteur de *l'Histoire de Huit ans*, n'a pu, lui aussi, s'empêcher d'écrire ces quelques lignes, à travers lesquelles on voit percer la mauvaise humeur d'avoir à rendre une justice, même relative, à l'héritier de Louis-Philippe : « Il rem-

plissait cependant, avec convenancee, son rôle de
prince royal, protecteur des arts sans ostentation,
visitant les artistes sans hauteur et sans familiarité,
témoignant des égards aux savants et aux hommes
distingués, mêlé aux affaires, assez pour les connaître, pas assez pour les dominer, tenant toujours
sa place sans l'amoindrir, mais sans la dépasser ».

Tout le monde connaît ses relations avec Alfred
de Musset, qui avait été son camarade de collège,
et son amitié pour Alexandre Dumas père, qu'il tint
à faire décorer à l'occasion de son mariage. Le
même jour, il demandait au roi, comme cadeau de
noce, la croix de Commandeur de la Légion d'honneur pour François Arago, qu'il savait cependant
républicain et l'un des adversaires des institutions
de Juillet. Il affirmait ainsi, en réclamant cette
haute distinction pour ce grand savant, son absence
de parti pris, et l'esprit d'équité qui a toujours ca-
ractérisé les membres de cette famille. On en retrouve la trace évidente, ainsi qu'on a pu le constater, dans la récente lettre de son petit-fils à M. le
duc d'Audiffred-Pasquier.

Il a été quelquefois cité, pour montrer la bonté et
le caractère serviable du fils aîné de Louis-Philippe,
la petite aventure qui lui arriva chez le peintre Decamps. Nous en tenons le récit authentique d'un témoin oculaire, Jules Dupré, le grand paysagiste,
qui se plaisait à rappeler ce trait charmant :

— « Nous n'étions pas riches, à cette époque, nous
disait-il, *ceux* qu'on a appelés depuis la grande gé-

nération de 1830 ! J'étais peut-être le plus fortuné,
parce que mon père me faisait quelques petites
rentes, bien que j'eusse abandonné sa manufacture
pour donner libre cours à mes instincts de paysagiste. Nous avions déjà eu quelques petits succès,
et notre situation modeste n'empêchait pas les fils
du Roi, principalement le duc d'Orléans, de nous
visiter dans nos ateliers et d'entretenir avec nous
des relations dont nous étions fort honorés.

Nous logions dans la même maison avec Decamps
et nos ateliers se trouvaient sur le même palier.
Decamps n'avait pas une garde-robe des mieux gar-
nies, témoin l'aventure suivante :

Un jour, le duc d'Orléans arrive inopinément
chez notre concierge, qui ignorait son rang et sa situation sociale, mais qui l'avait vu plusieurs fois
déjà monter dans nos ateliers :

— M. Dupré, M. Decamps, sont-ils chez eux ?

— Oui, Monsieur. Et tenez, puisque vous allez
les voir, voudriez-vous vous charger de remettre
à M. Decamps son pantalon que je viens de raccom-
moder, et qui lui est bien nécessaire, car il n'en a
pas d'autre, je crois.

— Volontiers, dit le prince sans hésitation.

Un instant après, il sonnait à la porte de Decamps,
qui faisait le sourd et pour cause, étant à moitié nu
et ne pouvant, dans sa tenue, recevoir aucun visi-
teur.

En entendant carillonner avec insistance, nous
disait Jules Dupré, j'entrouvris ma porte et j'a

perçus le prince, le pantalon de Decamps à la main.

— Ouvrez, Decamps, disait-il.

— Impossible ! Monseigneur, répondait le peintre en reconnaissant la voix du prince, impossible, je ne puis avoir l'honneur de vous recevoir, dans la tenue où je suis.

— Bon, bon, je sais, reprenait le prince..., votre pantalon, n'est-ce pas ? Eh bien ! je vous l'apporte. Votre concierge m'a chargé de vous le remettre.

— Oh ! Monseigneur, que d'excuses ! Peut-on imaginer pareil malotru !

— Ne vous excusez donc pas, et prenez votre pantalon. Laissez donc votre concierge... J'en aurais probablement fait tout autant à sa place.

C'était absolument charmant, ajoutait Dupré, et on n'imaginera jamais pareille bonne grâce ! Que d'imbéciles parvenus, concluait-il, se seraient crus déshonorés pour avoir rempli ce petit office, si même ils n'avaient pas vertement tancé notre *pipelet* pour son audace grande.

* *
*

« Le duc d'Orléans laissa un testament admirable, où il entrevoit, écrit un ami de la famille royale, avec un coup-d'œil vraiment prophétique, les révolutions qui déchireront un jour la France. Il s'exprime ainsi :

. . . .

« C'est une grande et difficile tâche de préparer le

comte de Paris à la destinée qui l'attend; car personne ne peut savoir dès à présent ce que sera cet
enfant, lorsqu'il s'agira de reconstituer sur de nouvelles bases une société qui ne repose aujourd'hui
que sur des débris mutilés et mal assortis de ses or-
ganisations précédentes. Mais, que le comte de Paris
soit un de ces instruments brisés avant qu'ils n'aient
servi, ou qu'il devienne l'un des ouvriers de cette
régénération sociale, qu'on n'entrevoit encore qu'à
travers de grands obstacles, et, peut-être, des flots
de sang; qu'il soit roi ou qu'il demeure défenseur
inconnu et obscur d'une cause à laquelle nous ap-
partenons tous, il faut qu'il soit, avant tout, un
homme de son temps et de la nation; qu'il soit catholique et serviteur passionné, exclusif, de la France
et de la Révolution.

« Je suis certain que, tout en restant personnellement fidèle à ses convictions religieuses, Hélène
élèvera scrupuleusement nos enfants dans la religion
de leur père, dans cette religion qui fut, de tous les
temps, celle que la France a professée et défendue,
et dont le principe est si parfaitement d'accord avec
les idées sociales nouvelles, au triomphe desquelles
mon fils doit se consacrer. »

Un peu plus loin, en parlant de M. le comte de
Paris, il ajoute :

« En lui léguant la défense d'un pays et d'un principe menacé, je dois lui léguer en même temps la foi
dans leur bon droit et leur triomphe final. Que ces
pensées et ce dévouement, morts en moi sans avoir

été appliqués, germent dans le cœur de mon fils ;
que dans son affection pour la France, il sache toujours être son complice et jamais son gardien ; qu'il
ne pense à ses aïeux que pour sentir combien la
grandeur de leur race ajoute encore à l'étendue de
ses devoirs ; qu'il n'apprenne qu'il est de la première
famille du monde que pour être fier et digne de tenir
un jour dans ses mains les destinées de la cause la
la plus belle qui, depuis le Christianisme, ait été
plaidée devant le genre humain ; qu'il soit l'apôtre
de cette cause et au besoin son martyr ! »

« Lorsque le duc d'Orléans recommandait à son
fils aîné d'être « le serviteur exclusif et passionné
de la Révolution », il entendait lui dire de rester
imbu de ces idées modernes, dont le mouvement
national de 1789 a fait la base des monarchies dans
presque toute l'Europe » (1).

Ces enseignements, M. le comte de Paris les a
pieusement recueillis pour les transmettre à son
tour à son fils qui marche avec son temps, et qui
déclarait récemment « qu'aucune incompatibilité
n'existe entre le droit monarchique et le droit
électif », confirmant ainsi une fois de plus que ce
que l'on est convenu d'appeler « les principes de 89 »
constituent le patrimoine de la Royauté autant et
sinon plus que celui de la République.

Déjà Berryer, le grand orateur royaliste, avait,
devant l'Assemblée législative, en 1851, réfuté ce

_____

(1) M. le marquis de Flers, *le Comte de Paris.*

sophisme, qu'on ne peut se réclamer de ces principes sans être amené, par la logique de la situation,
à s'échouer fatalement dans le régime républicain,
« ... Parce que nous ne sommes pas des insensés ;
parce que nous reconnaissons le travail des temps,
les progrès, les changements, les modifications inévitables d'une société qui marche, qui se développe
par son industrie, par ses travaux, par ses richesses,
par son intelligence ; parce que nous reconnaissons
ces transformations de la société, parce que nous
revendiquons les grandes réformes de 1789, parce
que, à la suite de quatorze siècles, nous voulons et
nous réclamons les institutions politiques, les libertés publiques dont le principe fut alors consacré.
Nous sommes entraînés, dites-vous ; la Monarchie
est incompatible avec ces principes : nous sommes
républicains, car il n'y a que la République qui
puisse réaliser tous ces progrès.

« Ah ! quel souvenir avez-vous donc d'une histoire bien récente, et quel orgueil vous anime de
venir confondre ces années que vous groupez, que
vous embrassez dans une même pensée, comme
dans une sorte de lien, de conséquences naturelles,
la République et 1789 ! Mais la République a égorgé
les plus nobles fondateurs de la liberté de 1789 !...

« Mais vos amis, et Thouret, et Bailly et Chape-
lier, et tant d'autres que je pourrais citer, qui ont
fondé les institutions de 1789, ils sont tombés sur
les échafauds de la République !

« Ah ! il y a une distance immense entre vous et

1789, ses principes, ses grandes réformes, que nous revendiquons pour notre pays, que nous saurons y maintenir, auxquels nous avons engagé notre vie...,

« Mes amis veulent les défendre ; ils les appellent pour le gouvernement de la société française ; et, prenez-y garde quand vous dites que la Monarchie est antipathique avec eux, vous oubliez que la grande œuvre de 1789, provoquée par le plus vertueux des rois, provoquée par le grand martyr Louis XVI ; que cette grande œuvre de 1789 était fondée sur le principe d'hérédité. Où allez-vous donc chercher vos incompatibilités ?

« L'incompatibilité de la Monarchie avec les principes de 89 ! Mais, permettez-moi de vous le dire, qui est-ce qui a ramené le gouvernement représentatif ? Qui est-ce qui a rendu à la France les principes de liberté de 1789 ? Qui est-ce qui les a remis en honneur et en pratique dans notre pays ? De quels actes émane la jouissance que nous en avons eue pendant trente années ? — de la Royauté.

« Cela ne fait pas, concluait le puissant orateur, cela ne fait pas, comme vous l'avez dit, que la Royauté soit antipathique au principe de liberté, aux institutions constitutionnelles, aux grandes libertés politiques que 89 a créées, que nous réclamons, que nous vengerons, que nous maintiendrons, que nous appellerons au secours de l'avenir ! »

Voilà de belles paroles, et qui ne sont, après tout, que le résumé éloquent des leçons de l'histoire. Cette façon de comprendre la Monarchie qui doit se transformer selon les nécessités du temps, nos rois, dans ce siècle, aussi bien ceux de la branche aînée que celui de la branche cadette de la maison de Bourbon, n'ont pas essayé de s'y soustraire, et ce n'est que par une injustice flagrante et par un travestissement intéressé des événements que les adversaires des institutions monarchiques ont faussé sur ce point l'opinion des générations présentes. Nous nous estimerions satisfait si, après avoir fait passer sous les yeux de nos lecteurs les documents émanant des princes d'Orléans, que nous avons successivement analysés, nous avions pu redresser des erreurs, hélas! trop propagées.

C'était un spectacle bien digne de retenir l'attention publique que celui de cette belle lignée de jeunes princes, fils de Louis-Philippe qui, selon la règle de conduite « si noblement et si virilement tracée » par le duc d'Orléans, leur frère aîné, mettaient leur amour-propre à justifier, par des services éclatants, le rang que la naissance leur avait donné. « Cet officier, debout dans la tranchée d'Anvers et devant la brèche de Constantine, c'est le duc de Nemours. Cet amiral à son banc de quart, sous le feu des batteries de Tanger, c'est le prince de Joinville. Ce général de vingt-trois ans qui se jette, avec une poignée de cavaliers, sur la smala d'Abd-el-Kader, aussi peuplée qu'une grande ville et défendue par cinq mille réguliers, c'est le duc d'Aumale (1). »

Les femmes aussi furent admirables, dans cette famille d'Orléans, et l'on peut dire sans flagornerie que peu furent plus dignes d'occuper le trône que la reine Marie-Amélie, qui fut, à proprement parler, une sainte. Voyez son attitude, quand il fut question d'élever deux statues, l'une à Paris, l'autre à Alger, à son fils bien-aimé, qui venait de lui être ravi d'une façon si cruelle, et rapprochez-là des prétentions grotesques de nos minuscules hommes d'État qu'on ne saurait trop « couler en bronze ».

« On fut quelque temps incertain sur l'endroit où serait placée celle des deux statues qui devait perpétuer le souvenir du prince dans la capitale. Il arriva qu'un jour cette question se débattit devant la reine. On lui demanda son avis. Avec cette réserve qui lui était habituelle, elle répondit : « Dieu sait toute mon estime pour les qualités de mon pauvre fils, mais je ne trouve pas vraiment qu'il ait eu le temps de rendre à la France d'assez grands services pour qu'on lui élève une statue à Paris. A Alger, bien; car il a rendu là de véritables services sur les champs de bataille » (2).

Madame la duchesse d'Orléans fut une princesse de tout point accomplie, et qui sans le secours d'une extraordinaire beauté avait su par l'attrait de sa per-

(1) M. le marquis de Flers, *le Comte de Paris*, p. 41.
(2) M. le marquis de Flers, *le Comte de Paris*.

fection morale définitivement fixer l'attachement de son époux. Elle partageait avec lui sa popularité, et rarement princesse a joui, dans notre pays, d'une affection aussi grande dans toutes les classes de la nation. « Elle adorait son mari, qui, comme nous venons de le dire, le lui rendait bien. A défaut de beauté elle avait la grâce et l'esprit. Instruite comme une Allemande, elle savait deux ou trois langues vivantes, le latin et même le grec. Un jour elle demanda dans la langue d'Homère, à M. Victor Cousin des nouvelles de sa santé : « Excusez-moi, Madame, répondit le traducteur de Platon, je n'entends pas l'Allemand ».

Élever ses fils comme leur père l'aurait fait lui-même, a écrit M. de Flers, tel fut toujours son but, aussi donnait-elle les soins les plus minutieux à leur santé, à leurs études et même à leurs jeux : on a pu dire avec raison que « les circonstances ont servi seulement à manifester ses grandes qualités ; toujours ce même mélange de délicatesse féminine dans les sentiments, de fermeté dans l'action, d'exquise sensibilité et de force sur elle-même qu'elle a montré en toute occasion ».

M. le comte de Paris n'avait pas encore dix ans le 24 février 1848. A onze heures du matin, le roi étant parti des Tuileries, la Cour du palais avait été évacuée par les troupes, le peuple insurgé était maître de la place, la fusillade redoublait. Quand Mme la duchesse d'Orléans vit que le palais des Tuileries allait être envahi, elle prit par la main ses

deux enfants, traversa les longues galeries qui la
séparaient de son appartement, et, s'arrêtant dans le
salon sous le portrait du duc d'Orléans, s'écria :
« C'est ici qu'il faut mourir ! » Elle fait ouvrir toutes
les portes de ses appartements comme pour une
réception ; les balles seules entraient. — Deux députés viennent la presser de se rendre à la Chambre.
Elle y consent et parvient non sans peine au Palais-
Bourbon.

On sait le reste : sa présence à la séance, l'invasion
de la Chambre et sa retraite sur les Invalides avec
M. le comte de Paris. En vain la presse-t-on de se
soustraire ainsi que son fils aux dangers dont l'insurrection les menace : « Tant qu'il y aura, dit-
elle, une seule personne, une seule, qui soit d'avis
de rester, je resterai. Je tiens à la vie de mon fils
plus qu'à sa couronne ; mais si sa mort est nécessaire
à la France, il faut qu'un roi, même un roi de neuf
ans, sache mourir. » Elle refusa de changer de vête-
ments : « Si je dois être arrêtée, je veux être arrêtée
en princesse. »

Son courage, en cette circonstance douloureuse,
comme toujours d'ailleurs, n'eut pas la moindre dé-
faillance et son âme vaillante se raidit contre les
angoisses dont son cœur de mère était assailli. Dans
l'exil qui suivit, elle eut, selon sa propre expression,
« le bonheur inexprimable de voir ses fils se développer selon son cœur ». Sa mort, survenue en 1858,
laissa, comme le dit un biographe, ses enfants incon-
solés et le souvenir de cette vertueuse princesse fut

toujours, depuis, comme une lumière éclairant leur vie, et à la lueur de laquelle ils ne cessèrent jamais de se guider.

Madame la comtesse de Paris, doublement du sang des Bourbons et des d'Orléans par sa naissance et par son mariage est une princesse d'une grâce parfaite, alliant à la beauté toutes les qualités du cœur et de l'intelligence. Un évêque a pu dire récemment, au grand scandale de nos républicains, qu'elle eût été digne de ceindre la couronne ; et l'éloge n'est pas excessif, s'il faut en croire tous ceux qui ont eu l'honneur de vivre dans son entourage. L'âme des enfants, a-t-on dit, est le miroir dans lequel se reflètent les vertus de la mère. Ce que l'on connaît des princes et princesses de la famille royale n'est pas fait pour démentir cet adage. Si M. le duc d'Orléans a su s'attirer en France les sympathies même de certains adversaires de la solution monarchique, la reine Amélie de Portugal, par sa beauté, sa grâce et les heureux dons de sa nature a conquis de prime abord tous les cœurs dans sa patrie d'adoption. La princesse Hélène a produit la plus heureuse impression en Italie et l'on s'accorde à faire le plus grand éloge des jeunes princesses Louise et Isabelle ainsi que de Mgr le duc de Montpensier, dont la première communion à Angers a été récemment la cause du beau tapage que l'on sait à la Chambre des députés.

Il est à remarquer que la calomnie qui s'est acharnée avec tant de cruauté sur la plupart des princesses de sang royal, s'est toujours arrêtée, interdite et désarmée, devant toutes les femmes de la famille d'Orléans, dont la réputation n'a jamais été ternie de l'ombre même d'une allusion malsonnante. Les femmes vertueuses font les foyers respectés et que ne peut-on pas attendre des enfants dont elles ont dirigé l'éducation !

Inattaqués sur ce point, les d'Orléans l'ont été avec acharnement sur un autre. Dénaturant un acte de simple équité accompli par le gouvernement de la République, leurs ennemis ont, par des commentaires malveillants trop complaisamment acceptés par la foule ignoránte, essayé, malheureusement avec succès, de leur aliéner le cœur de Français qui étaient portés vers eux par une sympathie nullement équivoque.

— Quel malheur ! avons-nous souvent entendu répéter par des personnes sans parti pris, que les d'Orléans aient eu la malencontreuse idée de réclamer à la France écrasée d'aussi grosses sommes, et qu'ils aient choisi pour le faire le moment même où le Trésor était épuisé et le pays aux abois ; il se sont rendus impossibles. Et c'est vraiment dommage, car ils étaient bien au gré de la majorité et, portés au pouvoir assez tôt, ils nous eussent épargné bien des embarras...

— Mais ils n'ont rien réclamé, et vous connaissez très mal cette histoire.

— Allons donc ?...

Et l'on est obligé de recommencer sans cesse le

récit exact de cet événement qui, présenté, sous les couleurs les plus fausses par la presse démocratique, a été, entre les mains des républicains, la meilleure arme de guerre contre le réveil sans cesse menaçant de l'esprit monarchique.

Il faut donc, encore une fois, dans l'intérêt de la cause que nous défendons, revenir sur cet incident si fortement exploité contre les princes de la famille d'Orléans.

Nous le trouvons raconté et apprécié, d'une manière très exacte, dans le livre de M. le marquis de Flers, qui s'exprime ainsi :

« En même temps que l'Assemblée accomplissait son acte de justice, de rouvrir les portes de la France aux princes d'Orléans, elle se trouvait forcément amenée à traiter une grave question. Le 22 janvier 1852, Louis-Napoléon Bonaparte avait arbitrairement confisqué la fortune privée des princes d'Orléans, respectée par la République de 1848. L'État, moins scrupuleux en 1852, s'empara de terres, de bois, d'actions, appartenant à titre purement privé, à la famille d'Orléans, estimés par le ministre des finances à 80 millions. La moitié de ces biens avait été vendue, l'État administrait l'autre moitié et par conséquent touchait les revenus de cette fortune. Les ministres de la République demandèrent spontanément à l'Assemblée de rendre aux princes ce qui restait de leur fortune, les princes d'Orléans offrant, avec un désintéressement et une abnégation très grands, de renoncer

à revendiquer leurs droits sur les biens déjà vendus. C'était donc *la moitié* de leur fortune qu'ils
donnaient à la France.

« Cette loi de 1872 a·t-elle imposé un sacrifice
quelconque à l'État ? Non. Elle a fait rentrer les
princes en possession de biens que l'État *détenait*,
sans que le Trésor public ait eu à donner pour cela
un centime.

« Leurs ennemis ont fort exploité cette restitution
et n'ont pas manqué de critiquer les princes
d'Orléans.

« En somme, la fortune totale de tous les membres
de la famille royale pouvait être évaluée, lors de la
confiscation de 1852, à 80 millions en chiffres
ronds. Le gouvernement de l'Empire en réalisa la
moitié, soit quarante millions, qui entrèrent dans
les coffres de l'État sans aucun droit, et en violation
de toutes les lois.

« Le gouvernement aurait bien voulu alors vendre
tous les biens des princes et réaliser 80 millions,
mais il n'avait pas trouvé d'acquéreurs pour ces
biens mal acquis. La conscience publique est honnête en France. Aussi en 1871, lorsque les princes
rentrèrent dans leur patrie, l'État, nous le répétons,
administrait et touchait les revenus de ce qui restait
de leur fortune. Que firent les princes d'Orléans ?
Simplement, spontanément, ils abandonnèrent à
l'État, non seulement la créance de 40 millions sur
leurs biens vendus, mais encore déclarèrent ne vouloir formuler aucune réclamation sur les revenus

de ces 8o millions, si injustement touchés par l'État depuis vingt ans.

« La France a souffert, dirent-ils, le pays est accablé de charges produites par cette néfaste guerre avec l'Allemagne, nous en supporterons notre part. Nous ne voulons pas que les acquéreurs de nos biens puissent être inquiétés: « Nous abandonnons à la France ces 4o millions. L'assemblée reconnut ce généreux sacrifice et les ministères des finances et de la justice ne firent que demander la restitution à leurs légitimes propriétaires des biens non vendus encore. Les princes rentrèrent dans 4o millions environ qui furent partagés en seize parts.

« M. Bocher, député du Calvados, ancien préfet de Caen en 1848, qui consacra depuis cette époque sa vie entière à défendre la mémoire du roi Louis-Philippe, et la cause de ses fils et petit-fils, avec un dévouement que ni les persécutions du second Empire, ni les fatigues ne lassèrent jamais, prononça deux admirables discours, dans les séances des 23 et 24 novembre 1872. — Orateur de premier ordre, respecté et considéré même par ses adversaires politiques, M. Bocher est l'honneur de la tribune française. Ses conseils ont toujours été très appréciés par M. le comte de Paris, et sa modestie est aussi grande que son talent. Doué des qualités qui font les hommes d'État, il ne voulut jamais accepter un portefeuille que lui offrit, à plusieurs reprises, le maréchal de Mac-Mahon. Certain d'être

élu, sans concurrent, à l'Académie française, où sa
place était marquée, M. Bocher, malgré de pres-
santes instances, refusa de se présenter... En deux
mots, c'est un caractère et un homme politique éminent. »

Nous, qui gardons précieusement le souvenir de
l'extrême bienveillance que M. Bocher nous a toujours témoignée, nous pouvons affirmer que ce portrait n'a rien d'exagéré. Il y manque un trait cependant : l'affabilité peu commune empreinte de ron-
deur et de cordialité de ce charmant octogénaire,
resté étonnemment jeune de corps et d'esprit, en
dépit de l'âge.

Pour en revenir aux biens des princes d'Orléans,
telle est la vérité sur une question dont avec une
insigne mauvaise foi, on s'est fait une arme contre
eux. « Aussi, conclut le biographe de M. le comte
de Paris, sommes-nous certain que le lecteur impartial dira avec nous : Qui est-ce qui reçoit quelque
chose ? Sont-ce les princes ? est-ce la France ? Avant
de jeter la pierre aux princes d'Orléans que ceux
qui les critiquent commencent par les imiter, et
*fassent cadeau à la France de la moitié de leur
fortune.* (1) »

C'est un spectacle absolument déconcertant que
celui de nos politiciens reprochant aux Orléans leur
avidité et leur avarice. Personne n'ignore, en effet,
que les républicains ont toujours donné des preuves

____

(1) Marquis de Flers, *le Comte de Paris.*

de leur désintéressement et du plus complet mépris
des richesses. Leur préoccupation constante a été uniquement d'enrichir le pays, on le sait ; à tel point
qu'ils ont tenu à enrichir même son vocabulaire.
Ils ont créé à son profit le mot de « chéquards » qui
restera.

Et ce sont ces modèles de probité farouche qui ont
imaginé de faire un crime à nos princes de rester en
possession de ce qui restait encore intact des biens
qui leur avaient été volés ! C'est toujours l'histoire
du malfaiteur qui crie plus fort que les autres afin
de détourner l'attention.

Elle est d'un genre bien particulier, l'avarice de
cette famille d'Orléans qui donne d'un coup 5o millions à la France, et dont un des membres, non
content de cela, fait don avec une générosité princière à l'Institut — c'est-à-dire encore à la France
— du Château de Chantilly avec ses bois, ses terres,
ses fermes et ses merveilleuses collections, soit
encore, au bas mot, cinquante nouveaux millions de
francs !

Il était bon de rétablir une fois de plus ces faits
sous leur vrai jour, pour que lorsque se posera
définitivement la question entre la République et la
Monarchie il ne subsiste plus dans les esprits
aucune équivoque.

Les adversaires des princes d'Orléans ont eu moins
de succès dans une manœuvre d'un autre genre
dont à deux reprises différentes ils ont tenté d'user
contre eux. Une première fois, ils avaient donné à

entendre, il y a de cela vingt-trois ans, que des divisions très accentuées existaient entre M. le comte de Paris et son oncle M. le duc d'Aumale. « *Jamais*, dit le biographe de M. le comte de Paris, *jamais elles n'ont eu lieu un seul jour*, et ce bruit ridicule que M. le duc d'Aumale avait ses partisans comme M. le comte de Paris, les siens a été inventé par les adversaires des princes d'Orléans, qui cherchent vainement à persuader au pays qu'il y a plusieurs partis d'Orléans. Les républicains, ajoute-t-il, ne peuvent se consoler de voir la famille royale aussi unie, et la France disposée tous les jours davantage à trouver en elle sa suprême ressource contre ces deux grands ennemis de l'ordre et de la dignité humaine (a dit si justement, M. de Montalivet), qui se tiennent, s'allient souvent et se succèdent toujours : le Césarisme et la démagogie ». La même tentative a été renouvelée récemment à propos de prétendus démêlés entre Monseigneur le duc d'Orléans et son cousin le prince Henri. Elle a échoué piteusement, car dans la maison de France, chacun comprend son devoir et sait rester à son rang.

Monseigneur le duc d'Orléans, malgré son jeune âge, est et demeure son chef incontesté. D'ailleurs ses qualités personnelles justifient la situation éminente dans laquelle les circonstances et les traditions du droit monarchique l'ont placé. Tous les royalistes — et ils étaient accourus nombreux de tous les coins de la France, même les plus éloignés — qui vinrent lui présenter leurs hommages à Bruxelles, en décembre 1894, furent agréablement surpris de trouver en lui avec la haute intelligence que personne ne lui a jamais déniée, cet ensemble de dons heureux et d'aptitudes spéciales que sa jeunesse ne permettaient encore guère d'espérer et qui se traduisent chez lui, par une connaissance exacte des besoins de la France et des nécessités du parti monarchique, une grande fermeté de caractère, la décision, le coup d'œil, la précision dans le conseil, et la plus grande bienveillance dans la façon d'accueillir et d'écouter ses visiteurs.

L'impression fut profonde et les chefs les plus expérimentés du parti, disaient alors avec raison : « Quelque regrettable que soit la perte d'un prince d'autant de mérite que M. le comte de Paris, nous sommes heureux de constater que son héritage est tombé en d'aussi bonnes mains ».

CHAPITRE VIII

Il ne suffit pas cependant que la France voie se dresser devant elle un prétendant autour duquel, seul, dans un intérêt national et pour mettre fin d'une manière absolue, ainsi que nous nous sommes efforcé de le démontrer, à nos agitations intérieures, toutes les bonnes volontés doivent se grouper, il faut encore que ses partisans de la première heure comprennent qu'ils doivent l'aider dans sa tâche.

« Poser le centre, comme on l'a dit, n'est pas dessiner toute la circonférence. » Il importe donc que les royalistes, et (pour employer un mot qui ne nous convient que parce qu'il paraît rassembler sous une dénomination plus large toutes les aspirations monarchiques du moment) les conservateurs comprennent qu'ils ont des obligations à remplir, à défaut desquelles le prétendant, fût-il un homme d'un génie exceptionnel, serait impuissant à donner satisfaction à leur plus intime désir qui est la restauration du pouvoir monarchique. Il faut qu'ils se pénètrent bien de cette idée que Drumont a si bien mise en relief dans un de ses ouvrages : « On n'a, dit-il, jamais apporté de droits aux gens sur un plateau d'argent ; on n'a de droits que ceux qu'on conquiert par des sacrifices. Après un délai plus ou moins long, on rembourse toujours en droits à un parti ce que les hommes de ce parti ont avancé en souffrances, en privations, en efforts généreux, en mois de prison (1). »

Oui, pour ne pas rester à l'état de souhait platonique, le retour de la Monarchie doit être activé par le dévouement et l'esprit de sacrifice de ses partisans. Ce n'est pas assez de désirer, même ardemment, la restauration d'un régime dont on espère le salut et de rester ensuite dans l'inaction, attendant du hasard ou de la Providence un secours qui ne vient pas. « Aide-toi, dit le proverbe, le Ciel t'aidera. » Il faut donc, qu'on nous passe ces expressions peut-être triviales, mettre la main à la pâte et aussi... à la poche. Oh ! nous savons bien que demander aux conservateurs, des sacrifices de temps et d'argent, c'est en quelque sorte leur arracher l'âme. Que voulez-vous, le succès est à ce prix et s'ils ne le comprennent pas, ils peuvent dès maintenant prendre le deuil de leurs espérances.

L'enjeu vaut bien quelques efforts et les souvenirs

(1) E. Drumont, *le Testament d'un antisémite*. p. 241.

d'un passé encore bien récent sont faits pour encou-
rager pareille tentative. Qu'on se rappelle ces élections de 1885 sur lesquelles nous nous étions promis de revenir. La République battait son plein et
n'exhalait pas encore cette odeur de décomposition
avancée devant laquelle commencent aujourd'hui à
reculer les estomacs les plus solides. Aucun fait
véritablement scandaleux n'avait été encore mis en
lumière et si des vexations intolérables s'étaient
déjà produites à l'encontre des droits les plus
intimes de la conscience, si les persécutions de l'esprit sectaire et franc-maçon s'étaient déjà affichées,
si des expéditions coloniales maladroitement entreprises, très onéreusement conduites et dont, à juste
titre, on pouvait suspecter les mobiles secrets,
avaient été commencées, on ne pouvait néanmoins
rien arguer de bien saillant contre l'honneur même
du régime. Et cependant une formidable minorité
se prononça contre lui, à tel point qu'on a pu dire
avec raison que si l'organisation du parti conservateur avait été plus complète, s'il avait eu une confiance plus arrêtée dans le succès de ses desseins,
cette minorité fût devenue la majorité même et
qu'il en était fait dès lors du gouvernement républicain. Supprimez en effet la masse des sept à huit
cent mille fonctionnaires qui, en cette circonstance,
fut le rempart derrière lequel il s'abrita et tout
homme de bonne foi est obligé de convenir que
dans cette rencontre électorale la majorité des suffrages *indépendants* alla, sans hésiter, aux candidats

de l'opposition. Le compte est aisé à faire. Quatre millions de suffrages pour les candidats républicains, trois millions cinq cent mille pour ceux de l'opposition conservatrice. Déduisez maintenant les voix des sept cent mille fonctionnaires et demandez-vous qui l'emporta dans cette occasion de la France monarchique ou de la France républicaine ? Notez bien que nous n'avons pas mis en ligne dans ce calcul tous les éléments de pression dont disposent toujours les hommes au pouvoir et qui jouent un rôle si important dans les luttes électorales.

Eh bien ! la partie est infiniment plus belle aujourd'hui, si le parti monarchique se décide à la jouer. Seulement il est de la plus absolue nécessité pour lui de secouer cette inqualifiable apathie qui lui a joué de si vilains tours jusqu'à présent. Il est indispensable, s'il veut progresser rapidement, que là où des comités ne sont pas constitués ils se forment au plus vite et que partout ils s'organisent fortement. Il est de la plus extrême importance aussi que l'électeur sente que l'organisation du parti n'est pas de pure façade, qu'elle a sur ses derrières des points d'appui solides et qu'elle repose sur des bases inébranlables. Et cela ne serait pas encore suffisant ; quelques modifications dans la manière de comprendre l'existence sociale ne seraient pas faites pour nuire aux conservateurs.

Dans son très remarquable travail sur le manifeste de M. le comte de Paris dont nous avons eu l'occasion de citer plusieurs passages, M. H. de

Tourville leur donnait quelques sages conseils qui sont toujours de circonstance.

..... « Il faudrait, écrivait-il, que les instructions de M. le comte de Paris fussent complétées par une « déclaration des conservateurs ». Ce serait à eux à exposer ce qu'ils entendent faire en ce qui les regarde personnellement, c'est-à-dire, l'organisation des forces de la vie privée.

« Nous avons reconnu, en passant, à propos du Sénat, que toute constitution de la vie publique manquait de ressources et d'appui, si elle ne trouvait son fondement dans la vigoureuse organisation de la vie privée. C'est la thèse la mieux établie qu'il y ait en science sociale.

« Il est donc très nécessaire que ce côté des choses soit élucidé et vienne donner au manifeste son complément le plus décisif. Mais comme la qualité dominante, le caractère essentiel des institutions de la vie privée est l'initiative des particuliers, ce n'est pas au prince à donner ici des instructions; c'est aux conservateurs à faire leurs déclarations. Elles auront, à raison de leur spontanéité même, beaucoup plus d'effet sur le public. Quand je parle d'une déclaration, je n'entends pas précisément un écrit, une publication solennelle, non. Il n'y a pas besoin là de manifeste; il n'y a pas à attendre une circonstance publique et marquante, il n'y a qu'à se mettre individuellement à faire ce qui est à faire, d'autant plus que ce dont il s'agit n'est pas, comme un changement de gouvernement, l'affaire d'une journée: ,

il y faut du temps. Les actes, d'ailleurs, disent plus
que les paroles. Et si cependant il y a à parler, ce
peut être fort à propos dans le cercle habituel de ses
relations, en *manifestant* les idées justes, les sentiments courageux, les résolutions pratiques d'après
lesquels on prétend régler sa vie et son action personnelle. Ces discours pourront remplacer avanta-
geusement beaucoup de ceux qu'on a l'habitude de
tenir entre soi dans le monde auquel ceci s'adresse.

« Mais comme il faut accorder quelque chose au
goût français de la manifestation, voici ce que devrait contenir une déclaration des conservateurs,
répondant aux instructions du monarque. Faute de
ce qui suit, le monarque jouerait sa partie tout seul,
et, les comparses manquant leur rôle, la scène res-
terait bientôt vide. »

J'esquisse, ajoute M. de Tourville, le projet au
courant de la plume ; le voici :

« Les conservateurs entendent s'occuper personnellement de la bonne exploitation des parties du
sol national qui sont entre leurs mains et qui y sont
en souffrance notoire.

« Ils entendent s'appliquer à procurer, *chacun
dans sa localité*, le bien-être du pays.

« Pour cela, ils reconaissent qu'il leur est plus
nécessaire encore qu'aux évêques de pratiquer la
résidence ; c'est une obligation de leur charge ; les
voilà donc tous, tout autant qu'ils le doivent, à la
campagne, sur leurs terres et à la culture. Ils re-
noncent à s'acoquiner dans les villes, et à Paris sur

tout, où ils ne peuvent jamais être qu'en minorité. Ils ne négligeront pas les populations conservatrices des campagnes pour s'intéresser aux populations révolutionnaires des villes. Ils seront les gens les plus capables de leur endroit. Il n'arrivera plus que le paysan, le mieux intentionné d'ailleurs, demeure attristé de leur peu de connaissances de tout ce qui intéresse la classe rurale.

« Les mêmes conservateurs croient utile de s'occuper par-dessus tout de la bonne organisation de leur famille. Et d'abord, ils se choisiront pour femmes des jeunes filles qui ne seront pas entichées de la vie parisienne, qui détesteront les distractions de « la promenade au bois », du théâtre et des jours de réception, et qui seront des mères sachant élever leurs enfants, sans les jeter dans des internats comme des enfants trouvés. Elles leur inculqueront l'esprit de famille, l'attachement au foyer paternel, au pays que leurs pères et elles-mêmes patronnent.

« Les pères voudront bien s'intéresser à faire de leurs fils des *hommes*, vigoureux de corps et d'esprit, gens de bien et capables. Ils les formeront à la religion, avec le secours du clergé, mais non pas sans y concourir eux-mêmes fortement, et ils les initieront à tous les intérêts de la localité en même temps qu'à ceux de l'établissement paternel.

« Ils voudront bien prévoir de bonne heure les carrières qui peuvent convenir à chacun de leurs enfants, ils les y prépareront et ils organiseront leur fortune de façon à seconder chacun suivant ses besoins particuliers. Ils se garderont bien de professer qu'on n'émigre qu'autant qu'on est malheureux ou incapable, ce qui serait professer une sottise. Ils ne vanteront pas la loi de succession, qui, en disposant sans eux et malgré eux de leur héritage, les traite en pères ineptes et dénaturés.

« Ils attireront hors de Paris les hommes distingués qui pourront contribuer à l'instruction des jeunes gens, et feront en sorte que les établissements destinés aux études se reportent peu à peu dans le milieu rural, sous les fortes influences des sentiments propres à chaque province.

« Ils voudront bien considérer qu'un titre de noblesse ou un nom illustre sont un déshonneur quand on ne les justifie pas par de plus grands et de meilleurs services rendus au public. Ils sauront donc que le dévouement doit remplacer la morgue aristocratique et qu'en France, s'il y a des distinctions, il n'y a pas de classe fermée.

« Ils ne se tiendront à l'écart d'aucune classe sociale, mais se mettront partout à la tête des intérêts de chacune, et s'y montreront compétents.

« Ils pratiqueront la permanence des engagements vis-à-vis de leurs serviteurs, en ayant soin de les choisir *ad hoc*, et de les traiter en conséquence.

« Ils dirigeront leurs entreprises industrielles avec la préoccupation essentielle du bien de leurs collaborateurs et de la fixité du foyer ouvrier. Ils n'iront pas de préférence établir ces entreprises dans l'air doublement malsain des villes.

« Ils feront peu d'estime des jeux de bourse ; ils ne s'aviseront pas d'imiter ceux qui « font des affaires », dont ils tirent le premier profit et dont ils passent la perte aux autres.

« Ils s'instruiront, s'informeront et se gouverneront autrement que par la lecture des journaux, même de ceux qu'on appelle « les bons ». Ils donneront en général peu de crédit à la presse, telle qu'elle existe aujourd'hui.

« Ils tiendront que la meilleure politique est de bien gouverner chez soi et que, si le roi n'est pas à même de tout conduire, eux le sont un peu moins encore ; qu'il ne s'agit pas, par conséquent, d'aspirer à régénérer l'univers, à parler au pays tout entier, à faire des œuvres grandes comme le monde, mais à s'occuper tout de bon des *siens*, de *sa* famille, de *ses* gens, de *son* bien, de *ses* voisins, de *sa* localité. »

Faute de faire ces déclarations, conclut l'auteur très sensément, les conservateurs royalistes verront les gens sensés applaudir à la parole « du roi », toutes les fois qu'il parlera bien, et ils verront les classes populaires les mieux disposées pour « le roi » leur tourner le dos à eux-mêmes.

« Ne dit-on pas d'eux déjà, ne disent-ils pas d'eux-mêmes quelquefois qu'ils sont des officiers sans soldats ?

« Tandis que le prince se dit le roi de tous et le

premier serviteur de la France, qu'ils soient, eux, les patrons réels des leurs et les premiers serviteurs de leurs localités.

« Alors chacun sera à sa besogne et tout marchera bien.

« Tout marchera bien : oui, tant que chacun restera à sa besogne. Car, le roi revenu, il ne faudrait pas courir de plus belle à la cour, ni surtout courir aux appointements. Ce serait renouveler, sous une autre forme, l'erreur et le vice de l'ancien régime en décadence : Versailles et les pensions du roi.

« Mais comment, me direz-vous, les conservateurs auront-ils part au gouvernement ?

« Par les petites recettes que je viens de dire, ils tiendront à la fois le pays et le gouvernement.

« En effet, quand les conservateurs auront de solides enfants, de vrais successeurs pour maintenir et accroître indéfiniment leur œuvre ; quand ils useront de toute leur fortune, de toute leur intelligence, de toute leur action personnelle sur le sol dont ils se trouvent les maîtres ; quand ils seront les plus avisés de l'endroit ; quand ils feront la pluie et le beau temps autour d'eux dans les intérêts de tout le voisinage, alors ils réussiront bien à se donner pour représentants aux deux Chambres des gaillards de leur espèce, et non plus comme aujourd'hui des avocats, d'anciens fonctionnaires, des journalistes ; gens qui leur claquent dans la main et tournent plus ou moins, une fois qu'ils sont assis sur leurs sièges de députés ou de sénateurs, gens qui ont une situation personnelle à se faire et n'en ont pas une par eux-mêmes.

« D'autre part, ces conservateurs réimplantés, rentrés à leur place gouverneront les préfets et les sous-préfets, qui menacent d'être parsemés de républicains et de « nouvelles couches » d'après les larges vues du prince. En effet, que peut faire un préfet, même républicain, entre un souverain qui l'attire au royalisme et les propriétaires du lieu qui dominent le pays par leur influence ? il ne peut que se laisser conduire par ceux-ci : ce sont les vrais maîtres du pays. — Voilà comment les conservateurs rentrés et fixés chez eux tiendront sous leur coupe le pays et le gouvernement.

« S'ils lâchent leur résidence, ils perdront leur force, et ils seront battus encore une fois. »

Telle est la ligne de conduite très judicieuse que le savant collaborateur de la *Science sociale* recommande aux conservateurs, non pas tant pour conquérir le pouvoir que pour le garder quand ils l'auront conquis. Il est certain que la lecture de ce programme fera faire la moue à plusieurs et que la perspective d'avoir à secouer leur si douce indolence leur semblera parfaitement désagréable. Il faut bien cependant que pénètre dans ces cervelles d'oiseau cette idée, qu'on n'a rien sans peine et qu'il est tout simplement extravagant de prétendre jouer un rôle dans la société et y exercer une légitime influence sans avoir au préalable donné la mesure de sa valeur personnelle et de son utilité sociale.

En attendant qu'ils se soient décidés à opérer dans leurs habitudes cette transformation qui ne peut point s'improviser, il importe pour eux de courir au plus pressé. Pour prendre un avant-goût de cette activité qui leur manque, les conservateurs royalistes devront s'appliquer à se faire autour d'eux les apôtres des doctrines qui ont leurs préférences, et s'ils veulent hâter le triomphe de leur cause, ils devront prêter la main à toutes les mesures que le prince jugera bon d'ordonner, ne reculant devant aucun sacrifice de temps et d'argent.

Le Prétendant et ses collaborateurs immédiats ne peuvent pas tout faire à eux seuls. Des hommes de tout point remarquables ne lui marchandent pas, il est certain, un dévouement que rien ne saurait lasser, mais ils ont besoin de se sentir entourés et soutenus de toute la masse des forces royalistes. Au premier rang, parmi ces serviteurs infatigables de la cause monarchique, nous devons citer M. Dufeuille que sa grande intelligence, ses vastes connaissances, son talent et l'étude approfondie qu'il a faite des questions politiques et sociales de notre temps désignent à l'avance comme l'un des hommes d'État de la Monarchie prochaine. Il avait déjà la confiance de M. le comte de Paris, et Mgr le duc d'Orléans qui sait pouvoir compter de la façon la plus absolue sur son dévouement intelligent, lui a toujours témoigné la plus affectueuse amitié. Il lui en a d'ailleurs donné la preuve manifeste en lui confiant la direction du parti royaliste. M. de Luynes est un ami d'enfance du prince, et il s'est trouvé toujours à ses côtés aux heures difficiles pour lui prêter le concours dévoué d'une amitié qui ne calcule pas les obstacles et ne redoute pas les dangers. M. Calla, l'un des orateurs les plus applaudis du parti, qui porte un peu partout, dans toutes les villes de France, sans se lasser jamais, la « bonne nouvelle » royaliste et fait retentir les échos de sa parole éloquente est aussi un des conseillers appréciés du Prétendant. Pour avoir accès dans son conseil, il ne suffit pas d'un grand nom. Le prince professe que, s'il est glorieux de descendre d'une grande famille dont les ascendants ont jadis marqué au service du pays, cela ne constitue pas, seul, un mérite. A ses yeux, une origine aristocratique est une raison de plus, pour celui qui peut s'en réclamer, d'acquérir une valeur personnelle. Aussi, comme ce fut toujours de tradition dans sa famille, s'inquiète-t-il peu dans ceux chez qui il la distingue du grand titre qu'ils portent ou du nom plébéien que leur mérite honore. On peut donc assurer que le retour de la Monarchie avec Mgr le duc d'Orléans ne serait pas, selon l'expression de son père, un « retour en arrière ». Ainsi qu'on l'a dit de la Monarchie de Juillet, « la royauté moderne ouvrirait sa cour au mérite comme à la naissance, à ceux qui se sont élevés par leurs œuvres personnelles aussi bien qu'aux représentants de la vieille France, héritiers de ses grands noms et de ses grands souvenirs ! Elle aimerait à s'entourer de tous ceux qui font honneur à la Patrie »,

Tel est le Prétendant dont nous avons essayé en ces pages rapides d'esquisser le portrait bien incomplet d'ailleurs. Telles sont aussi les institutions politiques dont son retour en France déterminerait l'établissement définitif et qui sont de nature à satisfaire les plus exigeants en fait de liberté. Comme on l'a déjà écrit à propos de M. le comte de Paris, Monseigneur le duc d'Orléans, arrière-petit-fils de Louis-Philippe « serait vraiment le roi de tous; un roi à l'avènement duquel il n'y aurait ni *vainqueurs*, ni *vaincus*, un roi que pourraient acclamer les ouvriers comme les patrons, les nobles comme les bourgeois, les républicains désabusés comme les légitimistes les plus intransigeants, ainsi d'ailleurs que les bonapartistes ».

Le salut est là évidemment. Mais la France y viendra-t-elle ? Oui, car elle se meurt sous le régime qui l'étreint et il est impossible de concevoir qu'à défaut de souci et de dignité, l'instinct de la conservation ne la pousse pas à se débarrasser de ses chaînes. De glorieuses destinées l'attendent encore; il ne faut donc pas désespérer de l'avenir.

Mais, pour Dieu ! que ceux qui doivent la guider dans la voie de sa régénération politique et sociale ne se cantonnent pas plus longtemps dans leur monstrueux égoïsme !

Le prince, reprenant le mot de son père, leur a dit : « à l'heure décisive, je serai prêt ». Il a ajouté crânement : « pour le salut du pays, un prétendant rentre comme il peut ».

Aidons-le !

De trop rares royalistes ont la foi politique, c'est-à-dire celle qui agit ; dans leur honnêteté, ils sont les esclaves des moyens légaux que respectent si peu leurs adversaires.

Avec de pareils scrupules et l'inertie des masses, il est à craindre qu'une fois encore la France ne laisse échapper l'occasion de se donner le seul gouvernement conforme à son tempérament, à ses goûts et à ses besoins.

En ce cas, la chute est irrémédiable et la décadence fatale !

La Flotte, le 19 juin 1896.

FIN

TABLE

CHAPITRE PREMIER

Le régime républicain demeure toujours contesté. — Motifs
de cette animosité. — Sens populaire du mot *république*.
— Ce que fut la Révolution. — Son histoire reste encore à
faire. — Les réformes à accomplir ne nécessitaient pas
pareille effusion de sang. — Erreurs dont les historiens se
sont faits les complices. — Ce que furent réellement les
hommes de la *Révolution*. — Leur bassesse et leur servilité. — Leur cynisme à l'égard de l'émigration à laquelle
ils poussèrent de toutes leurs forces, parce qu'elle servait
leurs projets et devait grossir leur fortune. — Les demi-
dieux de la Révolution. — L'armée à cette époque. — La
bonté de nos rois mise en parallèle avec la sécheresse de
cœur et la férocité des révolutionnaires. — Sens métaphysique du mot *république* ; sa traduction dans les faits.
— La justice sous la Terreur. — Les procédés de gouvernement et d'administration. — Les résultats de la Révolu-

CHAPITRE II

Nouvel essai malheureux du régime républicain. — La
République de 1848. — Honnêteté et naïveté de ses chefs.
— L'apostat républicain. — La Révolution du 4 septembre
1870. — Cynisme de ses promoteurs. — Gambetta. — Com-

CHAPITRE III

CHAPITRE VII

CHAPITRE VIII

Beauvais. — Imp. professionnelle, 4, rue Nicolas-Godin

9 782011 778598